Manuel Pereira

ou, La règle souveraine de la Caroline du Sud

F. Colburn Adams

Writat

Cette édition parue en 2024

ISBN : 9789359943299

Publié par
Writat
email : info@writat.com

Contenu

INTRODUCTION.

NOS généreux amis de Géorgie et de Caroline du Sud n'ajouteront pas à leurs hypothèses que nous ne savons rien de la vie du Sud et du Sud. Un séjour de plusieurs années dans ces États, des relations avec la presse et des associations dans la vie publique nous ont donné des opportunités que nous n'avons pas perdues et que nous n'avons pas perdues de vue ; et si nous nous sommes plongés plus profondément dans les vicissitudes de la vie et du droit qu'ils ne nous l'avaient cru à l'époque, nous espérons qu'ils nous pardonneront, au nom de leur intérêt pour le bien-être du Sud.

Peut-être devrions-nous dire que, pour défendre les véritables intérêts du Sud, nous devrions et devons abandonner bon nombre de ces erreurs que nous avons si vigoureusement soutenues au cours des années passées ; et c'est ainsi que nous avons abordé le sujet de notre livre, basé sur le fonctionnement pratique d'une loi infâme, dont nous avons été témoins sur l'individu dont le nom fait partie du titre.

Emprisonner un marin naufragé et ériger en infraction pénale le fait pour un homme libre d'entrer dans les limites d'un État républicain, que ce soit volontairement ou involontairement, semble être considéré comme banal plutôt que comme barbare en Caroline du Sud. Cela peut s'expliquer par le fait que le pouvoir d'une minorité, créé dans le mal, exigeant des expédients barbares pour se conserver intact, devient un sentiment habituel que l'usage rend juste.

Ce sujet a été traité avec indifférence, même par la presse, qui s'est contentée de discuter du droit abstrait comme d'une question de droit, plutôt que de révéler les souffrances de ceux qui subissent le tort et l'injustice. Lorsque nous sommes appelés à soutenir et à subir la sanction de lois fondées sur la peur intérieure et asservies à divers degrés d'injustice, il devient de notre devoir de localiser le tort et de signaler l'odieux qui s'attache à la loi. État qui promulgue de telles lois d'oppression.

Une « institution particulière » absorbe et prime tout ; sa protection est devenue un élément sacré de l'action législative et privée ; et une discussion équitable est considérée comme de mauvais augure et proclamée comme incendiaire. Mais nous parlons au nom de ceux qui ne doivent aucune allégeance à cette institution délicate ; citoyens à toutes fins utiles (malgré leur peau foncée) des pays auxquels ils appartiennent individuellement ; des personnes pacifiques, poursuivant leurs occupations, pour assurer un entretien respectable à leurs familles, et dignes des mêmes droits de protection revendiqués par les citoyens les plus fortunés de ces pays. Ce faisant, nous donnerons une illustration pratique de l'emprisonnement de quatre individus en Caroline du Sud et demanderons à ceux qui spéculent sur la science abstraite de la souveraineté des États de réfléchir à la question de cette lamentable injustice qui inflige une punition à des personnes innocentes de crime. Nous préférons être clairs et nous savons que nos amis du Sud ne nous accuseront pas d'interprétation erronée, car nous avons leurs intérêts à cœur, ainsi que la cause de l'humanité, que nous nous efforcerons de promouvoir, malgré les luttes de la barbarie moderne. , cherchant à se perpétuer. La peur, l'inventeur des prétextes mis en place et enveloppés dans la modestie du Sud, doit remodeler son code pour les Caroliniens du Sud, avant de pouvoir affirmer un pouvoir inconnu de la loi, ou piétiner les obligations du traité, ou imposer l'annulation des droits individuels. .

CHARLESTON, SC, 17 juillet 1852.

CHAPITRE I.
LE NAVIRE MALCHANCEUX.

LE brick britannique Janson, Thompson, maître, chargé de sucre, de piment, etc. etc. a quitté Kingston, Jamaïque, au début du mois de mars de la présente année, à destination de Glasgow. Le skipper, qui était un véritable fils du « Land o' Cakes », décida de prendre le passage intérieur et de courir à travers le golfe. Cela aurait pu être remis en question par des marins mieux informés du passage au vent ; mais comme chaque Écossais aime suivre sa propre voie, les conseils du premier officier, un marin expérimenté dans les eaux des Antilles, allèrent sous le vent. En contournant le cap Antoine, il était évident qu'un coup violent approchait. Les nuages suspendaient leurs rideaux sombres dans une obscurité menaçante ; et, tandis que les éclairs aigus enflammaient la sombre scène, la petite barque semblait comme un point au sein de la mer. C'était le quart du second sur le pont. Le vent, soufflant alors du WSW, a commencé à augmenter et à virer vers l'ouest ; d'où il s'est soudainement dirigé vers le nord. Le second arpentait le quartier, enveloppé dans sa veste de cuirassé, et à chaque tournant jetant un coup d'œil en l'air, puis regardant la boussole, et encore une fois l'homme au volant, comme s'il avait un instinct de ce qui allait arriver.

C'était un navigateur intrépide, mais, comme beaucoup d'autres qui avaient cédé à la force de l'habitude, il était profondément imprégné de cette superstition répandue si commune aux marins, selon laquelle un navire particulier porte malheur. Imaginez un maître d'équipage à l'ancienne mode, avec des traits fortement marqués du nord-pays, un visage buriné par les intempéries et un sud-ouest peint sur la tête, et vous avez le « Monsieur Mate » du vieux brick Janson.

"Gardez-la rassasiée, mon chaleureux. Il faut rentrer nos voiles légères et passer bientôt sur l'autre bord. Si nous ne l'attrapons pas avant le jour, je raterai mon calcul. C'est un vieux bateau malchanceux comme toujours sur lequel j'ai navigué, et si le capitaine ne fait pas très attention, il ne lui fera jamais traverser. J'ai juré de ne pas y naviguer à plusieurs reprises, mais si je réussis à le faire cette fois-ci, je lui dirai au revoir ; et si les propriétaires ne me donnent pas un nouveau métier, ils pourront trouver quelqu'un d'autre. Nous sommes aussi sûrs d'avoir de la malchance que si nous avions des chats et des pasteurs à bord.

En disant cela, il descendit la descente et rapporta l'apparence du temps au patron, qui se releva rapidement et, consultant son baromètre, constata que le temps était tombé près de l'échelle la plus basse. Après s'être renseigné sur le quart du vent, sur sa direction, sur la voile qu'il portait et sur la distance probable du cap, il donna l'ordre d'appeler tout le monde pour prendre les voiles de hunier, le double ris à l'avant et le simple ris. les grand-voiles et ranger le foc volant, s'habilla et monta sur le pont. Au moment où il mettait sa tête au-dessus du toboggan du compagnon et s'arrêtait une minute, les mains posées sur les côtés, un éclair vif accrocha ses festons de feu autour du gréement, lui donnant l'apparence d'une chaîne de flammes livides. .

« Nous allons bientôt attraper le bout d'un éternuement du Golfe. Dites aux garçons de donner un coup de main avec ces voiles. Nous devons le bien serrer et nous tenir prêts à le déposer sous un grand-voile et un foc à double ris, la tête tournée vers le nord et vers l'est. Nous pouvons faire une dérive nette – une chance si cela dure longtemps », a déclaré le capitaine Thompson, alors qu'il surveillait l'horizon et son embarcation. A peine avait-il donné les ordres que la tempête éclata sur eux avec toute sa fureur. Sa soudaineté ne peut être appréciée que par ceux qui ont navigué dans les passages des Antilles, où les secousses soudaines de la mer courte exercent une tension énorme sur la coque d'un navire lourdement chargé. Le capitaine courut vers la passerelle au vent, pressant ses hommes dans l'accomplissement de leur devoir, et donnant un autre ordre d'accrocher les coursiers et le hunier. Juste au moment où les hommes avaient exécuté la première et étaient sur le point de tirer sur les lignes d'écoute de la seconde, une soudaine rafale fit effet sur le sac de la voile et l'emporta hors des bouts. Les drisses furent abaissées et les vergues correctement renforcées, tandis que le Janson fut ramené sous la toile que nous avons décrite plus haut. Quelques minutes plus tard, le vent était devenu violent et, comme disent les marins, à plusieurs reprises, la vieille embarcation « ne voulait pas le regarder ». Plusieurs fois il fallut relever son gouvernail, et autant de fois il embarqua ces mers croisées forçantes qui poussent tout devant eux et balayent les ponts. Enfin, un morceau de toile fut attaché au gréement avant, ce qui lui donna un équilibre, et il navigua tranquillement jusqu'à environ cinq heures du matin, quand, par une broche soudaine, la toile fut emportée et une mer extrêmement forte s'approcha. son avant ; démarrant plusieurs chandeliers, emportant une partie de son pavois et de son bastingage tribord, et simultanément le mât de mise en avant, qui s'est cassé juste au-dessus de la proue. Par suite naturelle, tout était dans la plus grande confusion : la vieille coque travaillait dans tous les bois. L'épave se balançait d'avant en arrière , retardant le fonctionnement du navire et mettant en danger la vie de ceux qui tentaient de la dégager de l'obstruction. Elle resta ainsi plus d'une demi-heure, presque aux extrémités de son travers, et à la merci de chaque mer qui menaçait de l'engloutir.

Lorsque le jour parut, le vent s'apaisa et, comme d'habitude dans ces eaux, la mer se calma bientôt. Pouvant profiter de la lumière du jour, ils entreprirent de dégager l'épave. Entre-temps, il s'est avéré nécessaire de retirer la trappe avant afin de pouvoir sortir quelques voiles de rechange qui avaient été rangées près de la cloison avant, au lieu d'un endroit plus approprié. Le second, après avoir essayé les pompes au début du coup de vent, a signalé qu'il avait déclenché une fuite ; ce qui, cependant, était si insignifiant qu'il n'exigeait qu'un seul homme pour la maintenir libre, jusqu'à ce qu'elle s'approche et emporte son mât haut de gamme. L'homme de service a alors signalé que l'eau augmentait et un autre a reçu l'ordre de l'aider. Lors d'un examen effectué le matin, on a constaté qu'elle souffrait d'une tension dans les canaux antérieurs et qu'elle avait commencé à avoir un mais .

« C'est une entreprise malchanceuse, capitaine », dit le second en apportant la hache pour retirer les bâtons du hayon avant. « Un type ferait aussi bien d'essayer de manipuler un crabe à marée basse que de le retenir dans un coup comme celui-là. Elle surveille sa barre comme un marsouin dans les brisants. Le vieux Davy a dû lui laisser sa marque à un moment donné, mais je n'ai jamais connu de navire aussi chanceux qu'il l'était. Elle s'en prend aux assureurs à chaque fois qu'elle s'y rend ; car je ne l'ai jamais vu naviguer librement depuis que j'ai embarqué dans le vieux baquet. Si elle était à moi, je lui trouverais une place aux frais de quelqu'un.

La mer est devenue lisse, l'eau s'est retirée, le vent, léger, s'était dirigé vers le WSW, et le cap Antoine a été jugé à l'estime comme étant au SSW à une trentaine de milles de distance. On a constaté que les haubans avant bâbord avaient été brûlés par la foudre, qui avait complètement fait fondre le goudron de l'arrière-hauban. Tous les ouvriers étaient maintenant occupés à réparer l'épave, qu'à deux heures du soir ils avaient achevée au point de poursuivre leur route dans le golfe, à la vitesse de six nœuds à l'heure.

Le capitaine se consulta alors sur l'opportunité de se diriger vers La Havane ou de poursuivre sa croisière. La fuite avait sensiblement diminué, et, comme tous les vieux navires, bien qu'il fournisse une bonne partie du travail aux pompes, une continuation du beau temps pourrait fournir une occasion de le pousser. Sous ces sentiments, il était enclin à donner la préférence à ses espérances plutôt qu'à céder à ses craintes. Il considéra l'intérêt de toutes les personnes concernées – consulta son compagnon, mais le trouva gouverné par sa superstition et considérant l'issue de sa vie avec la certitude de savoir s'il avait sauté par-dessus bord ou « coincé près du vieux baquet ». Il considéra encore une fois les énormes taxes portuaires imposées à La Havane, la nature de sa cargaison en ce qui concerne le tarif, si son navire était condamné, et les dépenses ruineuses de déchargement, etc. etc. ainsi que le coût des réparations, à condition qu'elles aient été commandées. Il considérait toutes ces choses avec la mûre délibération d'un bon maître, qui a à cœur les intérêts généraux de tous. Ainsi, s'il abandonnait pour un port, en considération de tous les intéressés, son privilège d'avarie commune aurait une solide base dans le droit maritime ; cependant, il y avait des circonstances liées à l'état de navigabilité de l'embarcation – connues de lui-même, sinon des gardiens du port, et qui sont des questions de condition entre le capitaine et ses propriétaires – qui pourraient, selon certaines technicités du droit, donner soulever des points fortement répréhensibles. Avec tous ces regards devant lui, il résolut, avec une prudence louable, de continuer son voyage et de faire confiance à la bienveillante Providence pour le meilleur.

"Capitaine", dit le second, alors qu'il regardait la perspective, avec une pique à marlines dans une main et un morceau de grippage dans l'autre , " Je pense en vérité que si ce coup nous avait collé deux heures de plus, le vieux baquet serait mort." et elle a roulé ses fesses. Vous ne la connaissez pas aussi bien que moi. De toute façon, elle n'a pas de chance ; et cela a toujours été le cas depuis qu'elle s'est mise à l'eau. J'ai vu ses côtés supérieurs s'ouvrir comme un panier lorsque nous essayions de le faire rentrer au port par gros temps : et un bateau qui ne semble pas à plus de neuf points au près, avec une forte brise, devrait être envoyé dans la Clyde pour chercher un charbonnier . Un vieux navire est un parfait pickpocket pour les propriétaires ; et si cette vieille chose n'a pas ouvert leurs sacs à main aussi mal que ses propres coutures, je raterai mon compte . J'ai eu la forte prescience que nous ne pourrions pas transmettre en elle. J'ai vu les rats partir de la Jamaïque, reprendre leur marche, comme des marines en première ligne. C'est un signe certain. Et puis je ferais un rêve, qui est aussi sûr qu'un pilier : il ne me trompe jamais. Je peux compter sur son pressentiment. J'en ai rêvé plusieurs fois, et nous avons toujours eu un passage horrible. Deux fois, nous sommes à deux pas de tous ceux qui se rendent au magasin du vieux Davy. J'y ai échappé une fois, après avoir fait mon rêve mystérieux ; mais ensuite j'ai obligé le cuisinier à jeter le chat par-dessus bord juste après notre départ du port, et c'est tout ce qui nous a sauvés.

En disant ces mots, il s'avança pour servir un étai de galant qui était étendu sur l'écoutille du gaillard d'avant depuis les têtes de chat, et venait d'être épissé par les hommes, suivi d'un oursin à l'ancienne, une miniature du goudron. , avec un maillet à la main. Le capitaine, quoique homme ferme et intelligent, et peu enclin aux notions de destin qui sont généralement entretenues par les marins, qui ne se débarrassent jamais des imaginations spirituelles du gaillard d'avant, montra une certaine déconfiture d'esprit devant le caractère fort des inquiétudes du second. Il le savait bon marin, ferme dans son devoir et insensible au péril. Il l'avait prouvé à plusieurs reprises en naviguant sur d'autres navires, alors que la dernière lueur d'espoir semblait s'être envolée. Il s'approcha de nouveau du second et, sous prétexte de s'enquérir de l'entreposage de la cargaison, il le sonda davantage quant à sa connaissance des Bahamas et en particulier du port de Nassau.

« Les six dixièmes de ses bois sont aussi pourris que du punk », dit le second ; « Ce bois nord-américain ne dure jamais longtemps ; les puits de pompage sont défectueux, et quand nous portons des voiles sur lui, ils n'affectent pas l'eau de la cale sous le vent, et il la fait rouler dans ses veines d'air comme une baleine. De cette façon, elle endommagera la meilleure cargaison qui ait jamais flotté. Croyez-moi sur parole, capitaine, il ne traversera jamais les berges ; elle roulera en éclats dès qu'elle entrera dans ces longues mers ; et si nous démâtons à nouveau, ce sera fini Davy.

« Je connais le vieux chaland avant aujourd'hui, et je ne l'aurais pas embarqué si je n'avais pas reçu du jus de citron vert de la part de ce scélérat d'aubergiste qui m'a avancé cette bagatelle. Mais j'ai vu qu'il était aussi profond qu'une barge de sable de lougre , et j'ai jeté le vieux chat par-dessus bord, juste au moment où nous contournions la pointe sortant du port de Kingston , » dit un beau marin à l'air actif, qui portait tous les traits de un tar royal, et se vantait d'avoir servi cinq ans au service des Indes orientales, auprès de son camarade de bord, pendant qu'il continuait à effectuer le séjour. Ses paroles étaient prononcées à voix basse et n'étaient pas destinées aux oreilles du capitaine. Le capitaine l'entendit cependant ; et comme un navire est un monde pour ceux qui sont à bord, le sentiment général pèse lourd dans le contrôle de ses affaires. Ainsi, le fort sentiment qui régnait à bord ne pouvait manquer d'avoir son effet sur l'esprit du capitaine.

« Eh bien, nous allons l'essayer de toute façon », dit le capitaine en s'avançant vers l'arrière et en ordonnant au mousse de lever son verre ; avec lequel il jeta un regard aigu vers le sud.

« Je tracerais sa route vers un port du sud des Yankees. Je n'y suis pas allé beaucoup, mais je pense que nous aurons de meilleures chances là-bas que dans ces ports où ils spéculent sur le naufrage et prendraient la vareuse d'un camarade pour la récupérer. « Nous sommes toujours mieux sous la protection d'un consul que dans un port britannique », dit le second en venant à l'arrière pour informer le patron qu'ils avaient emporté les chaînes du bobstay et que le bout-dehors l'avait tendu dans le chevalier. têtes.

CHAPITRE II.
La bravoure de l'intendant.

Au plus fort du vent, un mulâtre, aux traits saillants, indiquant davantage un caractère métis que nègre, se déplaçait activement sur le pont et prêtait main forte au reste de l'équipage pour exécuter les ordres du capitaine. Il était plutôt grand, bien fait, d'un teint olive clair, avec des yeux sombres et perçants, un nez droit et pointu et une bouche bien formée. Ses cheveux, eux non plus, n'avaient aucune de ces frisures qui indiquent une origine noire, mais étaient disposés en boucles sombres sur toute la tête. Alors qu'il répondait aux ordres du capitaine, il parlait avec un accent brisé, indiquant une connaissance limitée de la langue anglaise. D'après la manière dont l'équipage le traitait, il était évident qu'il était un favori établi parmi eux ainsi que parmi les officiers, car chacun semblait le traiter davantage en égal qu'en serviteur. Il travailla joyeusement à son devoir de marin jusqu'à ce que la première mer se brise sur lui, quand, voyant que le caboose risquait d'être emporté par les amarres et emporté sous le vent dans la masse de l'épave, il courut vers cet appartement très important, et a commencé à le sécuriser avec des attaches supplémentaires. Il travailla avec un sérieux qui méritait tous les éloges ; pas avec l'effet le plus satisfaisant car une mer en colère qui a immédiatement réussi a complètement dépouillé le fourneau de ses boiseries et, dans sa force, a transporté le vaillant homme parmi ses fragments dans les dalots sous le vent, où il s'est sauvé de passer par-dessus bord seulement en s'accrochant à un chandelier. .

Le second, un vieux sel costaud, courut à son secours, mais, avant de l'atteindre, notre héros s'était rétabli et faisait une nouvelle tentative pour atteindre ses cuivres. Il lui semblait tout aussi urgent de sauver l'appareil de cuisson que le capitaine de sauver le navire.

«Il ne m'attrapera pas à ce moment-là», dit-il au second en souriant en relevant sa tête trempée parmi les fragments de l'épave. "Je lui prépare encore un café, s'il te plaît, Dieu."

Après avoir récupéré les restes de ses ustensiles de cuisine, on le voyait s'affairer autour d'un petit poêle disposé au pied de l'escalier qui conduisait à la cabane. La fumée qui sortait de la cheminée agaçait à plusieurs reprises le capitaine, qui travaillait sous l'excitation résultant de la confusion du naufrage et du péril de son navire, provoquant des remontrances peu agréables. Cela prouvait que le bon intendant réfléchissait à la meilleure façon de répondre aux besoins de Jack ; et pendant qu'ils travaillaient à sauver le navire, il s'efforçait soigneusement d'anticiper les envies de leur estomac. Car lorsque le jour est apparu et que la tempête s'est calmée, le steward avait un copieux plat de café chaud pour soulager le système fatigué de Jack. Il fut reçu avec un accueil chaleureux et de nombreuses bénédictions furent comblées sur le chef de l'intendant ; Un bon « médecin » est aussi essentiel aux intérêts des propriétaires et de l'équipage qu'un bon capitaine. Cela s'est avéré dans ce cas-ci, car même s'il accordait une attention particulière aux magasins, il ne manquait jamais de s'attirer les éloges de l'équipage.

«Quand je donne le feu du poêle, je donne au capitaine , avec l' équipage, de bons petits déjeuners », dit-il avec une lueur de satisfaction.

Cet individu, lecteur, s'appelait Manuel Pereira ou, comme l'appelaient ses camarades de bord, Per-rah-re. Manuel est né au Brésil, un extrait des Indiens et des Espagnols, revendiquant le droit de naissance de la nation portugaise. Le lieu de sa naissance importait peu à Manuel, car il avait été si longtemps ballotté dans sa dure vocation qu'il était presque devenu aliéné des affections de son lieu de naissance. Il avait navigué si longtemps sous la protection du grand-voile de la vieille Angleterre qu'il avait formé une allégeance plus forte à ce pays qu'à tout autre. Il avait navigué sous lui avec fierté, avait montré son emblème, comme s'il se sentait sûr, lorsqu'il était déployé, que le billet d'enregistrement que ce gouvernement lui avait donné était une alliance entre lui et lui ; que c'était une contravention pour l'inciter à la bonne conduite dans un pays étranger ; et que le drapeau était sûr de protéger ses droits et d'assurer du respect et de l'hospitalité du gouvernement vers lequel il naviguait. Il avait fait le tour du monde sous ce régime, visité des nations sauvages et semi-civilisées, avait reçu l'hospitalité des cannibales, s'était joint à la joyeuse danse des Otaheitiens , avait mangé des fruits avec les Hottentots, avait partagé le gros morceau du Groenlandais, avait été deux fois pourchassé par les Patagons - mais que dirons-nous ? - il fut emprisonné, à cause des teintes olive de sa couleur, dans un pays où non seulement la civilisation règne dans ses plus brillantes conquêtes, mais où la chevalerie et l'honneur font retentir sa renommée dans les ruelles, les rues. , et les cours. Echo demande : Où— où ? Nous le dirons au lecteur. Ce drapeau qui avait flotté sur lui si longtemps et au cours de tant de ses voyages , ce drapeau qui s'était si longtemps vanté de sa domination sur la vague et qui l'avait protégé parmi les sauvages et les civilisés, trouva une place sur ce globe merveilleux où il a cessé de le faire, à moins qu'il ne puisse changer de peau.

CHAPITRE III.
LA DEUXIÈME TEMPÊTE.

La quatrième nuit suivant la position périlleuse du Janson au large du cap Antoine, le brick filait environ sept nœuds, courant du golfe compris. Le soleil s'était couché sous de lourds nuages radieux, qui s'enroulaient comme des masses de matière enflammée, se reflétant en mille nuances douces, et étalant à nouveau leurs ombres magnifiques sur la surface ondulée de l'océan, rendant le tableau serein et grandiose.

Au fur et à mesure que l'obscurité s'installait, ces belles transparences d'un horizon antillais se transformaient progressivement en moniteurs à l'aspect trouble, répandant l'obscurité dans la sombre perspective. La lune était dans son deuxième quartier et se levait sur la terre. La brume s'épaississait de plus en plus à mesure qu'elle montait, jusqu'à ce qu'elle devienne finalement totalement obscurcie. Le capitaine était assis sur la descente, observant avec inquiétude le changement soudain qui se produisait au-dessus de sa tête ; et, sans parler à personne, se leva, jeta un coup d'œil à la boussole, puis s'avança vers la vigie, lui chargeant de faire une veille attentive, car ils étaient non seulement dans un chenal dangereux, mais sur la trace de navires à destination. entrer et sortir du golfe. Après cela, il revint au milieu du bateau, où le petit sel miniature que nous avons décrit auparavant gisait, la face en bas, sur l'écoutille principale, et lui ordonnant d'amener la ligne de plomb, il se dirigea sous le vent et fit un lancer ; et après avoir parcouru environ vingt-cinq brasses sans sonder, il fut de nouveau remonté à bord. Le vent était léger et du sud. Dès qu'il eut examiné le plomb, il marcha vers l'arrière et ordonna de relâcher les écoutes et le navire se dirigea deux points plus loin. Ceci fait, il descendit, et secouant plusieurs fois son baromètre, il constata qu'il commençait à baisser très vite. Prenant sa carte côtière, il la consulta très attentivement pendant près d'une demi-heure, déposant un angle avec une paire de séparateurs et une échelle, avec une minutie mathématique ; après quoi il poursuivit son parcours le long de la surface jusqu'à un point donné. C'était son cours.

"Où la faites-vous, capitaine?" » dit le second en s'allongeant dans sa couchette.

« Nous devons être au large des Caps ; nous devons surveiller attentivement ces récifs. Ils sont tellement trompeurs que nous les repérerons avant même de nous en rendre compte. Il n'y a rien à dire en sondant. Nous pouvons atteindre quarante brasses une minute et frapper la minute suivante. J'ai entendu de vieux caboteurs antillais dire que les eaux vives étaient le meilleur avertissement », répondit le capitaine .

« J'ai très peur de ce récif de Carysfort depuis que je l'ai découvert en 1845. J'étais alors à bord d'une goélette britannique, en route de Kingston, en Jamaïque, vers New York. Nous avons gardé une vigoureuse vigie tout au long du passage, et pourtant nous avons atteint un matin à peu près la lumière du jour ; et, cinq minutes auparavant, nous avions sondé sans toucher le fond. Quand tout s'est dissipé, comme nous avons pu le voir, il y avait deux autres personnes comme nous. L'un était le navire John Parker, de Boston, et l'autre était un « débardeur ». Nous avions à bord une cargaison précieuse, mais l'engin n'a pas été blessé du tout ; et si le capitaine, qui était un petit homme colonial, peu au courant de la valeur judiciaire des services d'un dépanneur, avait suivi mon conseil, il ne se lancerait pas dans le grognement qu'il a fait à Key West, où ils l'ont transporté. et lui a facturé trente six cents dollars pour le travail. Oui, et une jolie petite commission au consul britannique pour compter les doublons qui, en passant, Skipper, appartenaient à cette grande maison de Howland & Aspinwalls . C'étaient des gars très intelligents, et cela a été versé au compte d'avarie commune pour soulager la grosse poitrine des assureurs, » continua le second.

"Nous devons avoir tout le monde prêt à l'appel", a déclaré le capitaine . « Cela a l'air sale au-dessus de nous, et je pense que nous allons l'attraper par le nord-est ce soir. Si nous le faisons, notre position n'est plus aussi bonne qu'avant. Je n'ai pas peur d'elle, pourvu seulement que nous nous éloignions de cette côte infernale, dit le capitaine en enroulant sa carte et en se remettant sur le pont.

Pendant ce temps, Manuel, qui avait donné à l'équipage des petits pains chauds pour le dîner, était assis sur le guindeau, sérieusement occupé, avec son anglais approximatif, racontant une aventure qu'il avait eue sur la côte de Patagonie, quelques années auparavant, alors qu'il servait à bord d'un baleinier, auprès d'un camarade de bord assis à sa gauche. C'était un de ces incidents qui arrivent fréquemment aux hommes attachés aux navires qui visitent cette côte dans le but de s'approvisionner en bois et en eau, et qui exigeraient trop d'espace pour être racontés ici.

« As-tu couru, Manuel ? dit le camarade qui écoutait.

«Qu'est-ce que j'ai fait d'autre ? Si je ne m'enfuis pas, je ne serais pas là cette nuit, parce que je serai devenu esclave, ou je serais tué avec un gourdin. Le Patagonien ne s'intéresse pas au drapeau, ni à rien d'autre, j'ai confiance, à ma jambe, et il arrive au bateau juste quand le capitaine vient à son secours.

« Étiez-vous alors à bord d'un Anglais, Manuel ? » demanda le camarade de bord.

« Oui, je navigue toujours sur un navire anglais, parce que je peux obtenir la protection du drapeau et du consul, partout où je vais, n'importe où dans le monde », a-t-il déclaré.

« Je n'ai jamais aimé cette navigation parmi les nations barbares ; ils n'ont aucun respect pour aucun drapeau et aimeraient tout aussi bien emprisonner un Anglais ou un Américain qu'un chien. C'est un groupe de barbares sauvages, et s'ils tuent un individu, ils n'en sont pas responsables. C'est comme une meute de loups poursuivant un agneau, et il est impossible de les retrouver une fois qu'ils l'ont tué. Mais ils donnent à un homme ses droits dans la vieille Angleterre et aux États-Unis. Là-bas, un homme est un homme, riche ou pauvre, et ses sentiments sont tout autant les siens que ceux des autres. C'est une chose glorieuse, cette civilisation, et si le monde continue, il n'y aura aucun danger qu'un individu soit emprisonné et tué parmi ces sauvages. Ils forment un groupe de lâches, car seuls les lâches ont peur de leurs propres actions. Les hommes n'emprisonnent ni ne tuent des étrangers, qui ne craignent pas l'injustice de leurs propres actes. Tu peux fumer ça dans ta pipe, Manuel, car j'ai entendu de grands hommes le dire. Mais tu aurais fini de faire des beignets, Manuel, s'ils t'avaient attrapé .

« Ne retrouvez plus jamais Manuel parmi les Patagons ; ils ne savent pas quel est le drapeau, et ils ne peuvent pas non plus lire le ticket de registrum , s'ils savaient où était l'Angleterre, » dit Manuel ; et au moment où il terminait le récit de son aventure, le petit marin passa ses bras autour de la taille de Manuel, et, posant sa tête sur sa poitrine, le caressa avec un attachement affectueux. Le petit bonhomme avait été le compagnon de bord de Manuel lors de plusieurs voyages, et, par les bontés qu'il avait reçues de sa part, il s'était naturellement attaché à lui un ardent attachement. Profitant du bon traitement, il savait diriger son attention vers le steward chaque fois qu'il voulait un en-cas du coffre de cabine de ce qui n'était pas autorisé dans le gaillard d'avant. Après l'avoir tenu pendant une minute, enroulant son bras autour de l'épaule du petit bonhomme, il se leva et dit : « Je sais ce que tu veux, Tommy », se dirigea vers la cabine et lui apporta plusieurs petits aliments qui avaient été laissés à la table du capitaine. .

Le vent commença alors à virer et à augmenter, ses voiles continuaient à se gonfler ; et aussi souvent que l'homme à la barre le retenait, le vent le déconcertait, jusqu'à ce qu'il se rende compte qu'il serait nécessaire de prendre l'autre amure ou de faire un changement de cap, il appelait le capitaine . Au moment où ce dernier mit le pied sur le pont, il constata que ses prédictions précédentes étaient sur le point de se vérifier. Le bruissement du golfe, mêlant ses sons solennels à la musique de pétrel de ce vent menaçant qui « siffle à travers les haubans », éveillait les sensations les plus superstitieuses du cœur d'un marin. Les nuages avaient rassemblé leurs plis sombres en conclaves puissants, tandis que la saumure étincelante dans son sillage ressemblait à un ruisseau ardent, roulant son écume trouble sur les eaux sombres.

« Attachez les vergues très fort à tribord ! — et coupez les écoutes vers l'arrière », ordonna le capitaine, qui avait précédemment donné l'ordre, « tout le monde sur le pont !

A peine l'ordre fut-il exécuté, que le bruit de la tempête qui approchait se fit entendre au loin. Tous les équipages reçurent l'ordre de raccourcir la voilure le plus rapidement possible ; mais avant qu'ils aient pu s'élever, il tomba sur eux avec une telle fureur venant de l'ENE qu'il emporta le mât de misaine et le mât de perche, ainsi que ses voiles, et le mât de perche principale avec la voile. Le mât de misaine, en passant devant la planche, emporta la flèche volante et les flèches volantes. Ainsi, la malheureuse Janson était vouée à une autre lutte pour son existence flottante. La mer commença à monter et à se briser avec une puissance effrayante ; la fuite s'était déjà tellement accrue que deux hommes travaillaient continuellement aux pompes. L'équipage, avec un empressement louable, a coupé l'épave, qui se balançait d'avant en arrière , mettant non seulement la vie des personnes à bord en danger, mais faisant obstacle à toute tentative de remettre le navire en état de marche. La grand-voile était déchirée depuis le leash jusqu'au sommet de la gaffe et tremblait en lambeaux. L'écoute tribord du grand-voile avait disparu, et elle s'était arrachée en tête du cordage, volant à chaque rafale comme les lambeaux d'un chiffon de mousseline dans une tempête de grêle. Sans le gouvernement de son gouvernail, il gisait dans le creux de la mer, plus comme une bûche que comme une masse maniable. Des mers après les autres se brisaient sur elle, emportant tout devant elles à chaque passage. Les officiers et l'équipage avaient désormais tout ce qu'ils pouvaient pour conserver leurs cales, sans faire aucun effort pour sauver l'épave, tandis que les hommes aux pompes ne pouvaient travailler qu'à chaque affaissement de la mer, et cela sous le désavantage d'être amarrés. au cadre. Il était impossible d'imaginer une position plus périlleuse que celle dans laquelle se trouvait actuellement le vieux brick Janson.

« C'est le pire ouragan que j'ai jamais connu sur la côte occidentale des Indes, capitaine, mais il est trop furieux pour durer longtemps ; et si elle ne s'effondre pas avant le matin, je lui rendrai hommage pour ce que j'ai toujours juré contre elle. Mais elle ne pourra pas rester à flot, si elle s'accroche encore une heure de cette façon", a déclaré le second, qui, avec le capitaine et Manuel, venait de faire une tentative infructueuse de gréer une trinquette de tempête, pour tenter de la poser. en dessous. Car le second jurait, par sa connaissance de ses qualités, que la mettre devant lui, ce serait un naufrage certain. Le vent continua avec une fureur sans relâche pendant environ deux heures, et s'arrêta aussi brusquement qu'il avait commencé. Le travail de destruction était terminé, car depuis sa ligne de flottaison jusqu'au moignon des espars restants, le Janson flottait comme une épave complète.

Le capitaine donna l'ordre de dégager l'épave et de lui procurer le peu de voile qu'ils pourraient rafistoler, dans le but de l'amener au port le plus proche. La seconde n'était pas encline à donner suite à l'ordre, travaillant manifestement avec le fort pressentiment qu'elle allait être leur cercueil. Il a indiqué qu'il était inutile de rester à ses côtés plus longtemps, ou de tenter d'atteindre un port avec elle, dans un tel état de fuite et de désactivation. « Si nous ne l'abandonnons pas, capitaine, dit-il, elle nous abandonnera. Nous ferions mieux de faire signe au premier navire et de dire au revoir au vieux cercueil.

Le capitaine était plus déterminé dans sa résolution et, au lieu de se laisser influencer par les craintes du second, il continua son ordre, et les hommes se mirent au travail avec une bonne humeur. Aucun ne semblait plus désireux de prêter main-forte que Manuel, car en plus de ses fonctions de steward, il avait travaillé dans la fabrication de voiles, et tous deux travaillaient et dirigeaient la réparation des voiles. Ceux qui connaissent les affaires maritimes peuvent facilement apprécier la quantité de travail nécessaire pour créer un désordre avec les moyens disponibles que nous avons décrits précédemment. Et pourtant, il l'a fait à la satisfaction de tous, et a manifesté une inquiétude inquiète de peur de ne pas mettre tout le monde à l'aise, et en particulier son petit garçon de compagnie, Tommy.

« Nous obtiendrons une bonne observation au méridien, puis nous établirons notre cap vers Charleston, en Caroline du Sud. Nous aurons plus de chances de l'atteindre que n'importe quel autre port du sud », dit le capitaine à son second. « Cet intendant, Manuel, vaut son pesant d'or. Si nous devons abandonner le vieux métier, je le ramènerai à la maison ; les propriétaires le respectent autant qu'un homme blanc ; sa politesse et son affabilité ne pouvaient que susciter une telle estime, auprès d'un homme qui n'est pas idiot. Je n'ai jamais cru qu'il fallait faire des égaux aux nègres, mais si Manuel devait être classé parmi les nègres pour tout le sang nègre qu'il a en lui, les sept dixièmes des habitants de la terre l'accompagneraient. Je n'ai jamais vu un tel attachement entre frères, comme celui qui existe entre lui et Tommy. Je crois sincèrement que l'un ne peut pas s'endormir sans l'autre. Je penserais qu'ils étaient frères, si le garçon n'était pas anglais, et Manuel un portugais. Mais Manuel est aussi Anglais dans l'âme que le garçon, et a navigué si longtemps sous pavillon qu'il semble avoir une révérence pour le vieux cric quand il voit le banderole se lever. Il aime raconter l'histoire des Patagons qui le poursuivent. Je l'ai entendu plusieurs fois, aussi amusé dans son propre récit que s'il écoutait les plaisanteries surannées d'un vieux tar. Mais il jure que les Patagons ne le rattraperont plus jamais sur leurs côtes, car il dit qu'il ne croit pas à la fabrication de "peaux de tambour en peau d'homme", dit le capitaine , évidemment avec l'intention d'affecter les sentiments du second, et tirant son esprit de ses sombres pressentiments.

"Eh bien, capitaine, je prie pour une délivrance heureuse", dit le second, "mais si nous arrivons à Charleston avec elle, ce sera une chance à laquelle ni un homme ni une sirène n'auraient jamais pensé. J'entends beaucoup parler de Charleston et des Keys. Ce n'est pas un des endroits dont nos stewards ont tant peur , et où les propriétaires n'aiment pas envoyer leurs navires quand ils peuvent trouver du fret dans d'autres ports ?

« Je suppose que c'est le cas, monsieur ; mais je ne crains aucun problème de ce genre avec aucun membre de mon équipage, » répondit promptement le capitaine . « Je navigue avec la foi dans l'honneur et les prouesses de ma nation, tout comme les Américains le font avec la leur. Nous sommes tous les deux respectés partout où nous allons, et si un petit État de l'Union viole ainsi la responsabilité d'une grande nation, je me trompe. Certes, il n'existe aucune nation dans la chrétienté qui n'ouvre son cœur à un marin naufragé. J'ai trop confiance dans ce que j'ai entendu dire sur l'hospitalité des Sudistes pour croire une chose pareille.

« C'est très bien de parler, capitaine, » dit le second ; mais, ma parole, j'ai connu plusieurs navires stationnant dans la Mersey, il y a environ trois ans, à destination des ports du Sud pour le coton. On ne pouvait pas obtenir d'intendants blancs valant quoi que ce soit par amour ou par argent, et les hommes de couleur ne voulaient pas expédier vers les ports des États esclavagistes. Le Thebis reçut un homme de couleur, mais les armateurs durent lui payer une avance énorme, et cela en sachant qu'il était enfermé pendant tout son séjour au port ; devant ainsi engager les dépenses très inutiles pour suppléer à sa place ou trouver une pension pour les officiers et l'équipage. Si c'est vrai, ce que je les ai entendu dire dans la Mersey, l'homme ne souffre pas seulement dans ses sentiments à cause d'une sorte d'enfermement qu'ils ont, mais les propriétaires souffrent dans leur poche. Mais c'est peut-être le cas, Skipper, et j'ai tendance à penser avec vous que notre cas est certainement suffisamment déplorable pour mériter la pitié au lieu de l'emprisonnement. Il faut trouver le gouvernement qui fait une sale figure sur la scène nationale, en maltraitant les marins qui ont souffert autant que nos garçons. Je détesterais voir Manuel se taire ou être maltraité. C'est un type aussi courageux que jamais qui s'est attaché à un piquet ou a monté un foc-boom. La nuit dernière, alors qu'il était au plus fort du vent, il s'est porté volontaire pour prendre la place de Higgins et, montant sur le foc-boom, il a été plusieurs fois enseveli dans la mer ; pourtant il a tenu bon comme un bravo et a réussi à couper l'épave. J'ai cru qu'il était parti une ou deux fois, et j'avoue que je n'ai jamais vu plus de péril en mer ; mais s'il ne l'avait pas fait , le pied du beaupré lui aurait ouvert les yeux, et nous avions tous été des appâts pour les requins avant cela. L'homme était presque épuisé lorsqu'il monta à bord ; dis-je, c'est fini pour toi, mon vieux ; mais il a repris ses esprits peu de temps après et s'est remis joyeusement au travail, » continua M. Mate, qui, bien que satisfait de la détermination du capitaine à se rendre au port le plus proche, semblait craindre que tout ne se passerait pas bien à Charleston, que le bar C'était un problème très complexe : l'eau était très peu profonde dans le chenal du navire et, bien que marquée par trois bouées distinctes, numérotées selon leur portée, impossible à exploiter sans un pilote habile . Le second plaida sa préférence pour Savannah, affirmant, selon sa propre connaissance , qu'un navire de n'importe quel tirant d'eau pouvait franchir cette barre à n'importe quelle heure de marée, et que c'était un meilleur port pour les transactions commerciales.

Le Janson se dirigeait vers Charleston, la ville reine du Sud ensoleillé, et, comme on peut s'y attendre compte tenu de son état d'invalidité, progressait très lentement sur sa route. Pendant le vent, ses provisions avaient été endommagées, et le troisième jour avant de mettre le cap sur Charleston, Manuel Pereira arriva à l'arrière et, avec un visage triste, rapporta que le dernier tonneau de bonne eau était presque vide ; que les autres avaient tous été brûlés pendant le vent, et que ce qui restait était si saumâtre qu'il était impropre à l'usage. Depuis cette époque jusqu'à leur arrivée à Charleston, ils subirent ces tortures de la soif, que seuls ceux qui les ont endurées peuvent estimer.

CHAPITRE IV.
LA POLICE DE CHARLESTON.

M. DURKEE avait dit au Congrès qu'un nègre était condamné à être pendu à Charleston pour avoir résisté aux tentatives de son maître contre la chasteté de sa femme ; et que la sympathie exprimée pour le nègre était telle que l'offre de mille dollars du shérif ne pouvait inciter personne présente à exécuter le mandat final. Or, si M. Durkee avait mieux connu cette entente sociale entre l'esclave, la jolie femme et son maître, et le plaisir consentant de l'esclave, qui dans dix-neuf cas sur vingt se félicite de cet honneur distingué, il aurait Il s'est épargné l'erreur d'une telle accusation contre la teneur de la vie sociale à Charleston. Ou, s'il avait mieux connu le caractère de sa police, il aurait certainement gardé le talent de M. Aiken lors de sa deuxième démonstration dans cette lourde défense . En premier lieu, M. Durkee aurait su que de telles tentatives sont si courantes parmi les événements sociaux de la journée, et si bien comprises par l'esclave, qu'au lieu de susciter du ressentiment, elles sont grandement appréciées. Nous parlons d'une longue expérience et connaissance du lien entre une certaine classe d'esclaves et leurs maîtres. En deuxième lieu, M. Durkee aurait su que tout homme lié à la police de la ville – à l'exception de son honorable maire, au caractère duquel nous accorderions toute déférence – n'aurait aucun scrupule, pour des raisons de conscience, à pendre un homme pour cinq dollars. Nous ne faisons aucune exception pour la couleur ou le crime. On pourrait demander un diplôme plus adapté à notre connaissance telle qu'elle existe depuis quatre ou cinq ans ; mais ceux dont la vie et la fortune ont été dépensées pour l'élévation morale de la police municipale nous informent que la situation était encore pire à l'époque en question.

Le lecteur pourrait penser que nous portons de graves accusations. Disons, sans crainte de réfutation, qu'ils sont trop connus dans la communauté qui les tolère. Comme simple ombre de ce qui se cache sous la surface, nous ferions référence au seul discours indépendant que nous ayons jamais entendu à Charleston, sauf lorsque l'auto-éloge était le thème, prononcé par G. R., Esq., dans l'un des ses salles publiques il y a quelques semaines. M. R... est un gentleman courageux et intègre qui, sans crainte ni tremblement, a ouvertement dénoncé la corruption et la démoralisation du service de police. Même les ennemis de son parti, connaissant les faits, appréciaient sa franchise d'homme, tout en dénonçant la publicité (car son discours était diffusé par la presse), de peur que le beau nom de la ville reine ne pâtisse à l'étranger. Une belle farce suivit cette grave exposition. Le conseil échevinal, composé de quatorze hommes de condition très générale, resta longtemps muet sous l'accusation. Son but était de montrer le caractère d'une classe de fonctionnaires, dont le caractère et les arts néfastes ont longtemps déshonoré la ville. Mais pour afficher sa pureté, M. C..., gentleman ayant droit à une haute considération morale, a choisi d'en faire une affaire personnelle ; pourtant, non content d'une explication privée donnée par Monsieur R..., il a téléphoné par la presse. M. R... a répondu de manière appropriée et courtoise, reconnaissant le respect auquel le caractère privé de M. C... avait droit ; augmentant ainsi l'ambition du conseil d'administration en général, qui, dans l'attente de MR — leur faisant la même reconnaissance en tant que corps, (sans exception de leur honorable chef), fit une demande d'office. Ceci étant dûment signalé par les colonnes du Courrier et de Mercury, M. R... y répondit avec une réponse digne d'un gentleman. Il les renvoya à la preuve la plus forte de ses affirmations, dans le visage qu'ils donnèrent à une classe de fonctionnaires trop connus de la communauté pour l'honneur de son nom et le fondement moral de sa dignité collective. Ainsi se termina une grande farce municipale, dont les principaux interprètes savaient que la prolongation révélerait les scènes intrigantes de leurs interprètes secondaires. L'intrigue de cette affaire mélo-comique se trouva dans la suite, et tournait autour du fait très grave de M. C, qui s'était retiré quelque temps auparavant de l'honorable conseil d'administration, pour préserver des considérations très délicates par souci de conscience.

Quelle consolation spirituelle M. C — a réalisé grâce à la reconnaissance de M. R —, ou l'honorable conseil d'administration conjoint de l'avertissement ferme, nous laissons à la considération secondaire des épouses et des filles appropriées.

Mais le lecteur se demandera : quel rapport avec le pauvre Manuel Pereira ou l'emprisonnement de citoyens libres d'une nation amie ? Nous lui montrerons que le système complexe de spoliation officielle et les fausses déclarations de la police concernant l'influence de ces personnes sur la population esclave sont un élément principal de son application. Pour ce faire, il nous semble essentiel de montrer le caractère de ces hommes et la manière dont cette loi est appliquée. Nous ne porterons aucune accusation que nous ne puissions soutenir par les preuves de la ville entière et en sachant que la vérité est plus forte que la fiction.

Que dira le lecteur quand nous lui dirons que parmi les esprits les plus importants de la ville — nous disons les esprits les plus importants, car nous classons parmi eux ceux qui sont considérés comme les premiers dans le domaine marchand — se trouvent trois frères, célibataires, mais avec des maîtresses achetées pour le but, dont la peau sombre détourne la langue du scandale ; que, par deux fois, des hommes furent vendus, à cause de la beauté de leurs femmes, à des commerçants éloignés, afin que les frères puissent se débarrasser de leurs anciennes maîtresses et s'en approprier de nouvelles à un impie. but; que ces hommes apprécient leurs demeures richement meublées, sont connus pour leurs divertissements somptueux, donnent l'exemple d'honneur et d'intégrité mercantiles, sont flattés parmi la population, reçoivent l'attention de dames très fines et très vertueuses, exercent une voix potentielle dans le gouvernement de la ville , et conduisent au plus grand développement des améliorations intérieures ; — que ces hommes murmurent même de hautes paroles de moralité, et que la coutume établie considère leur exemple comme sans danger lorsque la couleur est modifiée.

Que pensera le lecteur, quand nous lui dirons qu'il n'y a pas de maréchal à Charleston, mais d'innombrables hommes rassemblés, soutenus par un impôt onéreux imposé au peuple, pour apaiser les craintes de quelques-uns. Et que penseront-ils, quand nous leur dirons que l'homme dont le nom est si souvent cité dans les colonnes de la presse comme chef de la police et applaudi pour son activité parmi les voleurs, est le prince-officio bien connu d'un homme voluptueux. demeure, où une licence éblouissante remplit ses poches du butin de la séduction. Cet homme a plusieurs homologues, dont les actes ne sont pas secrets aux oreilles du public, et qui transforment leur fonction en un marché d'intrigues, et se sont enrichis grâce à l'espionnage et à l'argent secret, et affirment maintenant la dignité de leur bourse. On peut se demander pourquoi ces hommes sont-ils maintenus en fonction ? Ou bien ces fonctions sont-elles devenues si déshonorées que les hommes honnêtes ne daigneront pas les accepter ? Non! tel n'est pas le cas. C'est que l'intégrité morale n'est pas considérée sous son vrai jour et n'est pas valorisée comme elle devrait l'être ; que ces hommes ont une influence secrète qui est bien connue, et sont reconnus et retenus pour le poids de leur contrôle parmi une certaine classe ; et, ce qui est étrange à dire, c'est que le parti d'office fait de ces choses démoralisantes la base de ses plaintes contre les « pouvoirs en place » ; pourtant telle est leur faible dépendance, qu'à peine sont-ils au pouvoir que nous avons la répétition des mêmes choses.

Maintenant, dans quelle mesure son honneur est responsable de ces choses, nous devons laisser le lecteur juger. Les principales caractéristiques de sa nature sont en conflit les unes avec les autres ; son caractère moral est ce qui est considéré ici comme sain ; et en vérité, il a droit à beaucoup de respect pour sa conduite exemplaire, qu'elle soit exercée uniquement à titre d'exemple ou pour l'amour sincère de la pureté chrétienne. Certaines personnes sont pieuses par impulsion et deviennent affectées lorsque le but est de le rendre rentable. Cependant, nous ne sommes pas assez charitables pour imputer une telle piété à notre digne chef du gouvernement de la ville, mais plutôt à un organe très développé de l'amour du bureau, qui a dépassé les meilleures inclinations de son christianisme bien établi.

Nous devons attirer l'attention du lecteur sur une autre preuve, encore plus flagrante, de la démoralisation de la vie sociale à Charleston. Une femme notoire, qui a tenu pendant des années le pire genre de bordel, où des prostituées de toutes nuances et de toutes importations brisent la quiétude de la nuit avec leurs chants pollués, devient si audacieuse dans son infamie qu'elle fait appel aux gracieuses considérations du conseil municipal. , (conseil échevinal.) Comment ça se passe ? Pourquoi, dirons-nous au lecteur : — Elle resta impassible dans son métier de démoralisation, amassa une fortune qui lui donna de l'audace, tandis que son étalage ouvert était considéré comme un très beau plaisir pour les penchants à la plaisanterie des fonctionnaires et des galants. Avec sa richesse, elle a élevé un splendide manoir vers l'infamie et la honte, où elle, et celles comme elle, dont les pas, selon le sage, « mènent à l'enfer », pourraient influencer leur victoire sur les pauvres industrieux. C'était si public qu'elle se vantait ouvertement de son but et de son adaptation aux vices captivants de la passion. Oui, cette création sous forme féminine avait semé la ruine et la mort dans la communauté et amené la tête de nombreux jeunes hommes brillants au dernier stade de la misère abandonnée. Et pourtant, ces choses sont si ouvertement tolérées et acceptées par les hommes influents, que le 31 juillet 1852, cette mère du crime fait appel à l'honorable conseil des échevins, comme cela apparaît dans les « Actes du Conseil » dans le Charleston Courier de cette date, de la manière suivante :

« Remis en attente jusqu'à ce qu'un quorum financier soit présent.

"Lettre de Mme G. Pieseitto , informant le Conseil qu'ayant encastré son nouveau bâtiment en brique dans la rue Berresford d'au moins deux pieds, afin de le consacrer à l'usage des citoyens de Charleston, s'ils paient de dalles la façade de son sort, demande respectueusement que si elle est acceptée, les travaux puissent être effectués dans les plus brefs délais. Référé aux échevins, quartier n° 4. » La rue est étroite et peu fréquentée, sauf pour les usages connus des lanternes, où les honnêtes gens devraient dormir. L'information aurait pu être formulée avec plus de modestie, alors que la notoriété de la femme et le dévouement de son tabernacle du vice étaient si publics. Le public n'a pas encore été informé du chemin parcouru par les échevins sensibles de la quatrième circonscription dans cette mission délicate et de la quantité de champagne que leur modeste considération a coûté. La rumeur dit que tout est favorable. Nous ne tirons que de quelques points principaux et laisserons au lecteur le soin de tirer sa propre conclusion sur la nature morale de notre être social. Nous ne faisons qu'une vue de plus et reprenons notre histoire.

Une fonction liée au pouvoir judiciaire, si longtemps considérée comme une haute responsabilité et une position honorable, n'est désormais plus qu'un moyen de misérable spéculation et d'espionnage. Il s'agit d'un mandat électif, le représentant étant titulaire pour quatre ans. Le titulaire actuel a été élu plus par charité que par récompense pour ses qualités aimables, sa valeur morale ou ses services efficaces aux fins du parti. Un homme plus faible n'aurait pas pu être choisi parmi les mercenaires les plus bas du parti, bien qu'il ait déjà abdiqué ses fonctions une fois pour sauver son nom et la respectabilité du pouvoir judiciaire. On peut dire qu'il a été élu par pitié pour spéculer sur la misère ; et c'est ce qui s'est produit dans le cas de MANUEL PEREIRA. Ce fonctionnaire a été élu à une large majorité. Sa valeur morale aurait-elle pu être prise en considération ? Nous devrions penser que non ! À plusieurs reprises, on nous a montré deux filles intéressantes, ou, si leur couleur n'était pas ombrée, on les appellerait des jeunes filles, se promenant du côté ombragé de King Street, le visage profondément voilé, et nous informant qui était leur père. La mère de ces victimes innocentes avait été la mère de leur père, l'avait soigné et entretenu dans son adversité, avait vécu la partenaire de sa vie et de ses affections pendant de nombreuses années et lui avait élevé une famille intéressante mais fatale. Mais, à peine la fortune commença-t-elle à répandre ses rayons souriants, qu'il abandonna celle qui veillait sur lui pour le choix de celle qui ne pouvait se vanter que d'une peau blanche.

Si les hommes qui occupent des postes élevés vivent en apprenant aux autres à satisfaire seuls leurs appétits et leurs plaisirs, au lieu de donner un exemple louable pour un état d'existence plus élevé, par qui pouvons-nous espérer que la justice et la valeur morale soient respectées ?

En relation avec la gendarmerie de la ville se trouvent deux hommes dont le devoir est de surveiller attentivement tous les navires qui arrivent et de veiller à ce que tous les nègres ou marins de couleur soient mis en prison. L'un est un Carolinien du Sud, du nom de Dusenberry, et l'autre un Irlandais, du nom de Dunn. Ces deux hommes, quoique leur charge soit méprisable aux yeux de beaucoup, assument plus d'autorité sur une certaine classe de personnes qui ne connaissent pas les lois, que le maire lui-même. Le premier est un homme aux traits sombres et lourds, au visage d'assassin, plus enclin à vous regarder avec méfiance qu'à vous rencontrer avec un regard ouvert. Il est plutôt grand et athlétique, mais n'a jamais fait quoi que ce soit qui lui donnerait le mérite de sa bravoure. Plusieurs fois, il a été sur le point de perdre son poste pour avoir donné trop de latitude à son désir de profits ; pourtant, par des moyens inexplicables, il parvient à tenir le coup. L'autre est un robuste fils de l'île d'Émeraude, au visage large et fleuri, au front bas, aux cheveux courts et crépus très roux et noués sur le front. Sa tenue est généralement très négligée et sale, son col de chemise taché de jus de tabac et noué avec un vieux mouchoir bandana rayé. Ceci, pris avec une bouche très large, un nez plat, un œil vicieux et un visage aussi dur que jamais venu de Tipperary, et une jambe boiteuse qui le fait boiter pendant qu'il marche, donne à notre homme Dunn l'apparence incarnée d'un crise. attrape-corps. Quelques mots suffiront à décrire son caractère. Il est connu du département officiel, dont les magistrats font partie intégrante, comme un notoire ; et sa meilleure moitié, qui, soit dit en passant, est ce qu'on appelle un libre-échangiste, c'est-à-dire, pour sauver la coquinerie d'un mari, vend de l'alcool par petites portions, pour convenir aux Murphy et aux O'Neal. Mais, comme il plaît à notre M. Dunn, il devient très souvent un client plus que rentable, et on peut le trouver en train de ronfler l'amende dans quelque endroit isolé, trop souvent pour son propre caractère. Entre dix et midi du matin, Dunn, s'il n'est pas trop incapable, peut être vu boitant dans Broad Street , pour regarder les navires arriver et partir, portant une canne boiteuse dans une main et un grand fouet couvert. dans l'autre. Nous avons été frappés par l'apparence de ces derniers, car ils ressemblaient à ceux portés par une classe d'hommes grossiers et subalternes à Macon, en Géorgie, qui se faisaient appeler maréchaux, dans une mauvaise application du terme. Leur fonction était de maintenir la population noire « droite » et de la fouetter lorsqu'elle y était invitée, à cinquante cents par tête. Ils faisaient aussi du fouet dans les prisons, et gagnaient fréquemment de cinq à six dollars par jour rien que pour cela ; car il n'est pas à la mode pour un gentleman de fouetter son propre nègre. Nous avons remarqué le port universel de ce fouet, lors de notre première visite à Mâcon, il y a environ quatre ans, et étions curieux de connaître sa signification, qui a été élucidée par un ami ; mais nous avons vu depuis les démonstrations pratiques péniblement réalisées. Ceux qui se sont rendus à Boston pour récupérer Crafts et Ellen – dont le mode de fuite est une romance en soi – étaient des spécimens de ces « maréchaux ». Comment ils se sont fait passer pour des gentlemen, nous ne comprenons pas.

Pendant la journée, on peut voir MM. Dusenberry et Dunn surveiller de temps en temps sur les quais, et de nouveau dans les petits magasins de grog - puis en train de proxénèter dans les «brassiers de bière et dépanneurs hollandais» - ramassant, ici et là, un nègre à l'air plein d'espoir, qu'ils entraînent dans les limbes, ou qu'ils leur extorquent un pot-de-vin pour le laisser partir. Là encore, ils surveillent les dépanneurs néerlandais, dont les commerçants leur paient de grosses sommes pour s'épargner la lourde amende de permis et le dossier d'information. Lorsqu'ils ne sont plus en mesure de payer l'argent secret, ils se retrouvent conduits au bureau du capitaine, pour y être traités selon la peine sévère prononcée et prévue pour violation de la loi qui interdit la vente d'alcool aux nègres sans ordre. . Le non-respect de cette loi est passible d'une amende et d' une peine d'emprisonnement, toutes deux au-delà de leurs mérites proportionnés, si l'on considère la loi qui régit la vente d'alcool aux hommes blancs. Les choses sont très strictement réglementées par les teints en Caroline du Sud. Le maître donne en sa propre personne les exemples les plus dissipés et les plus immoraux, et permet à ses enfants non seulement d'exercer leurs caprices de jeunesse, mais de satisfaire sur ses esclaves des sentiments pernicieux pour leur bien-être moral. Or, la question est la suivante : connaissant le pouvoir d'imitation du nègre, ne devrait-il pas être permis de copier les erreurs de son maître ? Pourtant, tel n'est pas le cas ; car le moindre écart à la règle la plus stricte de la discipline entraîne une punition digne sur la tête du contrevenant.

CHAPITRE V.
M. GRIMSHAW, L'HOMME DU COMTÉ.

LE 22 mars dernier, vers dix heures du matin, un homme mince et dépouillé, vêtu d'un costume en cachemire noir , d'un manteau à queue-de-pie, d'un pantalon ample, d'une veste à poitrine droite, avec une très Un col de chemise extravagant enroulé sur son manteau, avec un ruban noir noué au niveau du cou, se tenait à l'angle est de Broad and Meeting Street , tenant une conversation très animée avec les officiers Dusenberry et Dunn. Son visage était long, très sombre – bien plus que celui de la plupart des gens de couleur – avec un nez et un menton pointus, se tenant sinistrement en avant l'un de l'autre ; son visage étroit, avec des pommettes saillantes, de petits yeux scrutateurs, un front contracté, incliné avec un arc creux entre les organes perceptifs et intellectuels – ou, peut-être, aurions-nous pu dire, où ces organes auraient dû être. Son visage était plein d'inquiétude vide ; et pendant qu'il vous regardait à travers ses lunettes, avec ses cheveux gris argentés pendants en pointes hirsutes autour de ses oreilles et de son cou, roulant une grosse chique de tabac dans sa bouche et balançant un petit fouet dans sa main droite, vous voyiez l'index de son bureau. Alors qu'il élevait la voix – ce qu'il faisait en tordant la bouche d'un côté et en travaillant son menton pour ajuster son énorme livre – le ton traînant avec lequel il parlait donnait une image difficile à oublier.

« Il faut faire plus attention aux arrivées », dit-il d'un ton autoritaire. « La perte d'un de ces hommes est un sérieux inconvénient pour ma poche ; et ce consul britannique utilise les moyens les plus infernaux pour détruire nos affaires. Il est pire que le plus ignoble des abolitionnistes, parce qu'il pense qu'il est protégé par ce drapeau de leur pays . S'il n'y prend pas garde, nous le goudronnerons et le mettrons en plumes ; et si son gouvernement en dit long, elle saura ce qu'est et qui est la Caroline du Sud. Nous pouvons former une douzaine de régiments de Palmetto qui lécheraient tout ce que John Bull pourrait envoyer ici, et une troupe d'abolitionnistes yankees en plus. La Caroline du Sud doit encore montrer sa main contre ces types, avant qu'ils ne respectent l'honneur et le statut de ses institutions. Ils ne peuvent pas envoyer leur marine nous faire du mal. Et cela montre que je prédis toujours bien ; car pendant que ces entrepreneurs des quais parlent de creuser le chenal, j'ai toujours dit qu'ils ne pensaient pas au mal qu'ils faisaient ; car c'était notre meilleure protection en temps de guerre. La Caroline du Sud peut lécher John Bull, d'un seul poing, à tout moment ; mais si cette bande de commerçants inconsidérés sur les quais parvient à ses fins, notre protection disparaîtra, et John Bull fera venir ses gros navires et nous fera exploser. Et ces gens qui possèdent des navires deviennent si audacieux qu'un grand nombre commencent à se ranger du côté de Mathew, le consul. Oui, ils jurent même que ce sont les fonctionnaires qui respectent la loi pour le bien des taxes. Maintenant, si seulement je savais que le consul était le moyen permettant à ce nègre de Nassau de s'enfuir, je soulèverais une foule et lui donnerais une leçon que les Caroliniens du Sud auraient dû lui donner auparavant. Cela m'a coûté environ dix-sept dollars de ma poche, et si je devais le poursuivre en justice, je ne pourrais obtenir aucune récompense. La prochaine fois que vous permettrez à quelqu'un de s'échapper, je devrai placer un autre officier sur le port », a déclaré notre homme que nous continuerons d'appeler M. Grimshaw.

« Bien sûr , j'ai entendu le même consul, lorsqu'il parlait à un gentilhomme , dire que la loi n'était qu'un abus de pouvoir, pour mettre de l'argent dans vos poches et dans celles de quelques-uns comme vous. Et tandis que moi et Flin mettions les fers à un gros nègre que le capitaine essayait de cacher en le gardant dans le gaillard d'avant du navire, il s'est mêlé à moi et à mon devoir et a commencé à parler de la loi avec ses bêtises. Bien sûr, à sa manière, il ferait de tous les nègres de la ville des abolitionnistes en trois semaines. Et bien sûr, M. Shérif, et vous penseriez qu'ils sont des bébés, si vous vous voyiez leur parler à la prison et leur envoyer des trucs, comme s'ils étaient meilleurs que les autres criminels et qu'ils ne pouvaient pas vivre. sur le prix de la prison », a déclaré l'officier Dunn, qui a continué à s'engager auprès du shérif à ce que les quais ne soient pas négligés et qu'un sombre anglais plein d'espoir n'échappe pas à son œil vigilant.

« Pour ma part, je pense qu'ils sont mieux en prison que sur le quai », a poursuivi Grimshaw. « Ils ne valent rien et n'ont pas la moitié du caractère de la majorité de nos esclaves ; et au lieu de s'occuper du capitaine à bord, ils seraient dans la rue Elliot , dépensant leur argent, se saoulant et s'associant avec nos pires nègres. Et ils en savent tous tellement sur le droit qu'ils enseignent toujours à nos méchants nègres les beautés de leur gouvernement, ce qui les rend encore plus malheureux qu'eux. Nos nègres sont comme un banc de poissons : quand un malade tombe malade, il le propage à tous les autres ; et avant que vous sachiez où vous êtes, ils sont partis.

"Ce ne sont pas des clients très rentables pour nous, shérif", a déclaré Dusenberry . « Nous avons beaucoup de surveillance et beaucoup d'ennuis une fois que nous les avons trouvés, les gars ; et si nous obtenons un avantage, cela ne représente jamais grand-chose, car j'en ai rarement connu un qui ait assez d'argent pour le soigner pendant que nous l'avons pris en charge. Ces Britanniques ne nous aiment pas ; ils ne payent pas au port et si les gars obtiennent quelque chose du consul en prison, c'est au compte-gouttes, ça ne sert à rien, car tout ça va pour de l'alcool. Et ces criminels tuent un intendant noir dès qu'il est enfermé. Mais si ces imbéciles sympathisants suivent leurs épouvantails au sujet du traitement en prison, ils obtiendront des choses telles que notre entreprise ne vaudra plus un dollar. Pour ma part, je ne suis pas tellement optimiste , car je me suis installé confortablement ces dernières années, mais je veux que mon fils me succède au bureau. Mais si leur consul maintient ainsi ses objections, ses appels et ses protestations, et trouve des hommes tels que son honneur, le procureur de la République pour le seconder avec ses absurdités et ses idées, les gens de notre métier pourraient aussi bien déplacez-vous au nord de Mason et Dixon.

« Je peux le réveiller à un point », dit Grimshaw, « que ce consul abolitionniste n'a jamais appris auparavant ; et s'il avait mis sa vieille pétition dans la poche de Charles Sumner au lieu de l'envoyer à notre législature, il aurait peut-être sauvé ses idées de vieille femme de la révélation que Myzeck leur a donnée . Il faut Myzeck pour montrer à ces Yankees à la peau bleue comment suivre la marque lorsqu'ils viennent en Caroline du Sud. Si la Caroline du Sud devait faire sécession, je dirais que nous donnerions Myzeck et son commandant pour mener notre guerre, et nous serions aussi sûrs de les fouetter que nous avons gagné la guerre du Mexique pour le gouvernement fédéral. Il y a trois choses chez un Anglais, Dusenberry , que vous pouvez noter comme faits. Il est vaniteux et ne veut pas être conseillé ; — il pense qu'il n'y a pas de loi comme la loi d'Angleterre, et que le vieux syndicat-jack est un livret des nations ; — et il pense que tout le monde est tenu de le faire. obéissez à ses notions d'humanité et aux préceptes de ses opinions positives. Mais ce qui est pire que tout, c'est qu'ils n'ont jamais vu la souveraineté de la Caroline du Sud s'exercer, et selon les idées stupides du consul Mathew, ils pensent que nous pourrions nous faire lécher par une canonnière.

« Cela ne sert à rien de discuter de cette chose, vous devez garder un œil attentif sur les nègres anglais ; et quand un homme prétend contester le droit, dites-lui que c'est « contraire à la loi » et qu'il regarde les livres de lois ; dites-lui que cela coûte plus cher de les garder que ce qu'ils valent tous ; et s'ils disent que la loi n'a jamais été destinée aux citoyens étrangers, dites- leur que c'est "contraire à la loi". La Caroline du Sud n'est pas tenue d'obéir à la voix du gouvernement général, et que lui importe les tribunaux fédéraux ? Nous suivrons une voie conforme à la loi ; et nous prendrons soin de tout ce qui y est contraire pour une meilleure protection de nos institutions. Maintenant, n'en laissez pas passer, au péril de votre fonction », a poursuivi M. Grimshaw.

"Ce n'est pas un bouton qui m'intéresserait au bureau", a déclaré Dunn. " Bien sûr , c'est toi-même être faire tous les frais, et nous-mêmes recevoir le dérisoire dollar ; et vous nous donnez autant de peine pour l'obtenir que nous gagnerions deux dollars chez le magistrat Jiles . Bien sûr! lui-même est libéral et ne craint pas de nous donner un partage des honoraires quand les affaires vont bien. Et bien sûr , vous gagnez dix fois plus d'honoraires qu'un nègre anglais, et vous ne nous donnez jamais un dollar, continua-t-il en s'éloignant d'un air de grande humeur et en jurant un flot de serments qui vous glaçaient le sang. Il y avait une signification secrète dans le langage de M. Grimshaw qui n'était pas du tout satisfaisante pour l'irlandais de M. Dunn ; surtout quand il connaissait si bien le manque de sincérité de M. Grimshaw et que, au lieu d'être libéral, il empochait une grande partie des honoraires, au profit très consciencieux de lui-même. Le lecteur doit se rappeler qu'à Charleston, en Caroline du Sud, il y a une grande majorité d'hommes qui se soucient peu de la loi, moins de la justice et pas du tout du christianisme. Sans scrupule de conscience et avec une passion héritée pour mettre en avant la grandeur absorbante de la Caroline du Sud, ces hommes agissent comme un frein aux citoyens les mieux disposés. Le plus lamentable est que, formant une grande partie de cette espèce d'êtres connus sous le nom de politiciens de bar, ils contrôlent en réalité les élections dans la ville ; et ainsi nous pouvons expliquer le caractère des titulaires du poste et la ténacité avec laquelle ces lois oppressives sont respectées.

Cette conversation presque incompatible entre un haut shérif et deux subalternes constables peut paraître à beaucoup incompatible avec la dignité qui doit être observée entre de tels fonctionnaires. Néanmoins, non seulement toute contrainte est annihilée par le consentement, mais celle-ci est mise en œuvre si clairement et si bien comprise par cette classe respectable de citoyens dont les intérêts et les sentiments sont de maintenir une bonne réputation pour la ville et de promouvoir son intégrité morale, qu'en Durant toute notre conversation avec eux, nous n'avons jamais entendu personne parler en bien de ces fonctionnaires ni de la manière dont les règlements de police de la ville étaient exécutés.

CHAPITRE VI.
LE JANSON EN PROPOSITION.

APRÈS plusieurs jours de souffrances dues au manque de pain et à la fatigue du travail, plusieurs membres de l'équipage furent portés malades. Manuel, qui avait noblement et gaiement supporté son rôle, était du nombre ; et sa perte fut plus sévèrement ressentie, après avoir accompli un double devoir et réussi, dans la mesure des moyens disponibles, à mettre tout le monde à l'aise à bord. Il avait soigné ceux qui abandonnaient les premiers, comme une bonne nourrice, prêt à l'appel, de nuit comme de jour, et avec une disponibilité qui lui semblait agréable. Du capitaine au petit garçon Tommy, sa perte a été ressentie avec regret ; et celui-ci entrait souvent dans le gaillard d'avant où il gisait, se penchait sur lui avec une simplicité d'enfant et lui lissait le front avec sa petite main. « Manuel ! J'aimerais que le pauvre Manuel se porte bien ! » disait-il, et encore une fois il posait sa petite main sur sa tête et lui lissait les cheveux. Il lui murmurait des encouragements à l'oreille ; et ayant appris un peu de portugais, il lui disait dans combien de temps ils seraient au port et quels moments agréables ils passeraient ensemble.

Le 21, ils aperçurent une terre qui s'avéra être Stono , à environ vingt-cinq milles au sud de Charleston. Tommy a annoncé la nouvelle à Manuel, ce qui a semblé lui remonter le moral. Sa maladie était évidemment causée par la fatigue, et sa guérison dépendait davantage du repos et de la nourriture que du traitement médical. Cette nuit-là, à dix heures, le vent souffla fort du nord-ouest et repoussa le Janson à une certaine distance vers la mer ; et ce ne fut que le 23 au matin qu'elle fit descendre Charleston et réussit à se rendre au bar. Un signal fut donné à un pilote, et bientôt, un très beau bateau ressemblant à un cotre, « Palmetto, No. 4 », fut vu jaillir au-dessus de la barre du chenal principal. Manuel, un peu rétabli, avait été aidé quelques minutes auparavant sur le pont, et, sur l'ordre du capitaine, il avait été étendu sur un matelas étendu sur le côté tribord de la descente. A ses côtés était assis le petit Tommy, lui servant de la nourriture.

Le bateau fut bientôt à quai, et le pilote, un homme de taille moyenne, bien habillé, au visage franc et ouvert, plutôt fleuri et teinté de soleil, avec une profusion de chaîne en or et de sceau pendant à son gousset, monta à bord. Après avoir salué le capitaine, il examina l'état de l'engin, s'enquit plusieurs fois de son fonctionnement, puis dit avec sang-froid : « Eh bien ! De toute façon, je pense que vous avez vu des coups. Puis se retournant et donnant quelques ordres pour s'approcher davantage du navire, il observa le travail laborieux des pompes et, marchant vers le milieu du navire, sur le côté bâbord, il examina attentivement sa taille. « Est-ce qu'elle ne fuit pas sur le dessus, Capitaine ? a-t-il dit.

Recevant une réponse affirmative, il jeta un coup d'œil en l'air, puis au ciel au vent ; demanda combien de temps il l'avait travaillé dans cet état et où il avait pris le vent. « C'est étonnant qu'elle ne vous ait pas submergé auparavant. Je l'aurais échouée du premier coup, si elle avait mis la mienne à la poubelle ; Je n'oserais jamais utiliser un vieux métier comme celui-ci. Elle me rappelle l'un de ces objets artisanaux du sud-est qui font du commerce avec Cuba », a-t-il poursuivi. Puis, traversant l'écoutille principale du côté tribord, il s'approcha des hommes qui pompaient, et après s'être renseigné sur la possibilité de la libérer, il aperçut soudain Manuel, alors qu'il était allongé sur le matelas, le visage découvert.

"Cieux! Quoi! avez-vous la fièvre jaune à bord à cette époque de l'année ? » s'enquit-il auprès du second, qui venait de venir à l'arrière pour s'enquérir de la possibilité de prendre de l'eau du bateau-pilote.

« Non, nous avons eu tout le reste sauf la fièvre jaune ; autant s'enfermer sur un radeau avec une vieille baignoire aussi infernale et malchanceuse qu'elle. C'est le steward, monsieur : il a un peu de fièvre ; mais il en aura bientôt fini. Il ne veut que du repos, le pauvre ! C'est un tyran au travail depuis le premier coup de vent. Il guérira avant d'arriver en ville », fut la réponse.

« Ah ! alors vous en avez pris une double dose. De temps en temps , cela donne à quelqu'un le soin de se débarrasser de ses capes. — Le steward est un nègre, n'est-ce pas ? demanda le pilote.

« Nègre ! - pas lui », dit le second. « C'est un métis portugais ; une sorte de sujet brûlé par le soleil, comme bon nombre d'entre vous, sudistes. La mère d'un nègre ne l'a jamais eu, tu peux parier que tu es là-dessus. Il y a autant de sang blanc dans sa veste que n'importe qui, sauf que ces Portugais sont des types sombres . Ce n'est pas un imbécile : il s'appelle Manuel, c'est un homme très intelligent, et les propriétaires ont autant d'estime pour lui que pour le capitaine.

«Gammon», se dit le pilote. « Que penserait-il si nous lui montrions quelques spécimens de nos nègres blancs de Charleston ? Et se retournant, il dépassa Manuel d'un air soupçonneux, et se plaça près de l'homme au volant, où il resta quelque temps à palper les sceaux de sa chaîne de montre. Le capitaine était entré dans la cabine quelques minutes auparavant, et étant revenu sur le pont, il s'était dirigé vers l'endroit où se tenait le pilote et s'était assis sur un vieux tabouret de camp.

votre nègre quand vous irez en ville. Si vous voulez vous épargner , ainsi qu'aux propriétaires, des ennuis et des dépenses, vous feriez mieux de le garder près de vous lorsque vous arrivez ; et l'envoyer à New York à la première occasion. J'ai vu le moulin, Cap, et tu ferais mieux de suivre les conseils d'un ami.

"Nègre!" dit le capitaine avec indignation, comment appelle-t-on les nègres à Charleston ? Mon intendant n'est pas plus nègre que vous !

"Quoi Monsieur?" » répondit le pilote en colère. « Connaissez-vous le caractère insultant de votre langage ? Monsieur, si la loi ne me soumettait pas, je quitterais votre navire sur-le-champ et vous tiendrais personnellement responsable dès votre débarquement, monsieur.

Le capitaine , inconscient de la ténacité avec laquelle le sang chevaleresque de Caroline du Sud tenait un langage qui suggérait une comparaison de couleurs, réfléchit à sa réponse ; mais je n'y voyais rien d'offensant.

« Vous m'avez posé une question et je vous ai donné une réponse appropriée. Si vous considérez un homme comme mon intendant, le pauvre garçon, comme un nègre, dans votre pays, je suis heureux que vous ayez la chance d'avoir autant de bons hommes.

"Nous peaufinons notre langage, Capitaine, quand nous parlons des nègres en Caroline du Sud", a déclaré le pilote. « Un Carolinien du Sud, monsieur, est un gentleman partout dans le monde. Il ne veut rien d'autre que le nom de son État pour lui assurer le respect. Et lorsque des étrangers et des habitants du Nord issus des États abolitionnistes amènent des nègres libres en Caroline du Sud, puis se mettent à les comparer aux Blancs, ils feraient mieux de faire très attention à la façon dont ils se déplacent. La Caroline du Sud aurait dû faire sécession l'année dernière, quand elle en a parlé, et renvoyer tous les Yankees chez eux pour fabriquer des pinces à chaussures. Nous ne serions pas insultés à l'époque, comme nous le sommes aujourd'hui. Je vais vous dire ce que c'est, Cap, dit-il en se calmant plutôt, si nos gens étaient aussi courageux qu'ils l'étaient mille huit cent trente-deux fois, ces gars qui viennent ici pour se nourrir de la Caroline du Sud, mettre le diable dans la tête des nègres, puis rentrer chez eux, voir des étoiles et sentir des impacts de balles.

Le capitaine écouta le discours original du pilote en Caroline du Sud, ou, comme le pilote lui-même l'avait appelé, son langage poli, sans montrer aucun signe de peur et sans trembler devant sa dignité sublime ; Pourtant, constatant que le pilote avait mal interprété la teneur de sa réponse, il dit : « Vous devez vous être trompé sur l'intention de ma réponse, monsieur ; et la manière différente dont vous vous en appropriez la portée peut être attribuée à une coutume parmi vous qui rend un langage offensant qui n'a aucune signification offensante. Nous ne transportons jamais de pistolets ou d'autres jouets similaires dans mon pays. Nous avons une sécurité morale pour nos vies et ne considérons jamais la mort comme un ennemi si grand que nous devons porter des armes mortelles pour la défendre. En fait, pilote, dit-il en plaisantant, ce sont des petits objets plutôt encombrants pour la poche d'un homme : je préfère porter mon dîner et mon petit-déjeuner dans ma poche. Maintenant, dis-nous, qui appelles-tu les nègres en Caroline du Sud ? »

« Eh bien, Capitaine, nous appelons tout ce qui n'est pas des Blancs. Nos gens peuvent leur dire très intelligemment. Ils ne peuvent pas s'y soustraire si cela n'est marqué que par la dix-septième génération. Vous pouvez toujours le leur dire à leur apparence : ils ne peuvent pas vous regarder en face, même s'ils sont aussi blancs. La loi les arrête de temps en temps, et ensuite, s'ils sont aussi blancs, elle les oblige à le prouver. J'ai connu plusieurs cas où le doute était en faveur du nègre, mais il ne pouvait pas le prouver et devait se mettre à l'écart parmi les noirs. Les chiens me prennent la peau, Cap, s'il n'y a pas en ville un juif aussi blanc que n'importe qui, et son père est médecin. On murmurait partout qu'il était nègre, et les pensionnaires où il résidait en faisaient tout un plat. Le père du nègre a fait poursuivre deux d'entre eux en justice pour calomnie, mais ils ont prouvé le nègre par une bizarrerie de la loi qui ferait un volume plus gros que Blackstone ; et au lieu que le vieux Juif obtienne satisfaction, les juges, par principe, lui ont accordé le temps de se procurer des preuves supplémentaires démontrant que son fils n'était pas un nègre. C'était une insinuation très réfléchie de la part des juges, mais le jeune homme se situe à environ A-1 avec un excellent nègre.

« J'aimerais qu'ils me jugent, pour voir si j'étais un nègre ou un homme blanc. Ce doit être une drôle de loi, « nègre ou pas de nègre ». Si la peau d'un homme ne peut pas le sauver, que diable fera-t-il ? dit le capitaine .

« Eh bien, montre que ta mère et sa génération étaient blanches, bien sûr ! C'est assez facile à faire, et nos juges sont tous très instruits dans ce genre de choses, ils peuvent le dire en un clin d'œil », a déclaré le pilote.

«Je pense que les points distinctifs seraient de montrer que leur mère n'avait rien à voir avec un nègre. Vos juges en font-ils une branche particulière de la jurisprudence ? S'ils le font, j'aimerais savoir ce qu'ils ont pris comme manuels. Si le mélange est aussi complexe que ce que vous dites, je pense que certains juges auraient peur de rendre un verdict contre leurs propres parents.

"Pas du tout!" dit le pilote ; "Ils en savent assez pour cela."

« Alors tu admets qu'il y a une chance. Cela doit être une affaire amusante, sur mon âme ! quand une gentille petite femelle doit écarter son voile devant un tribunal de juges très dignes, dans le but de faire examiner son pedigree, dit le capitaine .

"Oh! le diable, Cap ; vous vous égarez complètement — une femme nègre n'a jamais l'avantage de la loi. Ils vont toujours avec les nègres, ah ! Ha! Ha!!"

« Mais supposons qu'ils soient liés à certains de vos gros bugs. Et alors ? Vos autorités sont-elles si sages et généreuses qu'elles tiennent compte de ces choses ? » demanda innocemment le capitaine .

"Oh! pouf ! vous y êtes de nouveau : vous devez vivre à Charleston un an ou deux, mais vous devrez d'abord faire attention à ne pas tomber amoureux de certaines de nos filles brillantes et penser qu'elles sont blanches, avant de vous sachez le. Peu importe par qui ils se trouvent, il n'y a aucune distinction parmi les nègres de Charleston. Je vous ferai visiter quelques-unes des maisons lumineuses quand nous nous lèverons et vous montrerai quelques descendants de notre aristocratie, qui sont les pires cas. C'est un fait, Cap, ces petites pousses de l'aristocratie font invariablement de mauvais nègres. Si un gars veut une vraie fille de premier ordre, probablement une nègre, il doit avoir du sang africain pur. Comme ils le disent eux-mêmes : « Partout où Buckra-man bin, faites un mauvais nègre. »

« Eh bien, Pilote, je pense que nous en avons assez des métis nègres pour le moment. Dites-moi! tu penses vraiment qu'ils vont me causer des ennuis avec mon intendant ? Ce n'est certainement pas un homme noir, et il n'y a jamais eu de meilleur homme », s'enquit sérieusement le capitaine .

"Rien d'autre, Cap", dit le pilote. « C'est une loi dure, je vous le dis, et si nos marchands et nos hommes d'affaires avaient leur mot à dire, cela ne durerait pas longtemps ; vous ne pouvez en aucun cas le faire passer pour un homme blanc , car c'est « contraire à la loi » et cela rapporte si bien que ces méprisables requins terrestres d'officiers en font toute une histoire et n'en laissent jamais passer. Supprimez simplement les frais infernaux, et personne ne se souciera des stewards. Tout va dans la poche du vieux Grimshaw, et il écorcherait une corde pour récupérer la graisse et vendrait le steward s'il en avait l'occasion. Il a vendu un parent beaucoup plus proche. Je n'ai pas respecté la loi, vous verrez, Cap, car je sais que cela joue un mauvais rôle dans nos affaires et que c'est une malédiction pour le commerce du port. Les gens qui ne sont pas au courant des problèmes de navigation et des intérêts d'un armateur pensent que de telles choses sont de très petites affaires. Mais c'est le nom qui nous affecte, et lorsqu'un propriétaire s'attaque à chaque élément des débours, et qu'il paie une lourde facture pour garder son intendant, et une autre pour remplir sa place, ou son logement en pension, et qu'il soit ensuite privé de ses services, il fait la grimace, et soit il commence à penser à un autre port, soit à rendre le tarif du fret proportionnel à l'ennui. Cela a un effet que nous ressentons, mais dont nous ne parlons pas beaucoup. Je suis sécessionniste, mais je ne crois pas qu'il faille devenir fou après la politique et laisser nos intérêts commerciaux souffrir.»

"Mais et si je prouve que mon intendant n'est pas un homme de couleur ?" dit le capitaine ; « Alors, ils ne me poseront sûrement aucun problème. Cela me ferait beaucoup de peine de voir Manuel enfermé dans une cellule pour aucun crime ; et puis être privé de ses services, c'est plus que je ne peux supporter. Si je l'avais su auparavant, j'aurais souffert des tourments de la soif et j'aurais mis le cap sur un port plus au nord.

« Cela coûtera plus cher que ce que ça vaut », a déclaré le pilote. « Suivez mon simple conseil, Cap ; n'essayez jamais ça; nos avocats sont de vigoureux camarades rémunérés à honoraires ; et ce type pourrirait dans cette vieille prison avant que vous puissiez le faire sortir. Le processus est si lent et complexe que personne ne saurait comment porter plainte, et chaque l'avocat aurait sa propre opinion. Mais le pire de tout, c'est que c'est tellement impopulaire qu'il est impossible de trouver un avocat valant sept cents pour s'en charger. Ce serait aussi dangereux que de tenter d'extraire un martyr des flammes ardentes. L'opinion publique à Charleston est contrôlée par les politiciens ; et tenter de se déplacer dans une chose aussi impopulaire serait comme un homme essayant de parler, avec des pistolets et des épées pointés sur sa tête.

"Alors c'est une folie de demander justice dans votre ville, n'est-ce pas ?" demanda le capitaine . « Mais vos gens sont généreux, n'est- ce pas ? et traiter les étrangers avec une courtoisie qui marque le caractère de toute société noble ?

« Oui !… mais la société de Caroline du Sud n'a rien à voir avec la loi ; nos lois sont glorieusement anciennes. J'aimerais, Cap, pouvoir ouvrir vos idées uniquement sur la façon dont nos gens gèrent leurs propres affaires. Je suis opposé à cette loi qui emprisonne les intendants, parce qu'elle affecte le commerce, mais nos autres lois sont au top. C'est la loi que notre législature a adoptée pour empêcher les nègres libres de venir des États abolitionnistes pour détruire l'affection de nos esclaves. Certains disent que la construction qui lui a été donnée et appliquée aux stewards des navires étrangers n'est pas légale et n'était pas intentionnelle ; mais maintenant, il est contrôlé par la volonté populaire, les intendants ne sont pas des législateurs, et les juges savent que cela ne serait pas populaire, et personne n'ose s'en mêler, de peur qu'il ne soit traité d'abolitionniste. Vous feriez mieux de suivre mon conseil, Cap : expédiez le nègre et épargnez-vous, ainsi qu'au consul Mathew, les ennuis d'une autre agitation, continua le pilote.

« Ça, je ne le ferai jamais ! J'ai décidé d'essayer et je ne serai pas chassé d'un port parce que les gens ont peur d'un homme inoffensif. S'ils ont quelque âme en eux, ils considéreront avec faveur un pauvre marin refoulé dans leur port en détresse. J'ai navigué presque partout dans le monde, et je n'ai encore jamais fait partie d'un peuple qui ne traiterait pas un naufragé avec humanité. Dieu miséricordieux ! J'ai connu des sauvages gentils avec les pauvres naufragés et partageant leur nourriture avec eux. Je ne peux pas, pilote, imaginer une civilisation si dégradée, ni un public si perdu pour l'humanité commune, qu'il maltraiterait un homme en détresse. Nous en avons assez parlé pour le moment. Je ferai appel aux sentiments de M. Grimshaw lorsque j'arriverai en ville ; et je sais que si c'est un homme, il laissera Manuel rester à bord, si je promets sur mon honneur qu'il ne quittera pas le vaisseau.

« Humph !… Si vous le connaissiez aussi bien que moi, vous sauveriez vos propres sentiments. Ses sympathies ne vont pas dans ce sens », a déclaré le pilote.

Le Janson avait maintenant franchi la barre et approchait rapidement de Fort Sumpter. Manuel avait suffisamment entendu la conversation pour éveiller des craintes pour sa propre sécurité. Se levant du matelas, d'une manière indiquant son état de faiblesse, il appela Tommy, et s'avançant, se pencha par-dessus le bastingage près du gréement avant et demanda de quoi parlaient le capitaine et le pilote. Observant ses craintes, le petit bonhomme s'efforça de le calmer en lui disant qu'on parlait de mauvais marins.

«Je pense que c'est de moi qu'ils parlent. S'ils me vendent comme esclave à Charleston, je me suiciderai avant une semaine », dit-il dans son anglais approximatif.

"Qu'est-ce que tu dis, Manuel?" » s'enquit le second tandis qu'il arrivait, nettoyant les ponts avec les hommes.

«Le pilote dit au capitaine qu'ils me vendent comme esclave en Caroline du Sud. Je sauterais par-dessus bord avant de le subir, dit-il.

« Oh, pouf ! ne soyez pas idiot ; tu n'es pas parmi les Patagons, Manuel ; vous n'aurez pas à leur donner une jambe pour votre vie. En Caroline, on ne vend pas d'étrangers ni d'hommes bizarres comme vous comme esclaves : seuls les Noirs ne peuvent pas exprimer leurs mots dans un anglais simple. Votre peau cuivrée ne vaudrait pas six pence pour un commerçant nègre — pas même pour le vieux Norman Gadsden, à ce que je sache . racontez tant de choses sur les quais de Liverpool. C'est un Jonathan Wild habitué du trafic de nègres ; son nom est comme un dragon fougueux parmi les nègres de tout le Sud ; et j'ai entendu notre capitaine dire un jour, alors que je naviguais sur un paquebot, que les nègres de Charleston avaient si peur de lui qu'ils s'enfuiraient, comme de jeunes scorpions, loin d'un vieux diable, quand ils le voyaient arriver. Il vend des nègres blancs, comme on les appelle , et des nègres noirs — tout ce qui se présente sur son chemin, sous la forme de gens vendables. Mais il ne reconnaîtra pas le maïs quand il s'éloignera de chez lui et jure qu'il y a deux Norman Gadsden à Charleston ; que ce n'est pas lui ! Quand un homme a honte de son nom à l'étranger, son métier doit être très mauvais chez lui, sinon je ne suis pas un marin, dit le second.

"Ah, mes garçons!" » dit le pilote d'un air interrogateur, alors qu'il arrivait à l'endroit où plusieurs des hommes préparaient l'ancre bâbord à larguer prise , « si le vieux Norman Gadsden vous attrape, vous êtes un connard. Un homme qui a un mauvais nègre n'a qu'à lui dire Vieux Gadsden, et cela équivaut à cinquante pagaies. Le mode de punition le plus moderne, et adopté dans tous les ateliers et lieux de punition de la Caroline du Sud, est celui de la pagaie, un instrument en bois en forme de pelle de boulanger ; avec une lame de trois à cinq pouces de large et de huit à dix de long. Celle-ci est portée aux postérieurs, généralement par des constables ou des officiers liés à la police. Des trous sont fréquemment percés dans la lame, ce qui confère à l'application une sorte d'effet percussif ; La douleur est beaucoup plus aiguë qu'avec le cuir de vache ; et plusieurs cas sont connus où un maître a ordonné un nombre de coups au-delà de l'endurance de l'esclave, et cela s'est avéré fatal à l'atelier. Ils racontent une assez bonne histoire sur le vieil homme. Je ne sais pas si c'est vrai, mais le vieux est riche maintenant et il fait ce qu'il veut. C'est que quelqu'un a trouvé une de ces petites crottes occasionnelles de l'aristocratie, très connues parmi les secrets de la chevalerie, et qu'on appelle enfants trouvés, joliment enfermées dans un panier . — Cela fait pourtant partie des secrets et ne doit pas être raconté à l'étranger. .—Les découvreurs l'ont étiqueté : « Veuillez vendre au plus offrant » et l'ont laissé à sa porte. Il y avait une signification inquiétante dans l'étiquette ; mais Norman prit très froidement le petit gage impuissant dont il avait la charge, et, avec les bons soins de la vieille Bina, lui fit payer la somme de deux cent trente, en espèces, avant qu'il ait deux ans . Il s'appelait Thomas Norman, la division chrétienne de son père adoptif, selon la coutume. Le vieil homme rit de la plaisanterie, comme il l'appelle, et leur dit que lorsqu'ils lui collent ça, ils ne comprennent pas la pratique de gagner de l'argent. Tu dois le surveiller attentivement, Manuel ; tu le reconnaîtras aux nègres qui courent quand ils le verront arriver.

Le pilote retourna maintenant dans le quartier et commença à s'étendre sur la beauté du port de Charleston et de ses affluents, les rivières Astley et Cooper, puis sur les perspectives de fortifications pour battre les États-Unis en cas de sécession de la Caroline du Sud et d'élévation d'une souveraineté indépendante. , composé de son meilleur sang. Le capitaine écouta en silence son exposé non sollicité et sans intérêt sur les prouesses de la Caroline du Sud, levant de temps en temps les yeux vers le pilote et acquiesçant de la tête. Il vit que le pilote avait l'intention de l'étonner par ses merveilleux progrès dans la théorie du gouvernement et par la position importante de la Caroline du Sud. De nouveau, il eut l'air abasourdi, au point de reconnaître la profondeur du pilote, et s'exclama : « Eh bien ! La Caroline du Sud doit être un État diable : tout semble captivé par sa grandeur : j'aimerais vivre en Caroline si je ne me fais pas lécher.

« Aux ciseaux ! c'est ce que vous feriez, capitaine ; vous n'avez pas la moindre idée de la puissance du site que nos employés peuvent réaliser s'ils le souhaitent ! Tout ce que veut la Caroline du Sud, ce sont ses droits constitutionnels, pour lesquels ses grands hommes se sont battus pendant la Révolution. Nous voulons avoir la liberté de protéger nos propres droits et institutions, sans être insultés et volés par le gouvernement général et les abolitionnistes.

« Pratiquez-vous en tant que peuple les mêmes principes que vous demandez au Gouvernement Général ! » demanda le capitaine .

« Certainement, capitaine, dans la mesure où cela était destiné au bien judicieux de tous les citoyens blancs !

« Ensuite, vous revendiquez un droit pour les Blancs, mais vous refusez ce droit lorsqu'il touche au côté obscur. Il faudra que vous léchiez le gouvernement fédéral, comme vous l'appelez, car il ne modifiera pas la Constitution pour l'adapter à vos conceptions du noir et du blanc.» * * *

« C'est exactement ce qu'il faut, Cap, et nous pouvons le faire aussi facilement que maintenant, en protégeant nos propres lois et en exterminant les nègres qui tentent des insurrections. La Caroline du Sud donne un exemple d'honneur et de bravoure imbattable. Eh bien, regardez un peu plus loin, Cap : le gouvernement fédéral est propriétaire de ce Fort Sumpter, et ils nous ont insultés en le construisant sous nos dents, afin de pouvoir contrôler le port, bloquer notre commerce et percevoir les droits de douane. ici. Mais, Cap, cela n'effraie en aucun cas la Caroline du Sud . On peut leur montrer deux personnages aux tactiques de guerre qui les feraient exploser. Vous voyez là-bas ! » » dit-il avec un air sincère de satisfaction, en désignant le sud. « C'est l'île Morris. Nous prendrions Fort Moultrie pour un petit-déjeuner, puis nous le leur soumettrions chaud et fort des deux côtés, jusqu'à ce qu'ils rendent Fort Sumpter. Ils ne pouvaient pas le supporter des deux côtés. Oui, monsieur, ils nous ont fermé Fort Moultrie et ne nous l'ont pas permis pour y célébrer l'indépendance. Il y a une flamme qui couve en Caroline du Sud qui éclatera un de ces jours d'une manière qui doit enseigner au gouvernement fédéral quelques des leçons étonnantes et passionnantes. Il y a le vieux château Pinckney, monsieur ; nous pourrions le garder comme réserve, et avec les généraux Quattlebum et le commandant de Georgetown et de Santee Swamp, nous pourrions lever une armée de régiments de Palmetto qui fouetteraient les troupes et les canonnières du gouvernement fédéral.

Nous avons raconté cette singulière conversation du pilote avec un étrange capitaine, qui était alors prise comme un cas isolé de gasconnade particulière à l'homme ; mais dont le capitaine trouva par la suite que ses sentiments, ses sentiments et son expression s'harmonisaient avec le caractère général du peuple, les seules exceptions étant les gens de couleur.

CHAPITRE VII.
ARRIVÉE DU JANSON.

Le 23, vers cinq heures du soir, le Janson dépassa Castle Pinckney, courut jusqu'au quai avec la marée montante, lâcha son ancre et commença à se diriger vers le quai. Son état attirait diverses personnes au bout du quai, qui la considéraient avec une sorte de commisération qu'on aurait pu prendre pour un sentiment sincère. L'officier d'embarquement avait reçu ses papiers et fait état de son caractère et de son état, ce qui avait éveillé un sentiment de curiosité spéculative, qui commençait déjà à se répandre parmi les charpentiers et les pourvoyeurs de navires.

Parmi ceux rassemblés sur le quai se remarquait un petit dandy de petite taille, avec une redingote couleur olive, un pantalon noir, un gilet brodé et un énorme col de chemise qui mettait en danger ses oreilles. Celui-ci était fixé autour du cou avec une cravate fantaisie, rehaussée avec beaucoup de goût d'une épingle en diamant. Il était très mince, avec un visage étroit et féminin, des yeux ronds - nécessitant l'application d'une lunette de poche toutes les quelques minutes - et très blond. teint, avec peu d'expression positive de caractère dans ses traits. Son nez était pointu ; son menton, saillant et couvert d'innombrables petits boutons, donnait à une bouche irrégulière et en forme de dogue une expression particulière. Il portait une paire de bottes très cirées et à talons hauts, ainsi qu'un chapeau à larges bords soyeux. Il semblait très soucieux de montrer la beauté de deux bagues en diamant qui brillaient sur ses petits doigts délicats, rendus plus visibles par les poignets de sa chemise. Debout à un endroit très visible sur le rebord du quai, il se frottait les mains, puis courait d'une partie du quai à l'autre, ordonnant à divers nègres d'attacher les amarres, donnant des coups de pied à l'un et giflant un autre, tandis qu'il se baissait. avec sa petite main. Tous lui ont rendu hommage. Le capitaine le regarda avec un sourire de curiosité, au point de dire : « De quel spécimen important de miss en culotte s'agit-il ? Mais quand le petit garçon parla, le secret fut révélé. Il rassemblait les inflexions de sa voix, comme s'il les faisait rouler sur le petit bout d'un coup de foudre dans sa bouche. Alors que le navire touchait le quai, il sauta dans le coin et cria à haute voix : « Bienvenue à Charleston, capitaine Thompson ! Où avez-vous reçu ce coup ? – où allez-vous ? – combien de jours êtes-vous absent ? – depuis combien de temps a-t-elle fui de cette façon ? et une série de telles questions, qu'il serait impossible de retracer, telle était la rapidité avec laquelle il les posait. Le capitaine lui répondit selon les circonstances ; et le supposant revêtu d'autorité, il lui demanda où il trouverait des ouvriers pour faire fonctionner ses pompes, afin de soulager ses hommes. « Par-Je-w-hu ! Capitaine, vous avez dû passer un bon moment, mon vieux. Oh! oui, vous voulez de l'aide pour faire fonctionner vos pompes. Attrapez des nègres, capitaine, il y en a plein ici. Ils sont aussi épais que des sauterelles dans un morceau de coton.

« Oui, mais je les veux maintenant, mes hommes sont épuisés ; Je dois recruter des Irlandais, si je ne peux pas en recruter d'autres immédiatement », dit le capitaine , observant à nouveau son homme de la tête aux pieds.

"Oh! n'employez pas de Paddy, capitaine ; " Ce n'est pas populaire ; ils n'appartiennent pas au parti de la sécession ; Charleston est envahi par eux et les Hollandais ! Eh bien, cela ne lui ferait pas de mal de rester couchée jusqu'à demain matin, et il y aura beaucoup de nègres à terre ; ils ne peuvent pas sortir après la sonnerie sans laissez-passer, et il est difficile de retrouver leurs maîtres la nuit tombée. Relevez-la jusqu'à ce qu'elle s'échoue, et elle ne fuira pas lorsque la marée la quittera. Nous pouvons aller au théâtre et prendre un bon souper après, chez Baker ou au St. Charles's. C'est ainsi que vivent nos gens. Nous vivons pour nous amuser en Caroline du Sud. Laissez partir la vieille épave ce soir. Le petit bonhomme semblait si extrêmement poli et si désireux de « faire preuve de distinction », que le capitaine oublia entièrement la teneur de sa conversation avec le pilote, tandis que ses sentiments changeaient à la perspective d'une telle attention respectueuse ; et pourtant il semblait ne savoir comment analyser le caractère particulier de son petit ami pédant.

« Vous ne devez pas me croire intrusif, capitaine », dit-il en sortant sa bourse de segar et en la présentant avec la politesse chesterfieldienne. « C'est un plaisir pour nous, Caroliniens, d'être hospitaliers et attentifs aux étrangers. Mon nom, monsieur, est... ! Mes nègres m'appellent Maître George. Oui Monsieur! notre famille ! — vous avez probablement entendu parler de mon père — il appartient à l'un des meilleurs stocks de Caroline — possède une grande participation dans ce quai et est un important courtier en coton, facteurs, nous les appelons ici — et il possède un grande plantation de nègres sur Pee-Dee ; vous devez visiter notre plantation. Capitaine, bien sûr ! avant de quitter la ville. Mais il ne faut pas prêter beaucoup d'attention aux ragots que vous entendrez sur la ville. Je vous jure mon honneur, monsieur, cela ne représente rien et cela n'a aucune place importante dans notre société.

« Vraiment, monsieur, » répondit le capitaine , « je me ferai l'honneur d'accepter votre gentillesse hospitalière, et j'espère que j'aurai la chance de vous rendre la pareille un jour futur. Je suis seulement trop désolé que notre état déplorable ne me donne pas l'occasion de vous inviter à ma table ce soir ; mais les circonstances que vous voyez partout se présenter sont mes meilleures excuses.

« Oh, mon Dieu ! n'en parlez pas, je prie, capitaine. Imaginez-vous parfaitement chez vous. Nous vous montrerons ce qu'est l'hospitalité du Sud. Nous ne suivons pas le système yankee de M. Untel et de What-do-ye-call-'um. Nos sentiments sont conformes à notre orgueil d'État , qui, avec notre extrême sensibilité de l'honneur, interdit tout air mesquin. Les Caroliniens du Sud, monsieur, sont tout en haut de l'échelle sociale, conscients de toute considération noble de justice et de droit. Nous ne sommes pas émus par ces excitations et ces idées morbides qui entraînent si souvent les gens vers le Nord. Ne faites aucune préparation inutile, capitaine, et je me ferai l'honneur de vous rendre visite dans une heure. En disant ces mots, il lui serra la main et partit.

Le pilote avait livré sa charge saine et sauve et était sur le point de dire au capitaine au revoir pour la nuit. Mais pour faire la chose conformément à une coutume anglaise, qui semble n'avoir rien perdu de son enthousiasme en Caroline du Sud, il fut invité dans la cabine du capitaine pour prendre un petit vieux Jamaica de première qualité. Manuel, qui s'était quelque peu remis, sortit l'étui d'un casier privé et, le plaçant devant eux, ils remplirent, touchèrent des verres et portèrent le toast habituel à la Caroline du Sud. « Pilote, » dit le capitaine , « qui est mon ami poli ? Il semble être un petit bonhomme très intelligent ?

« Eh bien, capitaine, il est petit, mais il a du sang de premier ordre et un véritable brin de chevalerie. C'est un sacré sécessionniste, monsieur. Si vous entendiez ce type faire un discours sur les droits des États, vous le prendriez pour un Samson sur le gouvernement. Son père est ici à la tête d'une bonne maison de commerce ; Ce ne serait pas une mauvaise idée de le lui confier. Mais je dois vous souhaiter une bonne nuit, capitaine ; Je t'appellerai et je te verrai demain, dit le pilote en partant pour son domicile.

Le Janson a été hissé bien en haut du quai et échoué à marée descendante. Manuel préparait le dîner pour les officiers et l'équipage, tandis que le capitaine attendait le retour de sa nouvelle connaissance. « Capitaine, dit Manuel, j'aimerais descendre à terre ce soir et faire une promenade, car mes os me font mal et je suis plein de douleurs. Je pense que ça me fera du bien. Pensez-vous que personne ne me dérangera si je marche paisiblement ?

« Personne ne te dérangerait s'il te connaissait, Manuel ; mais j'ai peur qu'ils ne vous trompent pendant la nuit. Vous feriez mieux de rester à bord jusqu'au matin ; reposez-vous bien, et demain sera une belle journée ; vous pourrez alors faire un peu d'exercice.

Manuel regarda le capitaine comme s'il lisait quelque chose de douteux sur son visage et se détourna avec un air pitoyable d'insatisfaction. Il semble qu'en raison de sa connaissance imparfaite de l'anglais, il s'était méconnu de la position du célèbre Thomas Norman Gadsden, qu'il imaginait comme une sorte de machine infernale, fabriquée et fournie par les bons citoyens de Charleston pour attraper les mauvais nègres. « Nora-ma Gazine ne m'attrape pas, Capitaine , si je vais à terre, au cas où je ne créerais pas de problèmes dans aucune partie du monde où je navigue, Oh ! non, Capitaine , Manuel sait comment exploiter son désaccord , dit-il en revenant au Capitaine.

« Oui, oui, Manuel, mais nous ne pouvons pas laisser l'équipage débarquer avant d'avoir passé la douane ; vous devez vous contenter ce soir, et demain matin tout ira bien. J'ai peur que vous ne tombiez encore malade : l'air nocturne est très mauvais dans ce climat ; le vieux Gadsden ne vous dérangera pas. Il ne se promène pas la nuit.

Manuel s'avança, pas très satisfait de la manière dont le capitaine le rebutait. Ce dernier sentit la nécessité d'être prudent, craignant d' enfreindre certains des règlements municipaux dont le pilote lui avait fait part et qui expliquaient son refus. Manuel s'assit sur la trappe principale, caressant Tommy et lui disant quelles bonnes choses ils avaient. qu'ils auraient le matin pour le petit-déjeuner, et combien ils devraient être heureux de ne pas se perdre dans les tempêtes, sans penser qu'il allait être la victime d'une loi impitoyable, qui l'enfermerait dans les grilles de fer d'une prison avant l'heure du petit déjeuner le matin. «J'aime Charleston, Tommy», dit Manuel; « Cela ressemble à une de nos vieilles villes anglaises, et les maisons ont de si jolis jardins, et les gens, disent-ils, sont tous si riches et vivent si bien. Tommy, nous allons faire une longue marche et regarder tout autour, afin de pouvoir prévenir les gens quand nous rentrerons à la maison. Le navire me doit onze livres, et j'ai l'intention de rapporter de bonnes choses à la maison comme cadeaux, pour montrer ce qu'ils ont en Caroline du Sud.

« Tu ferais mieux d'acheter un jeune nègre et de le ramener chez toi comme une curiosité à montrer dans les Highlands. On peut acheter un jeune Sambo à n'importe quel prix, tout comme on achèterait un gigot de mouton chez le boucher ; mettez-le dans une boîte à bandoulière, trimballez-le, et vous ferez fortune dans le pays du Nord. Mais je préférerais acheter une jeune femme, car les jeunes nègres sont plus espiègles que beaucoup de serpents, et tous se mangent la tête avant d'être assez grands pour trottiner. Ici, on vend des filles pour des nègres plus blancs que toi, Manuel ; ils les vendent aux enchères, puis ils vendent du maïs pour les nourrir . La Caroline est une grande région de sensibilité supersensuelle ; ils vous donnent une femme de n'importe quelle couleur ou beauté, et ne vous facturent pas cher pour elle, à condition que vous ayez la bonne couleur. Quelle drôle de chose ce serait de montrer aux gens de Glasgow un brillant spécimen d'épouse achetée dans le célèbre État de Caroline du Sud, avec du véritable sang aristocratique dans les veines ; oui, un pur descendant des huguenots ! » dit le second, qui était penché sur le bastingage où Manuel et Tommy étaient assis, fumant un segar et admirant le magnifique paysage autour du port.

"Ah!" dit Manuel, quand j'aurai une femme et que j'habiterai à terre, je ne veux pas en acheter une – cela pourrait être une affaire dangereuse. Il se peut qu'il achète le corps, mais pas l'âme : cela appartient à Dieu.

CHAPITRE VIII.
UN NOUVEAU PLAT DE SÉCESSION.

Vers huit heures et quart du soir, maître George, comme il se appelait lui-même, le petit homme pédant, descendit le quai en sautillant. Dès qu'il s'est approché du brick, il a crié à haute voix : « Capitaine ! Capitaine!!"

Le capitaine s'avança vers la passerelle et le petit bonhomme, qui se croisait et travaillait ses doigts, lui tendit la main pour l'aider à débarquer. Cela fait, il prit le bras du capitaine et, commençant un discours sur les choses merveilleuses et les gens de la Caroline du Sud, ils se dirigèrent vers le théâtre de Charleston. La compagnie qui se produisait alors était une petite affaire, et le bâtiment lui-même était parfaitement sale et rempli d'une odeur nauséabonde. La pièce était une petite farce que le capitaine avait vue avec beaucoup de perfection dans son propre pays, et qui demandait un certain effort d'esprit pour sortir de sa mutilation actuelle. Cependant, maître George était si heureux qu'il maintenait une succession d'applaudissements à chaque grimace faite par le comédien. Heureux, lorsque le premier morceau fut terminé, le capitaine fit signe de s'ajourner au premier bon bar et de prendre un punch. Il fut convenu, à condition que le petit homme « fasse l'honneur » et qu'ils reviennent voir la pièce suivante. Le capitaine , bien sûr, céda à la réplique, même si elle infligeait une sévère punition à ses sentiments. Il y avait encore un autre morceau à venir, que l'appétit du petit bonhomme était aussi prêt à dévorer que le premier. Le Capitaine , voyant cela, ne put s'empêcher d'exprimer sa surprise. Cela fut considéré comme une accusation contre son goût, et George commença immédiatement une discussion sur le sujet de la pièce, l'intention de l'auteur et les mérites des principaux interprètes, dont il admirait la bonne adaptation. Le capitaine connaissait son sujet et, au lieu de discuter en détail, lui conseilla de jeter un coup d'œil dans les théâtres de New York et de Londres. Pour ne pas être défait, car il était comme tous les petits hommes qui insistent sur la profondeur de leurs propres opinions, il affirmait que seules les différentes opinions que les individus entretenaient étaient déterminantes, et que les Charlestoniens avaient proverbialement raison dans leur jugement. de musique et de spectacles dramatiques.

"Je plains le jugement qui accorderait du mérite à une telle performance", a déclaré le capitaine .

« Comme il est étrange que vous, Anglais et Écossais, trouviez toujours à redire sur tout ce que nous, Américains, faisons. Vos écrivains le manifestent dans leurs livres sur nous et les gens semblent nécessairement les copier et faire écho à leurs grognements, » rejoignit Maître George.

"Vous jugez d'après le dicton commun, au lieu d'une observation de la connaissance, je le crains", a déclaré le capitaine .

« Seigneur, monsieur ! vous ne devez pas me juger selon cette règle. Les Caroliniens, monsieur, apprécient toujours les étrangers intelligents, car ils exercent toujours une saine influence et ne se mêlent jamais de nos institutions ; vous voyez donc qu'il ne faudrait pas suivre les idées pestilentielles des petits gribouilleurs, de peur de nous forger de fausses opinions.

« Mais dites-moi, dit le capitaine, vous considérez-vous comme Américains en Caroline du Sud ? Le pilote a dû m'égarer.

"Les Américains! oui, en effet, le vrai sang en plus, et aucun homme doté d'un jugement irréprochable ne l'a jamais remis en question. Mais vous devez marquer la différence ; nous n'avons pas de Yankees, et nous ne croyons pas non plus à leur charabia infernal sur l'abolition. Sans la Caroline du Sud et la Géorgie, les habitants de la Nouvelle-Angleterre mourraient de faim faute de coton et de riz. C'est l'élément essentiel qui maintient l'unité du pays ; et même s'ils en parlent, enlevez-le, et que seraient les États-Unis ? Nous, les Caroliniens du Sud, ne donnons aucun symptôme ou expression de ce que nous entendons faire que nous ne puissions maintenir. Nous avons été grossièrement insultés par le gouvernement fédéral, mais il n'ose pas s'en prendre à nous et simplement nous donner une chance de mener un combat loyal. Nous leur montrerions le tonnerre du Palmetto, qu'ils ne troubleraient plus jamais notre souveraineté. Capitaine, je vous promets sur mon honneur que s'il n'y avait pas autant de Yankees infernaux en Géorgie et qu'elle suivrait notre exemple en matière de sécession, nous lécherions tout le Nord. La Géorgie est un grand État, mais elle n'est pas courageuse et n'a aucune chevalerie parmi son peuple. Elle accorde de tels privilèges aux Yankees — elle leur donne le pouvoir de contrôler ses intérêts industriels — et c'est précisément ce qui déracinera les fondements de leur institution esclavagiste. Les Géorgiens ne sont pas du tout comme nous ; Premièrement, ils ont des manières trop plébéiennes, n'ont aucun lien de tutelle pour leurs lois et n'exercent aucune contrainte pour la protection appropriée de la bonne société. Mais, capitaine, leur souche a une origine différente, et la particularité qui marque aujourd'hui notre caractère peut être attribuée aux descendants des premiers colons. Nous tirions notre caractère et nos sentiments des huguenots ; eux, issus d'une classe inhabituelle de grossiers aventuriers, dont l'honnêteté était teintée de suspicion pénale. Ceci, monsieur, explique les différences si marquées dans notre caractère.

Le petit bonhomme entretenait ce genre de conversation dans le hall du théâtre, et prenait en même temps le plaisir tout particulier de présenter au capitaine plusieurs des jeunes gens, comme il les appelait, pendant qu'ils allaient et revenaient des loges. Finalement, le capitaine se retrouva dans un parfait nid de frelons, entouré de jeunes sécessionnistes vicieux, si parfaitement anéantis par la croissance qu'ils étaient tous prêts à épauler mousquets, fourches et poignards, et à tirer avec des pistolets sur le pauvre vieil Oncle Sam, s'il le voulait. devrait mettre son nez en Caroline du Sud. L'image présentée était celle d'un groupe d'enfants indisciplinés dictant leurs opinions à un vieux papa aux cheveux blanchis, l'accusant de pragmatisme et le menaçant, s'il était deux fois plus âgé, de le fouetter s'il ne faisait pas ce qu'ils lui demandaient. La connaissance du pouvoir de la Caroline du Sud et des difficultés de la Caroline du Sud avec le gouvernement fédéral, selon lui, était si universellement exprimée qu'elle formait l'atmosphère de conversation dans le salon, le pub, l'école et le bar, la salle de conférence et le théâtre.

Le petit homme a étendu son invitation à une fête des sangs. Le capitaine fut pris par les armes dans une sorte de camaraderie et escorté jusqu'au restaurant Baker, un endroit adjacent au théâtre et, pour un homme peu habitué à ce qui se passe à Charleston, un endroit très bruyant. Ceci est considéré par les Charlestoniens comme l'un des plus beaux endroits du pays du Sud ; où les bons dîners et la sécession (les sujets qui passionnent les Charlestoniens) constituent le seul élément important de la conversation. On peut considérer comme un fait que parmi les sept dixièmes de la population de Charleston, le niveau d'un gentleman se mesure d'après sa connaissance de la sécession et son aptitude à régler la question des dîners chauds. Nous ne disons rien de ce vigoureux patriotisme qui se manifeste si souvent dans une longue série de toasts tonitruants qui déshonorent les colonnes du Mercury et du Courier.

Chez Baker, l'endroit était littéralement rempli de personnages de toutes sortes, depuis l'honorable juge jusqu'au garçon de pot ; un pot -pourri de courtoisie et de camaraderie ne se manifestait en Angleterre qu'à l'approche des élections. Le lecteur trouvera peut-être cela étrange, mais nous pouvons l'assurer que les distinctions sont étrangement maintenues ; une arrogance exclusive s'observe dans la vie privée, tandis qu'un recours trop fréquent et général aux bars a établi le plébéianisme dans la vie publique. Des voix résonnaient dans toutes les parties du comptoir, et pour autant de voix différentes qu'il y avait de mélanges différents. Le capitaine reçut de nombreuses présentations et presque autant d'invitations à boire ; mais le petit homme, maître George, réclama l'honneur exclusif, et, gardant l'œil bien éveillé, profita de ses propres dimensions, et commença à se frayer un chemin à travers une barricade de corps et de coudes, jusqu'à ce qu'il atteigne le comptoir. Son groupe le suivait de près, sur ses talons. Au total, ils réclamaient des cocktails, des smashs, des grogs, des cordonniers, des juleps et des légitimes. L'entreprise s'en est débarrassée et les a réinstallés dans ce qu'on appelle une « boîte à l'étage ». A peine assis, maître George sonna la cloche avec une telle violence qu'il détacha la corde et le gland, et donna une telle alarme que trois ou quatre noirs vinrent à la fois pointer leurs faces alarmées à travers les rideaux.

« Il n'y a rien de tel que de faire réfléchir les gars ; ils ont une telle indépendance infernale ici, et le vieux Tom pense tellement à sa jeune femme, que ses nègres ont commencé à l'imiter. Un seul suffit à la fois ! » » dit maître George avec toute l'importance de son caractère. Un « garçon brillant », les cheveux bien séparés au milieu de la tête et frisés pour l'occasion, s'inclinèrent poliment pendant que les autres se retiraient.

« Qu'avez -vous de choix pour le dîner ce soir ? Nous voulons quelque chose de mûr pour le palais – aucun de tes restes, maintenant, espèce de nègre infernal, et ne nous raconte aucun de tes mensonges.

« Des oiseaux, monsieur, des tétras, des bécasses, des perdrix, des dos de toile et des cailles ; viandes, venaisons et huîtres, le maître les prépare sous toutes les formes que souhaitent les messieurs. Des vins, etc., s'ils veulent, répondit le domestique sans parler du dialecte nègre, tout en s'inclinant profondément devant maître George.

"Nomme le! nommez vos plats, messieurs ! Ne soyez pas en arrière. Je suppose que ses oiseaux sont comme d'habitude, sans âge pour les parfumer. C'est parfaitement païen de manger des oiseaux tels qu'ils sont servis ici : nous n'obtenons jamais ici un oiseau suffisamment modifié pour convenir à un gentleman de goût ; leur bœuf est dur, et le steak qu'ils préparent ne convient qu'aux cordonniers et aux forgerons. Je ne viens jamais ici mais je pense à mon voyage en France, où ils connaissent le style et le goût d'un gentleman, et où les choses sont servies selon votre choix. Ainsi notre petit ami continua ses remarques de connaisseur, pour donner au capitaine une idée particulière de sa maîtrise des qualités, de l'âge et du temps de conservation requis pour rendre les compléments d'un souper dignes d'un gentleman. « D… moi ! nous ne savons pas quand les produits comestibles sont de choix, et les Yankees sont de parfaites brutes dans ces choses-là, et n'ont pas plus de goût qu'une vache. Nos gens devraient tous aller en France pendant un an ou deux pour apprendre le style de la cuisine. C'est un meurtre parfait que de manger un oiseau le lendemain même de sa mort ; oui Monsieur! aucun homme qui tient compte de son estomac ne le fera », a déclaré George.

Le domestique attendait avec impatience ; le capitaine se frotta les yeux et commença à verser un verre d'eau ; et a dit sèchement qu'il n'avait pas le choix, ce à quoi les autres ont répondu. La tâche fut laissée à Maître George, qui commanda une quantité abondante de tétras, de perdrix, d'huîtres et de champagne de sa marque préférée , aucune autre. Il y avait aussi une salle de billard, une salle de lecture, une salle pour les jeux plus importants et un bar, à l'étage. Tout cela était bien rempli de gens très bien habillés et très bruyants ; ce dernier étant un endroit très pratique, le groupe y envoya des buveurs pour remplir le temps.

« Ce n'est qu'une petite partie de ce qui constitue la vie à Charleston, capitaine. Nous vivons pour le bien de la vie, et ne nous appuyons pas sur les théories de tempérance et de religion des Yankees, et ne blâmons pas le Père des générations de ne pas avoir rendu le monde meilleur. Je n'en ai jamais vu un qui ne soit pas pire que nous, les sudistes, avant qu'il ne soit à Charleston depuis un an, et qui soit une mort parfaite pour les nègres. Oui, monsieur, c'est seulement l'extrême bonté du cœur des gens du Sud qui fait que les nègres les aiment tant. Je n'ai encore jamais vu un habitant du Nord qui ne tuerait pas ses nègres au travail en deux ans. D... moi, monsieur, mes serviteurs m'aiment tous comme si j'étais un prince. Êtes-vous déjà allé en France, monsieur ? dit-il en s'interrompant brusquement. Le capitaine a répondu par l'affirmative.

« Ah ! alors vous pourrez parler français ! la langue la plus raffinée connue de la société raffinée. Je ne me séparerais de mon français pour rien au monde. Toutes les premières familles de Charleston le connaissent. C'est la petite blancheur du gentleman moderne envers la société d'ici. Il n'existe aucun langage comparable à celui-ci pour la beauté et la flexibilité ; mais il faut aller en France et apprendre à en acquérir la grâce et l'aisance, » dit-il successivement, déployant ses mots à l'imitation d'un brin londonien de l'Inner Temple, et travaillant sa petite bouche de dogue.

"Non, monsieur", dit le capitaine d'un ton étrange. «Je ne me suis jamais arrêté assez longtemps en France pour maîtriser le jargon.»

« Que Dieu me bénisse, quel malheur ! et je ne peux pas encore le parler, ah ? Eh bien, capitaine, si vous vouliez courtiser une petite madmoselle , vous seriez dans un triste pétrin : elle ne comprendrait pas de quoi vous parlez et accepterait vos promesses d'amour pour du gammon.

« Vous vous trompez là, mon brave. L'amour pousse sur les arbres en France, et une Française peut le voir avant qu'on commence à lui en parler ! rétorqua le Capitaine , qui apporta un « Bien ! bien! frappe-le encore ! de tout le parti. A cela, maître George commença à lire au capitaine une dissertation sur le meilleur moyen d'acquérir la langue française. Le souper fut servi avec le plus beau style du vieux Tom Baker, et les participants commencèrent à discuter de ses mérites avec beaucoup d'enthousiasme. Ce qui manquait à ces petits hommes chevaleresques en termes de dimension physique, ils le compensaient par un sentiment patriotique au nom de la grande souveraineté de la Caroline du Sud, qu'ils continuèrent à exercer jusqu'à une heure tardive, chacun appuyant ses paroles sur l'autorité des grands et des grands. merveilleux Calhoun.

Le capitaine était assis en train de manger et semblait plus disposé à profiter de la consolation physique de son souper qu'à élever ses idées sur la politique de la Caroline du Sud.

« Maintenant, capitaine, » dit maître George d'un ton très sérieux, après avoir frappé de la main sur la table de marbre pendant plus d'une heure pour confirmer les points de son raisonnement, « quelle est votre opinion sur la grande question ? en litige entre le gouvernement fédéral et la Caroline du Sud ? Et que pensez-vous du Old Dominion ? comment réagira-t-elle à la question test ?

Le pauvre capitaine parut confus, prit une autre huître et commença à avoir la bouche en difficulté, tandis que le petit George passait ses doigts dans ses beaux cheveux bouclés, et que les jeunes sangs attendaient la réplique avec anxiété.

« Vraiment, monsieur, vous avez l'avantage sur moi dans votre question. Cela dépasse tellement ma profession que j'ignore totalement le sujet et ne peux donc pas donner d'opinion. En vérité, monsieur, je ne connais pas le sens de la question. Cela m'a donné du plaisir et des renseignements d'écouter votre conversation et l'habileté dont vous avez fait preuve dans vos arguments, mais, en tant qu'étranger, je ne pouvais pas y prendre part, répondit très sincèrement le capitaine .

Non content de cela, Maître George souhaita être plus direct. "C'est le droit de sécession, Capitaine, le pouvoir de maintenir ce droit par la constitution."

"Probablement; mais puis-je exposer mon ignorance en demandant ce qu'on entend par sécession ? et à quoi est-il appliqué si fréquemment ? demanda le capitaine .

"Oh! assassiner le capitaine; n'avez-vous jamais entendu parler des délais d'annulation ! Eh bien, monsieur, vous devez être au courant des affaires de notre gouvernement. Il commença donc une analyse de près d'une heure, et y donna des récits étonnants sur le merveilleux sens politique de Calhoun, Butler et Rhett, se terminant par un récit parfait, feu et tonnerre, des exploits militaires du général Quattlebum et du capitaine. Moudard. Le capitaine commença à s'étirer et à bouche bée, car il travaillait sous la fatigue d'un voyage périlleux, et le repos était le seul remède souverain. Il sentait que les limites des convenances étaient entièrement dépassées et qu'il aurait lieu de se souvenir de la première nuit passée avec le petit Georges le sécessionniste.

« Mais, Capitaine ! Mon cher compagnon. Je vois que vous ne comprenez pas encore notre position. Nous avons été insultés ; oui, le gouvernement fédéral les a insultés de la manière la plus coquine, et ils continuent ainsi chaque année. Nous ne pouvons pas obtenir nos droits. Oh! non, monsieur, à la connaissance des officiers fédéraux, la justice pour la Caroline du Sud n'existe pas ; et vous devez comprendre, capitaine, qu'elle est le plus grand État de l'Union, et qu'il n'y a rien de comparable à son peuple en termes de bravoure. Le pouvoir politique s'empare du Nord et de l'Ouest, l'ancienne constitution est disséquée au profit des abolitionnistes, et ils resserrent de plus en plus vite le cordon autour de nous ; et ils se lancent maintenant comme un guerrier hardiment à la conquête, faisant entendre leur voix dans les salles du Congrès, faisant appel au pouvoir humain et divin pour protéger leurs absurdités, et défiant nos droits constitutionnels. Nos esclaves sont notre propriété, protégés par la loi de Dieu - par cette sagesse inspirée et surhumaine qui a fondé notre grande et glorieuse constitution. Oui Monsieur! c'était une institution qui nous a été imposée par nos ancêtres, et une sage providence a prévu des lois appropriées par lesquelles nous protégerons et verrons ces pauvres misérables diables d'esclaves sans défense, qui ne peuvent pas prendre soin d'eux-mêmes, tout de suite.

« Mais comment cela vous affecte-t-il, ainsi que le gouvernement fédéral ? » demanda le capitaine .

« Eh bien, monsieur, plus directement ! » répondit Maître George en fermant la bouche et en donnant à sa tête une attitude très savante. « Directement, monsieur ! — le gouvernement fédéral approuve tous les projets d'abolition proposés par cet intrigant pacte du Nord pour l'établissement de nouveaux gouvernements dans les territoires. Elle accorde des privilèges inconstitutionnels à des politiciens ingénieux, dont le but principal est de déraciner notre institution domestique et de détruire l'allégeance de l'esclave à son maître, par laquelle les esclaves seraient jetés sur le monde sans protection, et nous désarmerions du pouvoir pour les protéger. Ah ! monsieur, je vous le dis, de tous les fruits de l'imagination, celui-là serait le plus damnable, et l'esclave en souffrirait. Ce serait pire pour lui, le pauvre garçon ; ce serait un abus du pouvoir humain sans précédent. En ce qui concerne le pouvoir politique, nous sommes presque désarmés. L'afflux de population se fraye un chemin vers les avenues ouvertes du Nord et de l'Ouest. Et avec des opinions prédisposées contre nos institutions et une influence contaminante prête à bras ouverts à embrasser le grand courant, à quoi pouvons-nous nous attendre ? C'est la puissance croissante apportée par l'afflux étranger qui donne le ton à notre gouvernement. Si notre Convention Sud tient bon, nous sommes sauvés ; mais je crains qu'il n'y ait trop d'ombres douteuses qui ne résisteraient pas au pistolet. C'est ce qui nous a toujours joué le diable, dit George en frappant la table de la main. « Il n'y a aucune limite à leurs interpositions, à leurs résolutions et à leurs ajournements ; ce qui ne correspond pas à mes principes consistant à poser la question et à répondre à la question avec nos cercueils sur le dos. Ces condescendances de pensée et de sentiment proviennent des idées fausses de quelques-uns, toujours prêts à se joindre au mouvement, mais jamais disposés à passer à l'action, et ne doivent pas être considérées comme un spécimen de bravoure de la Caroline du Sud. Le gouvernement fédéral est devenu vicieux et même puéril envers la Caroline du Sud ; et depuis que le pouvoir herculéen du grand Calhoun a disparu, il nous traite comme un peuple semi-barbare et isolé, se méprenant sur notre caractère. Mais nous allons encore tirer une leçon du gouvernement fédéral.»

« Vos législateurs ne font-ils pas des lois pour votre gouvernement, ou comment se fait-il que vous exprimiez un mécontentement aussi rétif ? Les mêmes lois qui vous gouvernent ne gouvernent-elles pas l'ensemble des États esclavagistes ?

Le petit George avait auparavant monopolisé toute la conversation, mais à ce moment cinq ou six voix éclatèrent, chacune s'enflammant pour répondre à la question du capitaine ; et pourtant la réponse était du même genre : ce qu'avait fait la Caroline du Sud – comment elle avait combattu et gagné la guerre du Mexique – comment elle s'intéressait aux esclaves et comment elle craignait pourtant de porter le coup parce qu'un groupe de simples aventuriers a obtenu le pouvoir de voter lors de ses élections, et grâce à elles, des lâches sont entrés dans la législature.

« Eh bien, messieurs, écoutez-moi sur ce point. Si"-

"Vos huîtres refroidissent, George", interrompit un sang à sa gauche, plutôt facétieux.

« Je réclame le respect dû à un gentleman, monsieur ! Un Carolinien du Sud ne transgressera aucune règle d'étiquette », a déclaré George, saisissant son gobelet avec passion et l'écrasant sur la dalle de marbre, provoquant une soudaine émeute dans le camp. "Commande! commande! commande!" » fut prononcé dans toutes les langues. "Vous ne devez pas avoir peur, capitaine", a déclaré l'un des membres du groupe . « C'est parfaitement carolinien du Sud – juste le balancement du champagne ; ça ne durera pas longtemps.

Le bruit était plus fort que d'habitude et attira une vingtaine de personnes pour entendre le problème. George était devenu très perturbé, et il fallut plusieurs personnes pour le retenir, tandis que les autres, sans exception du capitaine , étaient engagés dans une pacification. La scène était d'une folie très extravagante ; et grâce à l'aimable intervention d'amis, l'affaire fut réglée à la satisfaction honorable des deux parties - la question fut posée - le capitaine demanda une réponse légitime, se frotta les yeux et le petit George continua. « Si mon ami Thomas Y. Simmons, Jr. avait été élu à la législature, il aurait modifié la situation en Caroline du Sud. Toutes ces corruptions auraient été révélées et la disparité des partis serait tombée dans l'obscurité. Tous les vrais Caroliniens ont voté pour lui jusqu'au bout, mais comment a-t-il été vaincu ? Messieurs, pouvez-vous répondre ? ce sera une faveur très gratifiante pour moi d'entendre vos opinions ! Une voix répondit : « Parce qu'il n'était pas assez grand ! » « Non, monsieur, » répondit George, « c'est parce qu'il y avait des intrigues dans le parti et que l'influence yankee a fini par le rabaisser. Le monde aura encore de ses nouvelles. C'est mon ami particulier et il sera dans les couloirs du Congrès le plus grand homme d'État qui ait jamais pu exprimer un sentiment politique.»

Le récit de George sur son ami particulier, Thomas Y. S., Jr., était si extravagant, et n'ayant pas entendu parler de lui auparavant, la curiosité du capitaine fut éveillée pour savoir qui il était et où il résidait. Nous n'allons pas taxer le lecteur avec les merveilleux mémoires de George sur son ami, mais simplement l'informer que le « petit Tommy Simmons », comme on l'appelle habituellement à Charleston, est un modèle exact de Maître George, à l'exception de sa bouche, qui est droit et régulier; et s'il nous était permis de condescendre aux extrêmes, nous dirions que le cordonnier avait fait davantage pour ses talons. Autrement, aucun daguerréotype ne pourrait donner une contrepartie plus correcte. Tommy est un très petit membre du barreau de Charleston qui, bien qu'il soit rarement visible lorsque le tribunal est bondé, fait beaucoup de bruit sans faire preuve de pouvoir d'élucidation ni de capacités juridiques, mais s'acquitte toujours intelligemment. Tommy était le petit George sur deux points : il avait étudié le droit et était un grand sécessionniste ; et si George n'avait jamais pratiqué la médecine , c'était uniquement par inclination, qui, selon lui, provenait d'un sentiment humain qu'il n'avait jamais pu vaincre, et qu'il n'avait jamais voulu opprimer qui que ce soit. Mais le plus grand contraste que le lecteur puisse imaginer entre les objets mentaux et physiques existait entre les aspirations de Tommy et l'homme physique. Son esprit était suffisamment grand, tout comme sa confiance en lui, pour avoir dirigé l'armée assyrienne et chaldéenne contre les Hébreux. À cette fin, et pour faire avancer la formule de son sens politique, à peine avait-il vingt et un ans, et le tournant venait de tourner, qu'il sonna sa trompette de guerre, sécession ou mort ! » pour sonner la bonté et la grandeur de la Caroline du Sud, et l'anéantissement total de tous les incroyants en cas d'annulation. C'était comme Jonas et la baleine, à l'exception de la déglutition, dont le courageux Tommy avait promis que ce serait sa fonction, si le gouvernement fédéral ne se conformait pas à ses obligations. Oui, Tommy était candidat à la législature et au Congrès du Sud (ce dernier étant exclusivement chevaleresque) et le lecteur ne doit pas être surpris lorsque nous lui disons qu'il ne lui manquait que quelques voix pour être élu au premier. Telle était la voix du district de Charleston.

Le dîner avait été discuté jusqu'aux fragments, et tous exprimèrent leur satisfaction quant à la quantité et refusèrent davantage ; mais George demanda une autre bouteille de champagne et insista pour que les invités prennent un verre d'adieu. Le domestique avait commencé à éteindre les lumières, signe certain que le succès du bar était terminé pour la nuit. George réprimanda le nègre : la boisson pétillante fut apportée, les verres remplis, touchés et bu avec le toast de la Caroline du Sud. Une motion d'ajournement fut présentée et appuyée, et le groupe, satisfait de la récréation de la soirée, partit en conséquence.

CHAPITRE VIII.
QUELQUES POINTS DE LA LOI.

À Charleston, un tel ajournement dans un bar ou un restaurant, lorsque les invités profitent de ce qu'on appelle une « occasion agréable », ne signifie pas un ajournement au coin du feu domestique ; les distinctions entre hommes mariés et célibataires ne sont pas non plus prises en compte, bien que les attachements domestiques puissent être considérés comme régissant les pensées et les sentiments. La définition pratique d'un tel ajournement signifie un endroit où la beauté s'isole pour se perdre dans la honte.

Le groupe descendit dans la salle du bar inférieure, qui, quoique un peu restreinte, présentait un tableau de personnages stimulés au point de chanceler. Une proposition a été présentée et fortement appuyée pour visiter la voluptueuse maison d'une certaine dame, dont on considère qu'elle est étrangère et n'a pas vu Charleston avant de l'avoir visitée. Le capitaine a protesté contre cela, assurant au groupe qu'il devait se rendre au navire et qu'il avait besoin de repos. Encore et encore , ils ont insisté, soulignant les charmes et la beauté des habitants, mais il a souvent refusé de la manière la plus positive. Incapables de l'ébranler dans sa résolution, un à un, ils commencèrent à lui serrer chaleureusement la main et à lui souhaiter bonne nuit, laissant au petit maître George l'honneur exclusif de le reconduire à la maison.

Au milieu de la pièce, entouré de cinq ou six personnes bien habillées mais très faibles aux genoux, se tenait debout un monsieur corpulent ; avec un visage très fleuri, des yeux noirs et perçants et un nez aquilin qu'il touchait fréquemment. Il y avait un air de respectabilité en lui, même si son visage n'était pas marqué d'un trait particulièrement marquant qui le distinguerait de la classe ordinaire des hommes respectables. Il parlait bien, mais sans goût ni discrimination dans sa langue, il était plutôt chauve et gris, avec une petite tête et de faibles capacités de perception ; et à en juger par le ton particulier de sa voix et les termes grossiers qu'il utilisait, nous devrions penser qu'il avait figuré parmi les marchands de chevaux du Kentucky, ou qu'il avait prononcé des discours de souche dans l'Arkansas. Sa tenue vestimentaire était plutôt voyante. Il portait une redingote marron flashy avec le col rabattu très en arrière, un gilet blanc fantaisie exposant sa poitrine de chemise presque jusqu'aux ceintures de son pantalon, qui étaient à rayures grises. Mais les parties les plus fantaisistes de sa tenue étaient une chaîne large et coûteuse, qui pendait très bas et soutenait un immense sceau contenant une pierre scintillante, qu'il semblait très aimer suspendre de sa main gauche. Attaché à cela était un ruban noir très visible, remplissant le rôle d'une chaîne de garde, et posé avec un grand soin contrasté sur le sein de sa chemise. Celui-ci, avec un foulard de couleurs plus éclatantes que l'habit de Joseph, et un chapeau parisien de style récent, dont le bord est très joliment retourné sur les côtés, composent notre homme.

Il discutait de politique, avec un grand nombre de paroles sensées, mais rien de comparable à un raisonnement serré ; et aussi étrange que cela puisse paraître, il était fermement opposé aux opinions enragées de plusieurs sécessionnistes stupéfiants qui l'entouraient et défendaient les vues exposées lors du congrès par M. Butler. Nous l'avons remarqué plus particulièrement, car c'était à peu près le seul cas où nous ayons été témoins d'un homme public suffisamment indépendant pour dénoncer le fanatisme de la sécession. On ne peut imaginer une scène plus amusante que celle présentée par les attitudes - les questions concernant la Caroline du Sud léchant le gouvernement fédéral -, l'étrange gasconade pompeuse et ribaude et la chevalerie retentissante des dignes. Ils étaient dans une extase parfaite entre eux-mêmes et la Caroline du Sud, et juraient que quoi qu'il arrive, ils étaient prêts à y faire face.

Le petit maître George parut très désireux que le capitaine fasse sa connaissance et commença à lui faire un récit monstrueux de ses capacités distinguées. "Et ce n'est pas tout !" dit Georges ; " Ce n'est pas seulement l'un des plus grands personnages de Charleston, ou peut-être de l'État, mais c'est un très bon garçon. "

Nous l'interromprons en informant le lecteur qu'il était l'un de ces braves gens - une famille nombreuse à Charleston - qui n'utilisent jamais de beaux instruments lorsqu'ils choisissent leur compagnie ; et payer un grand et digne tribut aux marchands d'alcool. Il n'y a aucune latitude discriminante attachée à la famille des bons camarades, car ses membres peuvent être trouvés avec des inclinations également gratifiantes, depuis la plus haute aristocratie jusqu'à la population noire.

« Voilà, monsieur, c'est le colonel S…e ; appartient à l'une des premières familles, monsieur. Il peut battre le vieux Pettigru à vau-l'eau ; son éloquence est si passionnante qu'il me rappelle toujours Périclès. Il peut mettre en pièces le petit Thomas Y. Simmons, Jr. - prononcer le meilleur discours de souche - s'adresser à une assemblée publique et fasciner tous les esprits - peut faire pleurer un jury plus rapidement que n'importe quel autre homme - peut innocenter le pire criminel qui ait jamais existé. jamais commis un crime - et il a bon cœur aussi - peut faire les comparaisons les plus étonnantes pour confondre l'esprit des jurés stupides et leur faire croire à la pire absurdité que l'homme ait jamais inventée. Oui, monsieur, quand il fait un discours, tout le monde va l'entendre, car il dit ce qu'il veut, et le vieux juge Withers, dont la volonté est aussi arbitraire que celle de Jules César, et qui a l'obstination du mulet de Tom Boyce, bon sang. Je n'essaie pas de contrôler la teneur de son plaidoyer. Et il peut raconter l'histoire la mieux inventée de tous les habitants de la ville. Il a innocenté le méchant docteur Hines une fois grâce à la couleur de son pantalon.

George attendait avec impatience la fin de la polémique politique, bien décidé à présenter son ami au colonel. Il en eut bientôt l'occasion, car le colonel, se trouvant assailli par un groupe de sécessionnistes déraisonnables, fit une déclaration radicale. « Messieurs, dit-il, laissez-moi vous dire un fait modeste : les sept huitièmes des cracheurs de feu de la sécession ne savent pas ce qu'est le véritable sens du gouvernement : j'en porte plainte contre mon propre peuple, mais c'est vrai. .» "Traitre! traître !... traître à la Caroline du Sud », résonnait au sommet d'une douzaine de voix.

« Alors, si je partage votre opinion, je suis heureux de savoir que mes sentiments sont les miens. Bonne nuit!"

En disant ces mots, il se retira de la fête et se dirigeant vers la porte, il fut salué par George, qui le présenta à son ami, le capitaine . Le colonel était un homme très sociable et communicatif ; et prenant le bras du capitaine pendant qu'ils marchaient, il entra dans une conversation intéressante sur son voyage et sa première visite dans la ville, démontrant en même temps son bon sens en n'essayant pas de lui imposer les grandes choses de la Caroline du Sud.

Quelques semaines plus tard, nous avons eu la chance d'entendre les capacités juridiques de ce monsieur démontrées lors d'un plaidoyer à la barre. Il y avait beaucoup de bons points qui, s'ils n'étaient pas juridiquement soulignés, étaient bien dits ; pourtant nous devrions le classer comme appartenant à l'école bruyante.

Le capitaine , pensant que c'était une bonne occasion de s'enquérir de son steward, au fur et à mesure qu'ils avançaient, commença de la manière suivante :

« Vos lois sont très strictes en Caroline du Sud, je crois, monsieur !

— Eh bien, non, monsieur, dit le colonel, si l'on excepte ceux qui gouvernent les nègres ; ils doivent nécessairement l'être; nous avons eu tant d'émeutes avec eux, qu'aucune loi ne peut être trop stricte dans ses portées. Nous avons tellement de méchants nègres qui déferlent sur nous que toute la classe est en train de se corrompre.

« Vos lois, bien sûr, font une distinction entre les bons et les mauvais nègres, et les nègres libres ? intervint le capitaine .

« Nous ne faisons aucune distinction entre les couleurs : certaines sont aussi blanches que vous ; mais les grades sont si complexes qu'il serait impossible d'établir une loi à échelle mobile pour des teints fixes. La loi qui les régit est distincte et complète, conçue pour protéger la population blanche de son ignorance de la loi et des preuves. Nous ne pourrions jamais les gouverner dans leurs sphères respectives, à moins que les lois ne soient rendues plus strictes dans leurs effets. Quant aux nègres libres, ils sont notre plus grande nuisance ; notre politique est de nous en débarrasser et, à cette fin, nous les taxons sévèrement. Le débarras de cette classe de nègres serait un bénéfice essentiel pour nos esclaves, car en raison de leur influence nos lois sur les nègres sont rendues plus strictes. Et le pire, c'est qu'ils augmentent plus vite. Mais nous nous efforçons avant tout de marier tous les hommes libres possibles à des esclaves, et les femmes libres s'enfuient. Vous, qui êtes habitués aux institutions libres de votre pays, vous trouverez peut-être au premier abord certaines de ces choses singulières ; mais on s'y habituerait vite, et on les admirerait vraiment quand on verrait à quel point ils fonctionnaient magnifiquement.

« N'y a-t-il plus de pouvoir discrétionnaire ? demanda le capitaine . « Si elle est appliquée, elle doit être oppressive ; Les bons hommes, qu'ils soient blancs ou noirs, ont droit aux avantages qui leur sont dus ; mais là où des lois telles que celles que vous décrivez sont appliquées, le témoignage d'un homme bon étant noir, l'intention ne peut pas être rendue blanche. Or, selon mon idée de la loi de la nature, les mérites d'un homme résident dans son intégrité morale et dans son comportement ; c'est pourquoi je devrais établir la règle selon laquelle un bon homme noir vaut mieux qu'un mauvais homme blanc et a tout autant droit au respect et au gouvernement de la loi.

« Salut !… oh ! Capitaine; il ne suffira pas de parler ainsi en Caroline du Sud. Laissez simplement un nègre s'imaginer aussi bon qu'un homme blanc, et les sept codes de la chrétienté ne le maintiendront pas sous contrôle. Ah ! vous devez encore apprendre une chose ou deux sur les nègres, interrompit maître George avant que le colonel n'ait eu le temps de parler.

« Je ne parle qu'à partir de mon observation de la nature humaine ; mais je pourrai mieux connaître vos lois, si je reste parmi vous, dit le capitaine .

« Comme je l'ai déjà dit, monsieur, » répondit le colonel, « nos lois sur les nègres sont de nature à exiger une application stricte. Si l'on accordait la prérogative d'un pouvoir discrétionnaire, cela ouvrirait la voie à un système de favoritisme sans fin, uniquement à la merci et aux sentiments de ceux qui l'exercent. Dans l'état actuel des choses, le nègre blanc ou noir, homme ou femme, subit la même loi et la même peine. Nous ne faisons aucune distinction, même à la potence. La potence à pagaie est un cadre avec deux montants et une vis à clé en haut. Les mains du nègre sont attachées dans des bracelets en fer, semblables à des menottes ; une corde y est alors attachée à un œil, et passant sur la clé, qui étant tournée, le nègre est soulevé dans une position angoissante jusqu'à ce que la pointe de ses orteils touche à peine le sol. Ainsi suspendu, la peau tendue à sa plus grande tension, il n'est pas rare qu'il se détache au premier coup de pagaie. Parfois, les pieds sont sécurisés, lorsque l'effet de cette science moderne consistant à démontrer la tension du corps humain en vue de la punition devient plus douloureux sous la pagaie. Les Caroliniens du Sud nient généralement ce mode de punition et ne permettent jamais à des étrangers d'en être témoins. Ce n'est pas le cas, comme l'ont affirmé certains auteurs, en Géorgie, où, nous sommes heureux de le dire, dans la mesure où la punition est appliquée d'une manière légale, dans les prisons et les prisons, elle est administrée d'une manière humaine ; et au lieu de faire de la barbarie moderne une science, comme cela se fait en Caroline du Sud, on observe un respect strict pour le criminel. Je raconterai quelques faits singuliers liés à la rigueur avec laquelle nous, Caroliniens du Sud, appliquons nos lois. Et maintenant que nous y sommes sur place, ses associations s'impriment avec plus de force dans mon esprit. Cela entraîne de nombreux souvenirs douloureux, et, si nous étions dans une situation différente, je souhaiterais que la cause soit supprimée. Mais cela ne peut pas être le cas, et nous devons appliquer la loi sans tenir compte, car dans ces petites indulgences se glissent tous les maux qui menacent la destruction de notre institution particulière. En fait, capitaine, ce sont des points de droit sur lesquels tous nos citoyens nationaux la quiétude est debout ; et à ce titre, nous sommes tenus de renforcer nos moyens pour les faire respecter à la lettre la plus stricte. Nos lois sont fondées sur l'ancienne sagesse de nos ancêtres, et la Caroline du Sud ne s'est jamais trahie ni n'a porté atteinte à sa pureté juridique. Nous avons réduit notre système presque à une science pratique, si complète dans ses orientations et ses points de gouvernement qu'elle est digne des objectifs les plus élevés et les plus nobles de notre pays. Et en même temps, l'esprit et la magnanimité de notre peuple sont tels qu'en élaborant des lois pour se prémunir contre les influences dangereuses de cette aile de notre pays qui répand ses idées fausses ambitieuses, ses attraits tentants, ses critiques superficielles sur des cas infimes et isolés, Théories redondantes sans mesure ni observation, et établissant un étendard pour le gouvernement des esclaves sur des préjugés insensés et capricieux, nous avons eu soin de conserver une modération conservatrice à l'égard de l'esclave. Mais revenons à mes remarques.

Le groupe était maintenant arrivé en face de ce qui était autrefois connu sous le nom de Jones's Hotel, où le colonel s'arrêta pour raconter le cas singulier qui l'avait peiné, bien qu'il s'en tenait très obstinément à la loi telle qu'elle était, parce qu'il croyait fermement au droit. sagesse du pouvoir judiciaire de Caroline du Sud.

« Notre premier et grand objectif est d'empêcher les échanges de sentiments entre nos nègres nationaux, qu'ils soient esclaves ou libres, et les nègres qui résident à l'étranger ou qui ont quitté notre État ; Pour ce faire, il devenait impératif d'établir une loi interdisant aux nègres libres d'entrer dans l'État, et à ceux qui se trouvent dans l'État d'en sortir, sous peine d'emprisonnement et d'amende, s'ils revenaient. L'amende équivalait à une vente sur formulaire péon ; et a soumis le délinquant au système esclavagiste d'une manière dont il s'est rarement remis lui-même. Vous remarquerez, Capitaine, que la sanction n'est pas souhaitée par notre peuple, le but étant de l'empêcher de revenir, et comme telle elle doit être prise dans l'esprit de son origine. Une autre disposition très sage a été prise par nos législateurs, et qui a évité bien des souffrances à l'esclave. Il y a quelques années, notre sage législature a adopté une loi pour transférer le pouvoir d'émancipation du conseil des magistrats, où il avait été très abusé, à la Chambre elle-même. Et telle est la loi aujourd'hui, qu'aucun maître ne peut donner la liberté à ses esclaves, sauf par un acte spécial de la législature, et cela avec une telle multiplicité de dispositions et de conditions que peu même s'y efforcent. Mais je suis sur le point de faire référence à des cas dans lesquels une certaine modification aurait été nécessaire, car ils contiennent les pires germes de la spéculation abolitionniste.

« Voilà, capitaine, c'est l'hôtel Jones », dit le colonel en désignant une étrange maison d'architecture antique et mixte, avec une grande fenêtre convexe au-dessus du hall d'entrée, au deuxième étage. Cette maison est située dans la rue Broad , à côté de l'église aristocratique Saint-Michel, l'un des lieux les plus publics de la ville. « Autrefois, cette maison était tenue par Jones, un nègre libre. Jones était presque blanc, un bel homme corpulent, actif, entreprenant, intelligent, honnête à la lettre, et dont l'intégrité et la responsabilité n'étaient jamais mises en doute. Il vivait en tous points comme un homme blanc et, je pense, à quelques exceptions près, il n'a jamais tenu compagnie à des gens même brillants. Sa maison était sans conteste la meilleure de la ville et jouissait d'une grande réputation. Peu de personnes remarquables ont jamais visité Charleston sans s'arrêter chez Jones, où ils ont trouvé non seulement le confort d'une maison privée, mais une table garnie de tout le luxe qu'offre le comté. Le gouverneur logeait toujours chez Jones ; et lorsque vous voyageiez à l'étranger, des étrangers parlaient des plats somptueux de Jones's à Charleston, ainsi que de l'élégance et de la correction de sa maison. Mais si sa maison et son tarif étaient la vantardise des Caroliniens et les remarques des étrangers, sa courtoisie et son attention courtoise ne pouvaient être surpassées. Jones a maintenu la popularité de sa maison pendant de nombreuses années et a élevé une famille belle, intelligente et intéressante ; en même temps, ils accumulèrent environ quarante mille dollars. La partie la plus intéressante de sa famille était composée de trois belles filles, dont l'aînée était mariée à une personne maintenant à New York. Elle était plus belle que les sept huitièmes de ces dames qui se qualifient d'aristocratie à Charleston et qui se promènent dans King Street l'après-midi.

« Elle a déménagé à New York avec son mari, qui réside maintenant dans cette ville, engagé dans des affaires lucratives et respectables. Peu de temps après, sa seconde sœur – ne rêvant pas que la loi serait assez stricte pour la classer parmi les nègres les plus bas, ou même lui imposerait ses douloureuses conséquences ; car la famille était très noble et se serait considérée comme grossièrement insultée si on lui appliquait le nom infâme de nègre - elle lui rendait visite. Le public a pris connaissance du fait et, à sa grande surprise,

Jones a été informé par les autorités que sous aucune condition elle ne pourrait être autorisée à revenir - que la loi était impérative et qu'aucune considération ne pouvait être accordée aux circonstances, car celles-ci seraient pratiquement impossibles. détruisant sa validité et fournissant un précédent qui serait suivi par d'innombrables cas. Malgré toutes les remontrances que Jones put formuler et l'influence de plusieurs amis de haut rang, il fut contraint d'abandonner tout espoir de voir sa fille revenir dans la famille. Le raisonnement exposé était tout à fait plausible ; mais tel est notre respect pour la loi, que nous avons été obligés de renoncer à notre hospitalité et de la maintenir, même si le cas était douloureux pour nos sentiments. Ainsi, voyez-vous, nous maintenons le point et l'esprit de la loi au-dessus de tout .

« Mais la fin n'est pas là ! Quelques années plus tard, Jones reçut une lettre indiquant que sa fille était très malade et qu'on ne s'attendait pas à ce qu'elle vive, accompagnée du désir d'avoir le dernier réconfort apaisant de voir ses parents. Jones étant un homme affectueux et affectueux envers ses enfants, sans tenir compte de l'avertissement précédent, se prépara immédiatement et partit déguisé pour New York. Une considération mûre l'aurait convaincu de l'erreur d'un homme aussi connu que lui qui essayait d'échapper à la reconnaissance.

« Son gendre, Lee, un noble homme, tenait la maison, et quand on a demandé qui était Jones, on a rapporté qu'il était confiné dans sa chambre. Cela aurait été bien si Jones s'était retiré à New York ; mais il fut reconnu par un Charlestonien, et comme de tels bruits ont des ailes peu communes, la nouvelle parvint bientôt aux autorités ; lorsqu'un mandat fut délivré en conséquence, et Jones soumis au sort de sa fille. Il y a beaucoup de circonstances douloureuses liées à cette affaire qui, si elles étaient bien racontées, feraient tout un roman, dit le colonel, que le capitaine écouta toutes avec une profonde attention. "Sa famille a tous déménagé à New York, et ses affaires ont été confiées à des avocats ici, pour règlement, par son gendre, qui a continué l'affaire pendant quelques années."

" Bien sûr, il s'est fait restituer ses biens ?" interrompit le capitaine.

« Très certainement, Capitaine ! L'esprit de justice est égal à celui du droit honorable, en Caroline du Sud, » dit George, désireux de soulager le colonel de la réponse.

« Il est quelque peu difficile de régler les affaires d'un homme par une procédure légale lorsque le mandant n'est pas présent. Les retards de la loi et le butin des avocats rendent le temps sacré et coûteux », a déclaré le capitaine .

« Vous avez raison, capitaine, dit le colonel ; « et je doute – pour parler honnêtement – que Jones ait jamais obtenu une grande partie de ses biens. Il y a beaucoup d'histoires racontées, et beaucoup de mystères à leur sujet qui doivent être expliqués à mon esprit. Mais vous êtes un étranger, capitaine, et cela n'intéresserait pas les sentiments d'un Écossais. Je vous donnerai peut-être les détails plus minutieusement un jour prochain.

« Eh bien, colonel ! » » dit George, « vous devriez être prévenant dans vos déclarations. Souvenez-vous de l'immense difficulté qu'ont connue les affaires de Jones : elles ne sont pas toutes encore réglées.

« C'est vrai, Georges ; et je crains qu'ils ne le soient jamais ; mais il y a des apparences très singulières qui s'y rattachent. Je ne veux pas manquer de respect envers vos cousins qui ont figuré dans cette affaire. C'est mal de insulter, mais il y a un mystère à propos d'un certain membre de notre profession qui devient riche, quand le pauvre Jones déclare qu'il n'a rien et que Lee a dû abandonner la maison, je ne dis pas pourquoi. * * *

"Oui, des choses étranges doivent être gardées étrangement secrètes dans certaines parties du monde, et murmurées uniquement lorsqu'il n'y a pas de vent", a déclaré le capitaine .

« Mais c'est le seul cas, capitaine, » dit George ; « et le colonel a été indiscret en le racontant ; car à partir de là, vous pouvez concevoir de fausses impressions sur les meilleures institutions et lois du monde. Jones était un vieil imbécile, entraîné par ses affections de nègres pour ses filles. Il n'a jamais su quand il était aisé et a toujours voulu être avec les Blancs lorsqu'il était ici. ' Cela aurait été bien mieux s'il avait laissé les plus jeunes filles partir avec Pingree et Allston. Elles auraient fait des maîtresses de premier ordre, auraient été entretenues comme des dames, n'auraient pas été dérangées, et auraient causé tous ces ennuis sur leur tête par l'intermédiaire de ces abolitionnistes infernaux. Je crois vraiment que ce vieil imbécile pensait à un moment donné qu'un homme blanc les épouserait.

« Quel mal y aurait-il eu à cela, à condition qu'ils soient aussi blancs que n'importe qui, qu'ils aient beaucoup d'argent et qu'ils soient beaux ? Il doit y avoir une sensibilité singulière, que je ne comprends pas, qui s'exerce dans votre société, dit laconiquement le capitaine .

"Nuire! Vous découvririez le mal. Je vis juste en Caroline du Sud un an ou deux. « Ce n'est pas le teint clair, nous ne le contestons pas, mais c'est le sang. »

"Oh! alors l'objection légale, dit le capitaine , c'est ce qu'il y a de si révoltant pour la société, hein ! Cela peut donc être semé dans la licence et la coutume entretient un élément immoral qui dévore le lien essentiel de la société.

« Excusez-moi, capitaine », interrompit le colonel. « George, tu me prends toujours sur des suppositions. Je n'en ai parlé au capitaine que pour montrer le pouvoir et l'intégrité de notre loi, et comment les Caroliniens du Sud sacrifient fréquemment leurs propres intérêts pour la maintenir intacte. Rien ne pourrait être plus fatal à sa vitalité que de prendre des dispositions qui entraîneraient des préférences juridiques. La loi relative aux nègres libres quittant l'État doit être considérée sous l'angle de la protection plutôt que de l'aliénation, car elle est destinée à protéger la propriété et la société. Pourtant, lorsqu'une affaire se déroule dans des circonstances telles que celle de Jones, une certaine disposition à accommoder aurait pu être manifestée sans mettre en danger la souveraineté de l'État. Et je ne suis pas non plus d'accord avec toi, George, dans la mesure où les filles ont conservé leur estime d'elles-mêmes. Il était louable de leur part d'avoir des maris avec lesquels elles pouvaient vivre dans les liens du mariage. Ma parole, George, bien que je sois un sudiste et que je puisse parfois laisser libre cours à des irrégularités, rien ne peut être plus pernicieux pour notre société que ce système destructeur de nos premiers peuples pour garder des maîtresses. C'est au mieux une source de misère, qui dépend de l'opportunité plutôt que de l'obligation, et qui aboutit à la naissance d'enfants et d'héritiers avec un fardeau sur leur vie, qui seront reniés, rejetés des droits paternels et laissés à la tendresse de la loi. . Nous voyons la malédiction, mais pourtant nous l'acceptons - et tandis qu'elle dévore les affections domestiques et altère le cœur des obligations sociales, nous la considérons comme un jardin fleuri lorsque nous passons sur le bord de la route. Il n'y a peut-être qu'une ombre entre l'héritier légitime et le fils douteux – le premier peut jouir de la générosité de son héritage, mais le second est condamné à ne connaître ni son père ni son parent, mais à souffrir des doutes, des peurs et de l'obscurité sombre qui plane sur la vie d'un esclave.

« Par-je-w-hu ! Colonel, de quoi parlez-vous en ciseaux ? Vous devez avoir trop d'influence chez Bakers . Vous donnez libre cours à de véritables sentiments abolitionnistes. Exercez vos connaissances sur les dispositions prises pour ces enfants. Le capitaine va certainement dessiner des idées fausses à notre sujet, » dit George, avec de l'anxiété sur son visage. Il connaissait la manière libre, ouverte et franche de s'exprimer du colonel, et craignait que le célèbre nom de la chevalerie ne pâtisse de ses révélations inconscientes.

"Des provisions! George, tu connais mes sentiments à l'égard de ce vice si universellement pratiqué dans notre communauté. Si vous connaissez une disposition, c'est plus que moi. Peut-être êtes-vous plus âgé et avez-vous plus d'expérience. C'est le manque d'une telle disposition qui détruit notre institution de l'esclavage !

À ce moment-là, le capitaine les interrompit et, suppliant le colonel de terminer l'histoire de Jones, leur dit qu'il avait quelques questions à leur poser une fois l'histoire terminée.

« Eh bien, dit le colonel, Jones est mort, je crois ; mais sa famille est toujours aussi industrieuse et a gagné assez d'argent pour vivre confortablement ; mais ces coquins se sont révélés de parfaits collaborateurs des abolitionnistes et font de leur intelligence la clé de bien des évasions. Mais le cas de Lee est aussi difficile que celui de Jones. Son fils est allé à New York pour voir son grand-père et a été exclu par le même délai de prescription. Lee, cependant, était un garçon très compétent, et après avoir essayé pendant deux ans, et découvert qu'il lui serait impossible de retourner auprès de son père, il s'est mis très astucieusement à une sorte d'entreprise et s'est maintenant largement engagé dans le commerce des conserves et des cornichons. Le célèbre établissement de cornichons et de conserves de Lee, New York. Le père est maintenant dans cette ville, gagnant la vie de sa famille d'une manière ou d'une autre. Il a fait plusieurs efforts pour vendre sa petite propriété, mais il y a quelques problèmes avec le titre ; et s'il le quitte pour aller voir son fils, il sait quelles en seront les conséquences ; et le laisser pour la colonisation reviendrait à l'abandonner, au même sort qui engloutit celui de Jones. Ainsi, le fils ne peut pas venir rendre visite à son père, ni le père aller rendre visite à son fils. C'est, à mon avis, pousser l'interdiction à l'extrême ; et bien que je crois que la loi doit être maintenue, je ne peux pas croire qu'elle puisse apporter quelque bénéfice à des gens comme les Jones et les Lee, du fait même qu'ils n'ont jamais fréquenté des nègres. Par conséquent, là où il n'y a aucune raison de craindre, il ne peut y avoir aucune raison d'agir », a poursuivi le colonel.

"Juste ce que je voulais savoir", a déclaré le capitaine . « Comme je vous l'ai informé, je suis conduit dans votre port en détresse. Charleston, comme vous le savez, est dans une latitude avantageuse pour le carénage des navires qui ont rencontré ces désastres qui sont fréquents dans le golfe et parmi les Bahamas. Je m'attendais donc à trouver ici de bonnes installations, sans aucun sentiment de méchanceté de la part des gens.

"Oh! bénissez-moi, capitaine, vous trouverez en nous le peuple le plus hospitalier du monde, dit le colonel.

"Mais votre pilote m'a dit que j'aurais des ennuis avec mon intendant, et que la loi ne ferait aucune distinction entre s'il était jeté sur vos côtes en détresse et soumis à votre sympathie, et s'il venait volontairement."

"Quoi!" dit le petit George. « Est-ce un nègre, capitaine ? Le vieux Grimshaw est aussi sûr de l'attraper que vous êtes un homme blanc. Il achètera et vendra un saint pour les honoraires, et donne une interprétation si étendue aux termes de l'acte qu'il ne faut pas s'attendre à aucune faveur particulière de sa part. La loi n'est pas une fiction pour lui. Je suis désolé, capitaine : vous pouvez juger sa conduite comme un indice de celle de notre peuple, et je le connais si bien que j'en crains les conséquences.

"Non!" dit le capitaine . « Mon intendant est un Portugais, une sorte de métis , et l'un des meilleurs hommes qui aient jamais mis les pieds à bord d'un navire. Il est disposé, intelligent, toujours prêt à faire son devoir, et est un grand favori de ses camarades de bord, et économise son salaire comme un homme bon, mais il a le teint olive, comme un Espagnol. Il a navigué sous pavillon britannique pendant de nombreuses années, a voyagé presque partout dans le monde et est aussi attaché au service que s'il était londonien et possède un ticket d'enregistrement. Rien ne me ferait plus souffrir que de le voir en prison, car je pense qu'il a une notion d'honnêteté aussi fière que n'importe quel homme que j'ai vu, et je sais qu'il ne commettrait pas un crime qui le soumettrait à l'emprisonnement pour le monde. Les garçons ont harcelé le pauvre garçon et lui ont parlé d'un vieil homme dont ils ont entendu parler le pilote, appelé Norman Gadsden ; ils lui disent que s'il l' attrape , ils le vendront comme esclave.

« Il s'agit d'une question dont vous n'avez pas besoin de vous inquiéter. Notre peuple n'est pas si inhumain qu'il ne puisse héberger un marin naufragé et offrir le confort qui est dû à tous les êtres humains. La loi en vertu de laquelle les marins sont emprisonnés est la loi prévue pour interdire aux nègres libres d'entrer dans notre port, et, à mon avis, elle a été créée pour le bien des taxes. Il ne s'agit ni plus ni moins d'un impôt et d'une restriction sur le commerce, et je doute que les auteurs aient jamais eu l'intention de l'interpréter de cette manière. Cependant, en ce qui concerne votre intendant , la question de savoir dans quelle mesure sa couleur le rendra soumis à la loi ne se posera jamais ; le simple fait qu'il soit un marin en détresse, jeté dans nos sympathies, sera tout ce dont vous aurez besoin parmi notre peuple hospitalier. Je ne connais pas de précédent, mais je garantirai sa sécurité en connaissant les sentiments de notre peuple. Nos commerçants sont, à quelques exceptions près, opposés à la loi dans ce sens, mais le pouvoir et le contrôle d'une classe de législateurs inexpérimentés, poussés par une clique des plus insignifiantes de fonctionnaires, sont tels que leur voix n'a aucun poids. Je suis opposé à ce système qui consiste à traîner les gens devant les tribunaux sous tous les prétextes. C'est trop pratiqué dans notre ville pour le bien de son nom.

Sur ce, le colonel et le petit George accompagnèrent le capitaine jusqu'à son navire et, exprimant leurs sincères regrets face à son apparition, lui souhaitèrent bonne nuit. George promettant de lui rendre visite le matin, et le colonel lui chargea de ne se donner aucun problème. à propos de son intendant, qu'il verrait M. Grimshaw ce soir-là et mettrait toutes les choses au clair.

Ainsi se termina la première nuit du capitaine à Charleston, et représentait un tableau dont il aurait pu tirer des conclusions quelque peu différentes du résultat réel. Hélas! que toute la bonne camaraderie et les associations agréables d'un peuple devraient être déshonorées par une absurdité née de ses peurs.

Le colonel aurait pu citer bien d'autres exemples tout aussi douloureux que celui lié au transport de Jones et de sa famille, et aux chaînes imposées au pauvre Lee. Il aurait pu citer comme exemple celui de Malcome Brown, un homme riche, travailleur, honnête, noble et simple, vivant maintenant à Aiken, en Caroline du Sud. Brown dirige une entreprise mécanique rentable, est incontestablement le meilleur horticulteur de l'État et produit les meilleurs fruits commercialisés sur le marché de Charleston. Qu'a-t-il fait pour être dégradé aux yeux de la loi ? Pourquoi est-il considéré comme un citoyen dangereux et son influence redoutée ? Pourquoi lui refuse-t-il d'être entendu en vertu de ces lois dont profitent les méchants Blancs ? Il est obligé de se soumettre à ceux qui sont faits pour gouverner les pires esclaves ! Et pourquoi est-il soumis à cette injustice qui ne lui donne aucune voix en sa faveur alors que les Blancs les plus dépravés sont ses accusateurs ? Est-ce que ça pourrait être la petite frisure qui est dans ses cheveux ? car il a une peau plus claire que ceux qui font des lois pour l'opprimer. S'il a respiré l'atmosphère libre de l'étranger, se peut-il qu'il y ait là une contagion, et que Malcome Brown soit le redoutable médium de sa communication ? Et si l'affirmation qui nous vient à l'oreille est vraie, « que les gens de couleur libres du Nord souffrent pendant que l'esclave est soigné et confortable », pourquoi nous démentir ? L'influence de Malcome est, et a toujours été, auprès des Blancs, et manifestement bonne dans la préservation de l'ordre et de l'obéissance de la part des esclaves. Il poursuit son métier avec esprit et entreprise, alors qu'il est soumis à des lois serviles et oppressives. Son père s'est rendu à New York et s'est vu interdire d'y revenir. Il a fait appel à maintes reprises, a fait valoir ses prétentions et son intégrité envers l'État et ses lois, mais tout cela n'a servi à rien. Il était désespérément banni, pour ainsi dire, de l'interdiction de revoir son fils, à moins que ce fils ne sacrifie ses biens et ne se soumette à un bannissement perpétuel de l'État. Si nous réfléchissons aux nombreuses associations paternelles qui réjouiraient les cœurs du père et de l'enfant de se rencontrer dans une heureuse affection, nous pourrions comprendre l'effet de cette loi qui rend la séparation douloureuse et qui refuse même à la scène du lit de mort sa dernière consolation réjouissante.

Nous avons conversé avec le pauvre Brown à plusieurs reprises, nous l'avons trouvé un homme très intelligent, plein d' humour et friand de raconter des incidents de l'histoire de sa famille, fier même de son bon crédit à Charleston. Il parle fréquemment de son père et de l'espoir gratifiant de le rencontrer un jour prochain, où il pourra exprimer ses sentiments dans des élans d'affection. Il veut que son père revienne vivre avec lui, car il dit qu'il sait qu'ils seraient plus heureux ensemble. « Je suppose que la loi a été faite dans la justice, et il est juste que je m'y soumette », disait-il en discutant de sa rigueur ; et cela lui semble aussi une sorte de réconfort de savoir qu'il n'est pas le seul à souffrir.

Si la Caroline du Sud voulait prendre conscience de ses propres intérêts, elle aurait plus à craindre de la rigueur de ses propres lois que de l'influence de quelques hommes venant de l'étranger.

CHAPITRE X.
L'OBSCURISSEMENT DE LA PERSPECTIVE.

APRÈS que le colonel et le petit George aient quitté le capitaine , comme nous l'avons dit dans le chapitre précédent, celui-ci descendit dans la cabine et trouva Manuel assis sur l'un des casiers, apparemment très anxieux. Il a cependant attendu que le second parle avant de s'adresser au capitaine . Le second s'est réveillé et a informé le capitaine qu'un homme mince et au teint sombre était à bord quelques minutes après son départ, s'enquérant particulièrement du steward ; qu'il parlait comme un homme officiel, qu'il était vêtu de vêtements noirs et qu'il portait des lunettes.

« Je lui ai demandé si nous aurions des ennuis avec Manuel et j'ai essayé de lui faire comprendre qu'il n'était pas noir et que notre situation pouvait nous dispenser de tout ennui grâce à leurs lois particulières. Mais le vieux gars semblait vraiment stupide sur tout et parlait comme s'il ne savait rien de rien. « Un nègre est un nègre en Caroline du Sud », dit-il sèchement, et il demanda une chique de tabac que je lui tendis, et il en prit une assez grosse pour six. J'ai dit : "Monsieur, est-ce que vous appelez un homme un nègre, qu'est-ce qu'un Portugais et ce n'est pas un noir ?" «Cela dépend de la façon dont il est né», dit-il. « Eh bien, mais vous ne pouvez en aucun cas faire d'un homme blanc un nègre , que ce soit en Caroline du Sud ou en Écosse », dis-je. « Eh bien, nous ne nous appuyons pas sur de telles choses ici ; nous pouvons vous montrer des nègres aussi blancs que vous, M. Mate, dit-il. « Mais, monsieur, que faire de notre intendant, pour que vous fassiez vos recherches à son sujet ? il n'a rien fait, dis-je. Eh bien, monsieur Mate ; c'est contraire à la loi d'amener des stewards nègres dans notre port. Ce sont de mauvais types en général, et nous revendiquons le droit de les enfermer pour nous assurer de leur bonne conduite et garder leur mauvaise influence loin de nos esclaves. Ce n'est pas mon bureau. J'ai observé votre arrivée et votre état de naufrage, et je suis simplement venu jeter un coup d'œil, dit-il. « Eh bien, monsieur, notre intendant pense autant à lui-même qu'à tout le monde et ne se mêlerait en aucun cas à vos nègres. Mais Monsieur ! cela ne fera-t-il aucune différence parce que nous sommes jetés sur votre rivage en détresse », dis-je. « Pas du tout ! c'est contraire à la loi, et la loi n'a rien à voir avec le vent et la météo. Nous aimons trop la souveraineté de notre loi pour faire une quelconque discrimination. Nous sommes un peuple hospitalier et donnons toujours aux gens beaucoup à manger, mais nous n'autorisons jamais aucune faveur dans la loi. Je t'appellerai demain matin, dit-il, et il s'en alla.

Cet individu était M. Grimshaw, le principal moteur des pouvoirs en place, même s'il affirmait que ce n'était pas son bureau et qu'il se promenait simplement pour y jeter un coup d'œil.

Lors de sa visite à bord, Manuel était absent à bord d'une barque de Boston, où il a rencontré un intendant blanc, qui lui a donné une triste image de la prison de Charleston et du traitement cruel qui y était infligé aux prisonniers par la famine. Il lui raconta qu'il avait été un jour arrêté pour un délit insignifiant et qu'il était presque mort de faim avant de sortir. « Vous serez sûr d'y aller, Manuel, dit-il, car ils ne font aucune distinction ; et si un homme est étranger et ne peut pas parler pour lui-même, il n'a aucune chance. Je leur donnerais l'avantage avant de subir une autre punition », a-t-il poursuivi.

Cela a tellement influencé l'esprit du pauvre garçon, qu'il n'était plus question de savoir s'il sautait par-dessus bord ou s'il restait sur le navire. Il attendit que le second ait fini et commença à faire appel au capitaine de la manière la plus pitoyable. La honte d'être emprisonné semblait pire que le châtiment ; et il ne semblait pas comprendre l'intention d'être emprisonné pour aucun crime aux États-Unis, alors qu'il avait fait le tour du monde à la voile et visité la majorité de ses ports, à la fois barbares et civilisés, sans être inquiété. Il voulait que le capitaine le paie et le laisse partir sur un navire dans la matinée. Le capitaine s'efforça d'apaiser ses craintes en l'assurant qu'il n'y avait aucun danger d'emprisonnement ; que les habitants de Charleston avaient trop de bons sentiments pour être cruels envers un marin en détresse ; que le pouvoir du consul était une garantie suffisante de protection. "Tu n'es pas parmi les Patagons, Manuel", dit-il. "Il ne sert à rien de mettre votre esprit en fièvre, vous serez aussi bien pris en charge ici et vous serez autant considéré qu'à Londres." Cette assurance eut pour effet d'apaiser son esprit, sur quoi il quitta la cabine plus à l'aise et se dirigea vers le gaillard d'avant pour se coucher avec son petit compagnon Tommy. Des hommes avaient été dépêchés pour les pompes dès la marée montante, et le capitaine se retira à son poste d'amarrage.

Il semblait y avoir une entente mutuelle entre les pilotes et les officiers concernant l'arrivée de stewards de couleur ; et le pilote, après avoir quitté le navire, s'est rendu directement au bureau de M. Grimshaw et lui a signalé une noix à casser : cela l'a amené au quai pour « regarder autour de lui ».

Tôt le matin, l'équipage était à son service. Le second commença à donner l'ordre de dégager le pont et Manuel de préparer le petit-déjeuner. Il avait à peine commencé que deux hommes, MM. Dunn et Dusenberry , marchaient de long en large sur le quai pendant plusieurs minutes, puis ils se tenaient ensemble et regardaient comme pour observer l'approche d'un navire au large. Enfin, Dusenberry , voyant Manuel arriver sur la passerelle avec un seau à la main, se dirigea vers elle et, montant à bord, le saisit par le col et tirant un papier de sa poche, lui dit : « Tu es mon prisonnier! vous devez aller en prison ; venez, faites vite, monsieur ; vous ne devez pas vous arrêter pour récupérer vos affaires ; vous devez les envoyer chercher après votre engagement.

Le second et plusieurs membres de l'équipage se rassemblèrent aussitôt autour de lui. Au même moment, Dunn, qui se tenait au bout du quai et attendait le résultat, pensant que Dusenberry s'y opposait, vint à son secours. Les officiers et l'équipage connaissaient trop bien le respect dû aux lois pour opposer des obstacles aux connétables dans l'exécution de leur devoir. Le second, d'une manière très polie, a demandé en guise de faveur qu'ils laissent l'homme quelques minutes jusqu'à ce que le capitaine arrive sur le pont. Ils cédèrent à sa sollicitation après bien des grognements. L'arrestation provoqua une profonde émotion parmi les marins, mais aucun ne la ressentit plus que le petit Tommy ; il entendit le bruit sur le pont, accourut les larmes aux yeux et s'écria : « Oh ! Manuel, pourquoi Manuel, pourquoi vont-ils t'emmener ? Ne te reverrai-je pas, Manuel ? La simplicité du petit bonhomme a touché les sentiments de toutes les personnes présentes. Mais l'officier boiteux, Dunn, se tenait debout, une paire de menottes à la main, aussi impassible qu'un stoïque, tandis que Dusenberry exprimait son impatience et commençait à repousser le garçon et à lui faire signe de s'en aller.

"Attends un peu!" dit le compagnon. « Le capitaine sera sur le pont dans quelques minutes ; il veut un mot ou deux avec toi.

« Nous ne pouvons pas nous arrêter sans être rémunérés pour notre temps. « Cela ne sert à rien de retarder… » Cela ne sert à rien ; c'est un nègre à toutes fins utiles. Je le sais à la boucle de ses cheveux : ils ne peuvent pas m'échapper, j'ai trop de choses à faire avec eux ! dit Dunn. "Oui, c'est sûr, je sais à l'oreille d'un nègre si sa peau est blanche comme de la craie !" dit Dusenberry . « C'est de la pure folie d'amener ici des hommes brillants et étrangers et d'essayer de les faire passer pour des Blancs. « Ne vous inquiétez pas, vous devez venir vous faire enregistrer, et vous passerez un bon moment à la prison, mon garçon ; il y a plein de filles brillantes là-dedans, et tu peux avoir une femme, si tu sais comment faire la cour.

Le capitaine monta alors sur le pont ; et commença à intercéder, suppliant qu'ils n'emmènent pas Manuel avant qu'il n'ait vu le consul britannique. «Je sais que je peux tout mettre en ordre. Il n'y a aucune raison d'emprisonner mon intendant : ce n'est ni un nègre ni un méchant homme ; et je vous promets sur mon honneur qu'il ne quittera pas le navire, ni même n'ira sur le quai, si seulement vous me permettez de voir le consul avant de prendre toute autre mesure, » continua-t-il.

« Cela est au-dessus de notre pouvoir, monsieur ; vous devez voir le shérif – vous le trouverez dans son bureau de bonne heure et de bonne heure. Mais autant mettre votre appel dans votre poche, ou l'envoyer à la reine Victoria, car tout ce que le consul Mathew peut faire pour vous. Cela fait deux ans qu'il fait du tapage ; mais il ferait aussi bien de siffler contre un brickbat que de raconter ses bêtises sur les nègres anglais en Caroline du Sud. Il aura encore du goudron et des plumes, s'il n'est pas très timide dans ses mouvements. Désolé, Capitaine, nous ne pouvons pas vous accueillir, mais nous n'agissons que pour le compte du shérif, et ses ordres sont impératifs pour l'amener immédiatement. Il faut l'enfermer. Nous ne faisons pas la loi et nous n'avons pas non plus le pouvoir de la contrôler. En disant cela, Dunn sortit une petite clé de sa poche et commença à la tourner dans les menottes.

"Quoi!" dit le capitaine , n'essayez pas de mettre ces choses sur le dos de mon homme, à vos risques et périls. Est-ce ainsi que vous traitez un pauvre marin naufragé en Caroline du Sud, l'État de l'hospitalité vantée ? Non monsieur! Je sacrifierai ma vie avant que mon homme ne se soumette à une telle chose », dit le capitaine , avec son énergie écossaise éveillée.

"Capitaine!" dit Dunn, nous ne profiterions pas de vous parce que vous êtes un étranger, mais c'est la loi ; et si nous vous accommodons , ce sera certainement à nos risques et périls. Mais de toute façon, capitaine, vous nous feriez attendre longtemps , moi et ce monsieur, et il ne serait pas inutile de nous donner le cadeau habituel. Vous ne le manquerez pas, et nous avons beaucoup à faire pour de petits frais, ce n'est jamais le cas. Compenser les accommodements que nous devons donner à tout le monde – et la perte de temps est une perte d'argent.

« Donnez-vous un avantage ! Non, en effet ; Je ne paie jamais pour de telles faveurs. Attendez quelques instants ; Je vous accompagnerai moi-même, si vous ne prenez pas mon honneur pour sa bonne conduite sur le chemin de la prison, continua le capitaine .

« Capitaine, vous n'avez certainement pas besoin de vous inquiéter de toute façon ; nous prendrons votre honneur pour qu'il ne s'enfuie pas, et s'il le fait, vous ferez face à toutes les difficultés devant le shérif. Bien sûr , un cas ne dépasserait jamais l'observation de M. Grimshaw ; mais, pour vous rassurer , et compte tenu de l'épave, Dusenberry et moi-même allons le loger dehors, dit Dunn.

Au cours de la conversation, Manuel plaide avec acharnement pour être entendu devant le Consul, pensant à tort que le Consul pourrait le protéger de tout danger ; et que s'il pouvait obtenir une audience devant lui, il serait assuré d'être libéré. Le capitaine lui serra la main et lui dit de se contenter jusqu'à l'ouverture du bureau du consul, moment où il viendrait à la prison et le verrait. Manuel se tourna alors vers l'équipage, et serrant la main de chacun, prit son petit paquet d'une main, et tenant par l'autre le petit Tommy (qui l'accompagnait jusqu'à la tête du quai) fut bientôt hors de vue.

Mais le lecteur croira-t-il quelle était la pratique de ces sous-officiers ? Nous pouvons leur assurer que des cas comme celui que nous allons raconter sont non seulement pratiqués à Charleston dans une mesure illimitée, mais que le fait est bien connu des magistrats et du public ; les premiers le traitent comme du clair de lune, et les seconds s'en moquent, mais ne prennent jamais de mesures appropriées.

À peine le petit Tommy les avait-ils laissés à l'entrée du quai, qu'ils laissèrent entendre qu'il serait bon d'envisager un verre le matin. À cette fin, ils entrèrent dans un « magasin du coin hollandais » et, passant dans l'arrière-boutique, firent diverses insinuations qui ne pouvaient être mal comprises. "Bien! viens, qui paie le coup ? dit Dunn en s'approchant du comptoir et en pointant son doigt sur son nez en direction d'un Hollandais au visage de boulette, qui se tenait derrière le comptoir, attendant que son homme le nomme. Le Néerlandais était très petit et très trapu, ce qui donnait l'impression qu'il avait été très déprimé dans son propre pays lorsqu'il était jeune. Il se frotta les mains et flirta avec ses doigts dans un mouvement d'anxiété : « Chaque chose vat de shentleman vant lui – n'ose pas aimer mon zin et mon brondty vat, il a obtenu mit ze zity », a déclaré Dutchy.

"Messieurs, je serais heureux de vous voir boire avec moi, s'il est convenable de le demander", dit Manuel.

"Oh! oui, certainement, oui ! c'est justement ce que nous cherchons, quelque chose pour couper les toiles d'araignées, il ne suffirait pas de sortir dans le brouillard matinal sans doublure, dit Dunn.

"Nomme le! nomme le! des hommes , s'écria le Hollandais en frappant du doigt sur le comptoir, et semblant impatient de sortir ses sales affaires. Ils ont nommé leurs boissons, chacune avec un nom différent. Manuel n'étant pas diplômé de Charleston dans le métier de préparer des boissons et de leur attacher des noms d'argot, M. Dusenberry s'est engagé à l'orienter dans un choix. Le Néerlandais était un adepte du mixage, et les « pulls du matin » furent bientôt organisés à l'extrême satisfaction de Dunn et Dusenberry . "D'accord! renverse-la, mon vieux ; aucun de vos visages foutus à cause d'une telle liqueur. Nous buvons régulièrement, à Charleston, et pouvons le baisser jusqu'à ce que nous voyions des étoiles », a déclaré Dusenberry en s'adressant à Manuel, qui faisait la grimace, tout en s'efforçant d'avaler ce truc acharné.

Dusenberry laissa maintenant Manuel s'occuper de Dunn, disant qu'il sortait pour s'occuper de certaines affaires. Manuel tira de sa poche un quart de doublon colombien, et le jetant sur le comptoir, dit au Hollandais de lui rendre la monnaie. Le Hollandais le ramassa, le retourna plusieurs fois, et, louchant, s'enquit, d'une manière très simple, quelle était sa valeur. Il le savait déjà, mais cela n'avait été fait que pour juger Manuel. Au même instant, il fit un clin d'œil à Dunn, qui, s'avançant, lui lança un coup significatif sur le comptoir. « Le diable, un peu plus de deux dollars ; très bien, Swizer , dit-il.

"C'est quatre dollars , West Inge, je veux ma monnaie", dit Manuel en haussant les épaules. « Je ne veux rien de plus que le mien ; et personne pour me tromper.

« Ne vous embêtez pas avec vos quatre dollars – bien sûr, vous n'êtes pas à West Inges en ce moment ; et l'argent est abondant à Charleston, et je ne peux pas en rapporter autant, la moitié. Ne vous embêtez pas avec vos bêtises de West Inge. Si vous essayez de faire des histoires ici, je ferai souffrir le capitaine . Vous devez apprendre qu'il ne suffit pas qu'un nègre dispute un blanc à Charleston ; nous vous secouerions selon la même loi ; nous le confierions à nos propres nègres, et vous seriez triés , avec une cinquantaine de pagaies sur vos fesses nues. Le Hollandais déposa un dollar et soixante-dix cents, mais Manuel refusa de le prendre ; Lorsque cet homme, Dunn, prétendant être l'ami de Manuel, tendit la main et dit au barman de mettre un autre dollar, ce qu'il fit, il le passa précipitamment dans la main de Manuel et, faisant une passe, lui dit de mets-le dans sa poche.

Les affaires du Néerlandais étaient en bonne voie et ses clients arrivaient en grand nombre avec leurs bouteilles et leurs pots. L'endroit était un petit trou sale, très noir et sale, d'environ douze pieds de long et sept pieds de large, avec un haut comptoir de planches presque au centre . Le seul stock de commerce qui le décorait était quelques fûts de bière blonde ; plusieurs fûts, avec des noms pour énoncer les différentes qualités de liqueurs peintes dessus ; un boisseau à moitié plein d'oignons et quelques poissons salés dans un tonneau placé près de la porte. Autour de la pièce se trouvaient plusieurs bancs semblables à ceux des postes de garde. Sur deux d'entre eux étaient étendus deux nègres en haillons et d'apparence sale, qui semblaient avoir passé la nuit dans la débauche. Dunn, comme pour montrer son autorité, boitait vers eux et commençait à leur faire reculer avec son bâton d'hickory d'une manière des plus impitoyables, jusqu'à ce qu'un pauvre vieil homme, à la main boiteuse, crie grâce à haute voix.

"C'est une mauvaise affaire de garder ces nègres ici toute la nuit, Swizer - tu sais que j'ai fait la chose propre avec toi plusieurs fois", dit Dunn en pointant son doigt vers le Néerlandais ; » qui fit un clin d'œil, et venant de derrière le comptoir, lui glissa quelque chose dans la main, et se dirigeant vers la porte, proféra un langage menaçant contre les nègres, s'ils revenaient un jour dans son magasin. Une grande partie de ceux qui venaient chercher de l'alcool étaient des nègres, qui avaient l'air de se séparer de leur dernier centime pour se stimuler, car ils étaient en haillons et sales, et avaient plus besoin de pain que d'alcool. Leur condition semblait extrêmement pitoyable, et pourtant, le « commerçant du coin » hollandais s'enrichissait grâce à leur clientèle, et il avait tellement envie de leur patronage qu'il les traitait avec beaucoup plus de courtoisie que ses clients blancs.

Ces « dépanneurs hollandais » sont des endroits notoires à Charleston, et sont défavorisés par les citoyens respectables, car ils deviennent le rendez-vous des « nègres », qui prennent de mauvaises habitudes et négligent les affaires de leurs maîtres ou maîtresses. Pourtant, les gardiens exercent une telle influence lors des élections, que les fonctionnaires non seulement les craignent, mais, pour s'assurer leurs faveurs, laissent intactes leurs coquineries. Un auteur du Charleston Courier du 31 août 1852 pourrait bien dire :

« Nous avons été étonnés, comme beaucoup d'autres, par les accusations radicales formulées dans les résolutions adoptées lors de la réunion HUTCHINSON à Hatch's Hall, et étions prêts à nous enrôler immédiatement pour prêter notre voix et former une « administration » qui, pendant deux ans, a permis... le sentiment moral doit être abandonné », « la véracité ignorée », « le respect de la religion oblitéré », « la protection de la liberté religieuse refusée », « la licence permise » et « une administration appropriée pour le vice, négligée ». » Ces accusations restent non réfutées, et à une ou deux exceptions près, nous n'avons jamais connu un de ces dépanneurs illégaux poursuivis en justice par l'administration actuelle. Et seulement ces rares cas où ils ont été amenés à constater les abus les plus flagrants.

Il est strictement « contraire à la loi de Charleston » de vendre de l'alcool à un nègre sans l'ordre d'un homme blanc ; la peine étant une amende et une peine d'emprisonnement. Pourtant, l'abus est devenu si flagrant qu'il est notoire qu'une certaine classe de vendeurs d'alcool hollandais verse aux officiers de l'argent secret. Dans presque toutes les rues de Charleston, où il y a une cabane ou un coin assez grand pour contenir un comptoir et quelques gobelets, on peut trouver ces misérables vendant leurs drogues empoisonnées à une classe de nègres pauvres et à moitié affamés, qui ont recours à tous. toutes sortes de moyens malhonnêtes pour obtenir de l'argent à dépenser à leurs guichets. Ces lieux sont presque tous tenus par des étrangers, dont l'avarice impitoyable ne se scrupule devant rien, si mesquin soit-il. Ils possèdent bientôt des moyens considérables et, par leur courtoisie et leur servitude envers le nègre - car ils sont la seule classe de Blancs à lui demander pardon s'ils l'ont offensé - entretiennent entre eux une sorte de rivalité active pour son bien. coutume. C'est de ces enfers misérables que proviennent les sept dixièmes des crimes pour lesquels le pauvre nègre est traîné à l'atelier et fait souffrir sous la pagaie.

Et pourtant, ces mêmes hommes, dont la connivence avec le vice et le crime est ignorée par la loi, s'élèvent et prennent position dans la société, non seulement en se lançant dans des affaires plus respectables, mais en se joignant à cette phalange qui cherche le sang du vieux Sudiste. et comme un papillon silencieux, travaillant à sa décomposition. Il y a une signification profonde dans la réponse si fréquemment donnée à Charleston à l'interrogatoire : « Qui habite dans cette splendide demeure – elle semble avoir été la demeure d'un prince, mais elle est quelque peu délabrée ?

"Oh! bénis-moi, oui ! C'était autrefois le manoir d'un tel, l'une des premières familles, mais ils sont désormais très pauvres. M. Comment l'appeler est- il propriétaire maintenant ? On dit qu'il ne l'a pas obtenu honnêtement. Il tenait un petit magasin de grog sur la Baie, ou vendait du bacon et du whisky sur la Baie, et portait d'horribles accusations contre le pauvre Untel, et après un long procès à la Chancellerie, il obtint sa maison. C'est un grand gars; maintenant, je vous le dis, il va aménager la maison lui-même !

Dunn dit à Manuel de s'asseoir, qu'il n'y avait aucune raison de se dépêcher ; tout irait bien s'il arrivait au bureau du shérif à neuf heures ; puis il commença à déchanter sur le bon temps qu'il passerait en prison. « Il y a pas mal de camarades là-bas, mon garçon ; vous aurez du violon et de la danse, beaucoup de filles et de bons moments ; et vous n'êtes pas un criminel, vous savez, donc ce ne sera rien du tout, gardez simplement une lèvre inférieure raide. Venez, prenons un autre verre ; Je me sens très enroué ce matin ! » a-t-il dit.

Juste à ce moment, Dusenberry rentrait, soufflant et soufflant comme s'il eût participé à une course à pied. « Un autre oiseau pour le vieux Grimshaw, à Commercial Wharf ! Je savais qu'elle en avait un à bord, parce que je l'ai repéré depuis le quai », dit-il, en parfaite extase, sortant un crayon et prenant une note dans un petit livre.

« Ne soyez pas un enfant », a déclaré Dunn. « Viens, nous venons de proposer un autre verre ; vous adhérez bien sûr ; vous ne dites jamais non, hein, Duse ? Ils se dirigèrent vers le comptoir, et Dunn, de nouveau, pointant son doigt sur son nez vers le Hollandais, qui se tenait les mains écartées sur le comptoir, demanda du gin et des bitters, Stoughton light. Se tournant vers Manuel, qui était assis sur un banc, la tête penchée sur sa main, apparemment en profonde méditation, il le prit par le col d'une manière grossière et le traîna jusqu'au comptoir : « Venez, par les joueurs de cornemuse, réveillez-vous et ne boudez pas, mon vieux Portugais ; prenez un autre O-be-joyful, et cela vous guérira, et vous danserez le hornpipe comme un jim -crack.

"Excusez-moi monsieur; Je pense que j'en ai pris assez; s'il vous plaît, ramenez-moi à mon vaisseau ou à l'endroit où vous allez. Ce n'est pas un endroit pour moi ! » dit Manuel.

« Bien sûr, qu'est-ce que cela signifie ; ne parlez pas de votre problème ici ; un nègre ne doit pas embêter un homme blanc. Venez, ça ne sert à rien de reculer ; vous devez prendre un verre de bière blonde Swizer's », a déclaré Dunn.

Manuel regarda autour de lui, puis se refermant à contrecœur, le Hollandais remplit son verre de bière mousseuse, et les trois verres touchèrent et burent. Ils se retirèrent ensuite sur un banc et commencèrent à discuter de l'opportunité de certains points de leurs privilèges officiels, tandis que Manuel restait debout au comptoir.

« Qui va payer la boisson ? » » demanda le Hollandais, soucieux de servir deux petits nègres qui venaient d'arriver avec des bouteilles à la main.

« C'était le cadeau de notre ami ; viens, mon bon ami, fais ce qui est propre selon la science du Sud. Nous dirons un bon mot de votre part au geôlier ; vous n'y perdrez rien », a déclaré Dusenberry .

« Mes amis, je travaille dur pour mon argent et je n'en ai pas à dépenser bêtement. La petite quantité importe peu, mais je préférerais vous en faire cadeau, plutôt que de me laisser droguer par faux-semblant . Je n'ai aucune envie de me livrer aux penchants des autres. Quoi que vous fassiez de moi, faites-le ; et fais-moi savoir mon sort. Je suis malade et fatigué et j'ai besoin d'un médecin. Emmenez-moi dans une prison ou où bon vous semble. Je n'ai commis aucun crime ; Je veux dormir, pas être puni. La prochaine fois que je fais naufrage, je prends une planche et je passe par-dessus bord avant de rejoindre Charleston. En disant cela , il sortit cinquante cents et les jeta sur le comptoir, et le Hollandais les glissa dans le tiroir, comme si tout allait bien et « juste la monnaie ».

« Tais-toi, espèce de coquin noir, toi ; vous ne devez pas parler ainsi en Caroline du Sud ; nous vous ferons étendre sur le cadre et pagayer pour insolence envers un homme blanc. Bon sang, si vous êtes si pressé, venez avec moi », a déclaré Dusenberry ; et tendant la main vers Dunn, lui prit les menottes et tenta de les mettre aux poignets de Manuel. Le pauvre garçon se débattit et supplia pendant plus de dix minutes, et il était sur le point de les maîtriser, lorsque Dusenberry sortit de son sein un long couteau de poignard, et le tenant dans une attitude menaçante contre sa poitrine, poussa un de ces cris féroces comme on en trouve. commun aux chasseurs d'esclaves, dont le métier est de chasser et de traquer les nègres en fuite avec des limiers. « Soumettez-vous, méchant noir, ou je prendrai le sang de votre cœur ; apportez une corde et nous le transporterons ici. Saute, sois rapide, Swizer ! dit-il en s'adressant au Hollandais. Le Néerlandais a couru dans l'appartement de devant ; j'ai sorti une corde semblable à une corde à linge ; et j'ai commencé à le défaire.

"Est-ce que tu abandonnes maintenant?" dit Dusenberry , tenant toujours le couteau pointé sur lui. Manuel avait l'habitude de porter un poignard lorsqu'il était à terre en pays étranger et il portait la main à sa poche de poitrine pour le tâter. Il se rappela qu'il l'avait laissé dans sa poitrine, et que la résistance serait inutile contre un groupe exprimant une telle hostilité à son égard. Les chaînes lui furent mises aux mains avec une force brutale.

"Oh! suis-je un homme ou suis-je une brute ? Qu'ai-je fait pour recevoir un tel traitement ? Que Dieu me méprise et me pardonne mes transgressions

; car mes droits sont entre ses mains, et il me rendra justice, dit Manuel en regardant ses cruels tortionnaires en face.

"Un homme! Non, par le ciel, tu es un nègre ; et c'est qu'on vous apprendrait ! Venez, aucun de vos sermons ici, partez au trot ! Nous vous donnerons un mouchoir pour vous couvrir les mains, si vous êtes si délicat à marcher dans les rues », dit Dunn en lui jetant un vieux mouchoir rouge et en le faisant marcher dans Broad Street . Dusenberry le laissa maintenant entièrement sous la garde de Dunn ; tandis que, comme il l'a dit, il se rendait à Adger's Wharf pour surveiller un autre navire qui s'approchait du quai. Les ruses de cet homme Dunn étaient bien connues de ceux liés à la police et au bureau du shérif ; mais, au lieu d'être déplacé à cause de ses nombreuses offenses, il était considéré par eux comme le meilleur officier inscrit sur les listes ; et dans la pêche aux nègres espiègles , il était considéré comme un parfait modèle. Dans ce cas, il ne se contentait pas des outrages qu'il avait infligés à Manuel au magasin de grog hollandais, où il l'avait forcé à entrer, mais il s'arrêtait dans la rue publique pour converser avec chaque crique qu'il rencontrait et tenait les pauvres un homme debout devant le regard du public, comme une innocence enchaînée attendant le signe de tête d'un méchant. Le tableau aurait été complet si un monstre à forme humaine avait été placé au premier plan en appliquant le fouet, conformément aux lois de la Caroline du Sud.

CHAPITRE XI.
LE BUREAU DU SHÉRIF.

Il est neuf heures, le matin du 24 mars 1852. Manuel fut conduit au bureau du shérif, situé au palais de justice, à l'angle des rues Broad et Meeting. Une grande table se dressait au centre de la pièce, recouverte de vieux papiers divers et d'un encrier. D'un côté se trouvait un vieux canapé, qui portait de fortes preuves de son usure aux frais de l'État. Quelques pupitres en pin et en bois peint, plusieurs bâtons, de vieilles chaises au dossier cassé et enfin, mais non des moindres, une scie à bois de scieur, se tenaient çà et là dans un beau désordre autour de la pièce ; tandis que, comme pour montrer l'immense importance de la fonction, un bicorne avec l'épée judiciaire pendait bien en évidence au-dessus du vieux canapé. Une porte s'ouvrait sur la gauche et conduisait au bureau du greffier, où étaient conservés les livres et les archives du bureau. M. Kanapeaux , le titulaire, a fait preuve de beaucoup de bon sentiment, sur lequel il n'aurait pas fait perdre de sa réputation au shérif, et a maintenu son bureau dans un ordre très respectable.

« Entrez ici, Manwell , ou quel que soit votre nom », dit Dunn en ouvrant la voie à M. Grimshaw, l'homme maigre et hagard que nous avons décrit plus haut. Ses traits sombres et lâches, alors qu'il regardait les informations du matin à travers ses lunettes, lui donnaient l'apparence d'un homme dont on ne pouvait guère s'attendre à ceux qui avaient le malheur de tomber entre ses mains.

« Ah ! Dunn, tu es le meilleur officier de la ville ; sur mon âme, ces gars-là ne peuvent pas t'échapper ! Où as-tu récupéré ce nègre ? dit-il avec un air de satisfaction.

« Une grosse affaire d'honoraires, M. Grimshaw, « contraire à la loi » ; c'est un nègre portugais . Je n'ai jamais eu autant de problèmes avec un nègre de ma vie ; Je ne savais pas mais ce type allait prêcher un sermon. Le capitaine - il appartient à un Anglais naufragé - voulait l'accompagner au jeu de hasard et le faire passer pour un homme blanc ; mais bien sûr, il ne pouvait pas venir à ce match contre moi et Duse, de toute façon », a déclaré Dunn.

Sans dire un mot, Manuel se dressa devant ses accusateurs, sous cette étrange accusation de « contraire à la loi ».

En regardant ses accusateurs, il dit : « Qu'ai-je fait pour subir le sort d'un meurtrier ? Dois-je être vendu comme esclave, à cause de la visite de Dieu ? Je n'ai commis aucun meurtre ! Non ! et je n'ai pas non plus volé votre pays ! et pourquoi ces hommes m'ont-ils attiré » –

"Silence! silence! Vous êtes dans le bureau du shérif, » dit Dunn en pointant son doigt vers son nez. "Tu ne peux pas venir ton nègre John Bull en Caroline du Sud."

Cela amena le commis du shérif à la porte qui donnait sur le couloir. « Dunn, je vous ai prévenu de ces choses à plusieurs reprises ; le public en a vent ; ils vont encore jeter le discrédit sur ce bureau. Vous devriez savoir quel effet l'association des fonctionnaires avec ces « commerçants du coin » a déjà dans la communauté », a-t-il déclaré.

« Comment diable savez-vous de quoi vous parlez ? bien sûr , c'est l' affaire de son honneur , et pas du tout la vôtre, du tout », dit Dunn en s'adressant à M. Kanapeaux , puis en regardant M. Grimshaw.

"M. Kanapeaux , vous ne devez pas gêner les officiers et leur devoir ; occupez-vous de vos affaires et préparez votre livre pour enregistrer ce nègre-garçon », a déclaré Grimshaw.

« Eh bien, mon bon ami, continua Grimshaw, je n'aime pas beaucoup cette affaire ; ça ne me paie pas assez pour tous les ennuis que j'ai avec ça. C'est juste un petit filtrage des honoraires, qui rend le devoir de mon bureau extrêmement ennuyeux. Mais nous devons respecter la loi. Nous faisons ces choses pour protéger nos institutions et les rendre aussi légères que possible. Je pourrais vous causer bien des ennuis ; J'en ai le pouvoir, mais je me fais un devoir de considérer les hommes dans votre cas, et nous vous mettrons si à l'aise que vous ne penserez pas à être emprisonné. Vous devez comprendre qu'il est « contraire à la loi » de venir ainsi parmi nos nègres ; cela leur donne des idées fantaisistes. Il existe un état de choses tellement infernal et imparfait dans lequel ces abolitionnistes se lancent tout , qu'il nous incombe de surveiller les communications qui ont lieu entre les gens qui conçoivent et nos esclaves. Nous sommes un peuple hospitalier – le monde le sait – et nous avons un respect religieux pour nos lois, que nous appliquons sans respect pour les personnes. Nous aimerions vous laisser circuler dans la ville, mais c'est « contraire à la loi ». Décidez, mon bon ami, que vous êtes parmi des gens humains, qui chercheront à vous bénéficier parmi les hommes de votre classe. Rendez-vous heureux et considérez-moi comme un ami, et vous ne serez jamais trompé. Je contrôle la prison et mes prisonniers sont autant attachés à moi qu'ils le seraient à un père.

« Ce doit être l'humanité qui met entre mes mains ces symboles d'ignominie », dit Manuel ; "Cela m'enferme dans un cachot, de peur que je ne souffle un mot de liberté à des oreilles qui ne le connaissent que comme une fable."

Personne ne lui avait demandé de s'asseoir et, sentant l'effet de son mal-être et de sa fatigue, il se retourna comme pour chercher un appui. « Vous ne devez pas vous asseoir , — enlevez votre chapeau ! dit Grimshaw.

Le pauvre garçon fit un effort, mais il n'y parvint pas avec les chaînes qu'il avait aux mains ; sur quoi Dunn s'avança et, l'arrachant de sa tête, le jeta sur le sol. « Vous devriez apprendre les bonnes manières, mon brave, » dit Grimshaw, « quand vous entrez dans le bureau d'un shérif. C'est un lieu important, et les gens y prêtent toujours du respect lorsqu'ils y entrent ; quelques mois à Charleston vous rendraient aussi poli que nos nègres.

« Ne feriez-vous pas mieux d'enlever les fers des mains de ce pauvre garçon ? Il a l'air fatigué », dit M. Kanapeaux , le commis, qui revint à la porte et regarda Manuel avec un air de pitié. Les paroles de sympathie touchèrent profondément ses sentiments ; c'était un simple mot en sa faveur , si différent de ce qu'il avait rencontré depuis qu'il avait quitté le navire, qu'il sentit qu'un bon ami avait parlé en sa faveur, et il s'abandonna à son sentiment dans un jet de larmes.

« Bonne suggestion, M. Kanapeaux ! » dit Grimshaw. « Mieux vaut les enlever , M. Dunn ; Je ne pense pas qu'il vous posera davantage de difficultés. Il a l'air d'un « gars probable » et sait que s'il élimine une coquinerie de nègres à Charleston, il sera arrêté. Maintenant, mon brave, revêtez votre air le plus naturel et tenez-vous droit comme une baguette. M. Kanapeaux , préparez votre livre pour l'inscrire », a poursuivi Grimshaw.

Manuel se leva alors sous un toboggan, et sa taille et ses traits généraux furent notés de la manière suivante, afin d'apaiser cette dignité souveraine de la loi de Caroline du Sud, qui a tant d'étranges artifices pour montrer son importance : « Contrairement à la loi. » Violation de la loi de 1821, telle qu'amendée, etc. etc. Manuel Pereira contre l'État de Caroline du Sud, steward à bord du brigadier britannique Janson, capitaine Thompson. Entré le 24 mars 1852.

Hauteur, 5 pieds 8 1/2 pouces.

Teint, olive clair, (lumineux.)

Traits pointus et aquilins.

[Cheveux et yeux, foncés et droits ; le premier avait tendance à se courber.]

générales :— Âge, vingt-neuf ans ; Portugais de naissance; parle un peu cassé, mais poliment ; est intelligent, bien formé et beau. Honoraires du shérif :

Pour arrêter, 2 \$—Registre, 2 \$ - 4 00 \$ pour reconnaître . 1,31 \$— Gendarme. 1 \$ - 2,31 \$ Pour l'engagement et la quittance, 1,00 \$

7,31 \$

Les frais de prison seront ajoutés à la libération.

Après que ces remarques aient été dûment notées, et que M. Grimshaw lui ait lu une autre conférence sur l'importance de la loi de Caroline du Sud et la gentillesse qu'il recevrait de ses mains s'il se rendait content, on lui dit qu'il pouvait aller être engagé. Le pauvre garçon s'était levé jusqu'à être presque épuisé ; pourtant, cela ne suffisait pas à satisfaire les sentiments de ce misérable mécréant, Dunn. A peine avait-il quitté le bureau du shérif, ou passé deux places du palais de justice, qu'il entra dans un autre magasin de grog hollandais, un peu plus respectable en apparence, mais pas en caractère. Ils entrèrent par une porte latérale qui donnait sur un appartement du fond pourvu d'une table et de deux canapés en bois. Lorsque Dunn entra, il fut reconnu par deux camarades noirs qui jouaient aux dominos à table. Ils se levèrent et coururent à travers la devanture du magasin, dans la rue, comme si un mauvais esprit était descendu parmi eux. Le Hollandais se précipita sur les dominos et les enfonça rapidement dans une mesure en fer blanc qu'il cacha sous le comptoir.

« Ah ! Drydez ! » dit Dunn ; « Espèce de vagabond, toi ; encore les vieux trucs ? Vous, les Hollandais, êtes pires que le diable ! C'est moi qui vous ferai mettre un cinq pour ça. Venez, allez-y tout de suite, et ne marmonnez pas votre jargon hollandais ! »

« Tu vas boire avec moi ce matin ? Mademoiselle Dunz est le meilleur camarade de cuve qui vient dans mon magasin », a déclaré Drydez .

« Ah ! arrête tes ennuis, et ne t'attaque pas à ton bûcheron hollandais pour un Irlandais ! déposez les cinq dollars, et nous prendrons les boissons tout de suite ; moi et mon ami ici boirons votre santé, » dit Dunn, désignant Manuel, qui secoua la tête au point de refuser. Le Hollandais ouvrit alors son tiroir et, roulant un billet entre ses doigts, il le passa comme s'il n'était pas remarqué entre les mains de Dunn.

« Maintenant, Drydez , » dit Dunn, « si vous voulez faire quelque chose de propre, mettez quelques smashs de cognac — aucun de vos foutus brandy hollandais coupé à gorge — les meilleurs vieux trucs. Allons, mon vieux Chuck, (se tournant vers Manuel et le tirant par les moustaches), rassure-toi, un autre bon raideur te remettra aux claquettes. La Caroline du Sud est un grand État, et un homme qui ne peut pas être heureux à Charleston devrait être éliminé au grand jour par les abolitionnistes.

Le Hollandais prépara bientôt les smashs, leur fournit des pailles, les posa sur la table et assit des chaises à portée de main. "Excusez-moi!" dit Manuel, j'ai déjà assez bu et j'aimerais m'allonger. Je ne me sens pas bien et je ressens les effets de ce que j'ai déjà pris. Je suis trop faible. Dites-moi, je vous prie, à quelle distance se trouve la prison d'ici, et j'irai moi-même.

« Allez, n'est- ce pas ? — Bon sang , allez-y, vous partirez de là jusqu'à ce que vous buviez le smash. Aucun de vous L'indépendance du Portugal ici. Nous apprenons aux nègres la politesse des messieurs de Charleston, mon pote ! » et, le saisissant par le collet, l'entraînant jusqu'à la table, puis saisissant le gobelet de l'autre main, il le tint devant son visage. "Voyez-vous cela? et, mon Dieu, tu le boiras sans te tromper , sinon je mettrais le contenu dans ton phiz, dit-il.

Manuel prit le verre, tandis que le Hollandais riait de cette très belle plaisanterie et du piquant de l'esprit de M. Dunn, comme il l'appelait. "Vat zu lui fait vat'e no vants aussi ? Tu me fais vraiment rire si bien Si tu viens ici, j'aime me kilter » , a déclaré Drydez .

Un brillant mulâtre était maintenant aperçu dans la devanture du magasin, faisant des signes interrogateurs au Néerlandais ; qui, comprenant sa signification, ne perdit pas de temps pour glisser dans sa poche un verre presque à moitié plein d'eau-de-vie et d'eau ; et, passant derrière la porte de division, il le passa sournoisement au mulâtre, qui le passa tout aussi sournoisement dans sa gorge ; et, mettant une pièce d'argent dans la main du Hollandais, il s'avança vers le comptoir, comme pour attendre sa monnaie. "D'accord!" dit le Hollandais en regardant ses étagères, puis de nouveau sous le comptoir.

"Non, alors!" dit le mulâtre ; « Je veux quatre pence ; tu as fini avant ' plusieurs fois; Je veux mon argent.

"Sortez de mon magasin, ou je vous mets à la porte", dit le Hollandais, et attrapant un gros club, il courut derrière le comptoir et commença à assener le nègre au-dessus de la tête de la manière la plus impitoyable. A ces mots, le mulâtre se retira dans la ruelle, et, avec une volée d'épithètes les plus viles, défia le Hollandais de sortir, et il le fouetterait.

Dunn a couru sur les lieux et a ordonné au nègre de s'en aller et de ne pas tenir un langage tel à un homme blanc que cela serait « contraire à la loi », et il l'emmènerait à l'atelier.

« Eh bien, Massa , je sais à quel point ils respectent les hommes blancs, à quoi ressemblent Yersef , mais ce Néerlandais est là . ce n'est pas un gentlem , il a déjà payé mon argent sept fois ; et je le fouette, bien sûr, juste s'il vient ici. Je m'en fiche du vrai, et Dieu m'a vu, je serai fouet au wukhouse la minute suivante. Il a fait un mensonge, et il m'a trompé. Le Néerlandais se tenait à la porte avec le gros bâton à la main - le nègre au milieu de l'allée avec ses poings dans une attitude pugiliste, audacieux et menaçant, tandis que Dunn boitant se tenait à côté du Néerlandais, agissant comme un médiateur. . Manuel, profitant de l'occasion, vida son gobelet par une grande ouverture dans le sol.

C'est un fait notoire à Charleston que, bien que le nègre, qu'il soit noir ou blanc, soit tenu dans une obéissance abjecte à l'homme blanc proprement dit, quel que soit son grade, tel est pourtant le caractère avare et condescendant de l'homme. ces groggers, qu'ils deviennent courtois envers le nègre et se soumettent à une égalité de sociabilité. Le nègre, profitant de cette familiarité, emploiera le langage le plus insultant et le plus injurieux envers cette classe de Hollandais qui, soit par lâcheté, soit par crainte de perdre leur métier, ne s'en veulent jamais. Nous pouvons dire, dans la langue de Dunn, lorsqu'on lui demanda si les nègres avaient de telles libertés avec les hommes blancs à Charleston : « Un nègre connaît un commerçant hollandais mieux qu'il ne se connaît lui-même ; un nègre n'ose parler ainsi à personne d'autre. »

Le Hollandais tire un double profit du nègre, et par là répand parmi eux un double vice, pour lequel ils doivent subir la plus sévère peine. Il est strictement « contraire à la loi » d'acheter quoi que ce soit à un nègre sans un ticket de vente de son maître. Mais comment cela est-il considéré ? Eh bien, le commerçant renonce au ticket, encourage le nègre de l'entrepôt à voler et achète ses vols sans discernement, à environ la moitié de leur valeur. Nous pourrions énumérer cinquante modes différents pratiqués par les « bons » citoyens légaux votant – indépendamment de la loi – et exerçant sur le nègre une influence dix fois plus désastreuse que celle qui pourrait éventuellement naître de la conversation de quelques hommes respectables appartenant à une nation amie. .

Dunn, après avoir chassé le mulâtre de la porte et réprimandé le Hollandais pour sa lâcheté, revint à la table, et tapota le dos de Manuel, but le reste de son smash en disant : « Viens, mon brave garçon, il faut que nous fassions le nécessaire. chose de marron, maintenant; nous avons le Néerlandais cloué à son propre crochet. Il nous faut une autre corne ; c'est simplement dû à notre climat ; les « Old Jug » sont à proximité, et ils feront de vous un pasteur quand vous y arriverez. Nous avons passé un bon moment de joie ; et vous ne pouvez pas mouiller votre sifflet quand vous fermez les portes.

« Je ne demande pas de telles faveurs et je ne boirai plus », dit Manuel.

« Remplis-la, Drydez ! remplissez-la! deux autres brandy de qualité supérieure et sans erreur. Tu dois en boire un autre, mon vieux mandrin. Nous allons faire sortir les idées pieuses de vous à Charleston, dit Dunn en se tournant vers Manuel.

Le Hollandais remplit les verres, et Dunn, posant son gros bâton d'hickory sur le comptoir, en prit un dans chaque main, et s'adressant directement à Manuel : « Là, prends-le et bois-le, sans plaisanterie ; Votre mère n'a jamais donné un tel lait, dit-il.

"Excusez-moi monsieur; Je ne le ferai certainement pas ! » dit Manuel, et à peine avait-il zozoté les mots, que Dunn lui en jeta tout le contenu au visage. Enragé par une conduite aussi scandaleuse, le pauvre garçon n'y put plus longtemps et lui porta un coup qui le fit tomber à terre.

Le Hollandais courut au secours de Dunn et réussit à le tirer de sa situation peu enviable. Non satisfaits, cependant, ils réussirent, après une lutte acharnée, à le mettre à terre, lorsque le Hollandais, après avoir appelé à l'aide d'un misérable nègre, le maintint au sol pendant que Dunn le frappait avec son bâton. Ses cris de « Meurtre » et « Au secours » ont résonné dans tout le quartier et, malgré les tentatives de le bâillonner, ont amené plusieurs personnes sur place. Parmi eux se trouvait un maître d'œuvre bien connu de Charleston, un homme très musclé et très humain. La coquinerie de Dunn n'était pas chose nouvelle pour lui, car il en avait eu des démonstrations pratiques sur ses propres nègres, qui avaient été attirés dans les « magasins du coin » dans le double but de faire gagner de l'argent aux Hollandais et aux officiers d'obtenir leur argent. silence-argent du propriétaire.

Au moment où il a vu Dunn, il s'est exclamé : « Ah ! espèce de vagabond ! » et s'élançant avec l'agilité d'un chat, il frappa le Hollandais d'un coup qui l'envoya, en mesurant sa longueur, dans un coin au milieu d'un tas de caisses vides ; puis, saisissant Dunn par le col, il le secoua comme un chiot, et lui donna une gifle de sa main ouverte qui teinta doublement son visage en rouge et lui fit sortir un filet de bordeaux du nez ; tandis que le misérable nègre, qui s'était efforcé de retenir Manuel, lâchait prise et courait comme si sa vie était en danger. La scène était extrêmement dégoûtante. Manuel se releva, le visage coupé en plusieurs endroits, ses vêtements maculés de crasse tombée du sol, le cou et la poitrine de sa chemise couverts de sang ; tandis que les traits consternés de Dunn, avec ses cheveux roux et emmêlés et ses yeux brillants et vicieux, éclaboussés du sang combiné de sa victime et de son propre organe nasal, lui donnaient le regard le plus diabolique qu'on puisse imaginer.

Le monsieur, après avoir réprimandé le Hollandais pour avoir maintenu ces misérables pratiques qui déshonoraient la communauté et apportaient souffrance, famine et mort aux esclaves, se tourna vers Dunn et s'adressa à lui. « Vous êtes un joli officier de justice ! Un méchant sur la route – une honte pour votre couleur et une tache pour ceux qui vous maintiennent au pouvoir. Un homme qui a violé la paix et tous les principes du devoir honnête, un homme qui mérite chaque jour la pire punition criminelle, gardée en faveur du département municipal, pour polluer son nom même. S'il reste une étincelle d'honnêteté au sein du service de police, j'utiliserai mon influence pour mettre fin à votre conduite. La potence sera votre perte. Vous ne devez pas réfléchir parce que vous êtes ligués dans le même trafic.

Dunn possédait l'un des débits de boissons les plus mauvais et les plus notoires de Charleston, mais, pour concilier sa fonction avec cette exigence stricte qui n'autorisait jamais rien de « contraire à la loi » à Charleston, il fit de sa femme une « libre-échangiste ». Cet ensemble particulier de Caroline du Sud peut en effet être classé parmi ses nombreuses lois singulières. Il a un effet extrêmement accommodant parmi les maris en faillite et agit comme une batterie masquée pour d'innombrables péchés dans le domaine des affaires ou dans le secteur officiel. Il arrive de temps en temps qu'un des « marchands équitables » se retrouve dans les limbes par la force d'un créancier impitoyable ; et le « Prison Bounds Act », étant très délicat dans ses portées, taxe fréquemment la bravoure des messieurs chevaleresques du barreau de Charleston pour que vous restiez impunis. Et vous, Drydez , dit-il en se tournant vers le Hollandais, je vous inscrirai sur le registre des renseignements dès que je descendrai dans la ville.

« Zeu may tu vat zeu plas mit me- te maire abeilles mon ami, et il sait votez pour moi . Yuz voit zel pas de bronty , pas de zin ! Voter ça va , ça va, ah ? * * *

« J'aimerais vous voir faire la même chose contre M..... Ce ne serait pas s'épargner un mandat d'arrêt, et un autre pour coups et blessures ! Bien sûr, le magistrat Gyles est un de mes amis de premier ordre, et il ne se laisserait pas imposer. Ce foutu nègre était obstiné et ne voulait pas aller en prison », a déclaré Dunn d'une manière lâche et gémissante.

"Oh oui , j'ai entendu dire que j'avais juré qu'il n'allait pas à Zale !" » répondit anxieusement le Hollandais.

« Ne me racontez aucun de vos mensonges, » dit-il ; "Vous êtes tous les deux les plus grands coquins de la ville et vous menez votre méchanceté concertée avec autant d'audace que si vous aviez le contrôle de la ville entre vos mains." Manuel tremblait sous l'émotion du chagrin et de la vengeance. Son sang portugais se serait vengé à la pointe du poignard, mais heureusement il l'avait laissé dans sa poitrine. Il vit qu'il avait un ami à ses côtés et, avec le sérieux d'un enfant, se résigna à sa charge.

Au bout de quelques minutes, le calme fut rétabli, et le monsieur, désireux de savoir d'où venait le problème, demanda à Manuel comment cela s'était produit. Mais à peine avait-il commencé son récit qu'il fut interrompu par Dunn affirmant son droit, selon les lois de la Caroline du Sud, de faire sa déclaration, qui ne pouvait être réfutée par la déclaration du nègre, ni même par un témoignage en justice ; et aussitôt il se leva d'un bond, et, prenant Manuel par le collet, lui ordonna de l'accompagner en prison ; et se tournant vers le gentleman, il le défia d'interférer avec son devoir.

«Je sais très bien comment on emmène les gens en prison. Je vais maintenant veiller à ce que vous accomplissiez correctement cette tâche et à ne pas torturer les prisonniers d'un endroit à l'autre avant d'y arriver. En emmenant en prison des gens pauvres et sans défense, vous infligez une punition pire que celle qu'ils subissent une fois arrivés là-bas ! a-t-il dit; et a immédiatement rejoint Manuel et a marché avec lui jusqu'à la prison.

CHAPITRE XII.
LA VIEILLE PRISON.

IL y a trois institutions à Charleston - dont l'une ou l'autre serait une tache sur le nom de la civilisation - qui sont les emblèmes des notions établies par le temps d'un peuple et de son amour chéri pour les reliques ancestrales d'une époque révolue. Rien ne pourrait indiquer avec une précision plus infaillible que ces sombres monuments, la distance derrière l'âge qui marque les pensées et les actions des Charlestoniens. Ce sont l'hospice, l'hôpital et la prison ; mais comme celle-ci ne concerne que notre sujet actuel, nous préférons en parler seul, et laisser les autres pour une autre occasion. On peut dire que l'atelier constitue une exception, car il s'agit d'un bâtiment neuf, récemment érigé sur un plan européen. Il est très spacieux, avec un extérieur extravagant, surmonté de hautes tours de guet semi-gothiques, semblables aux vieux châteaux du Rhin. L'opposition à la construction de ce magnifique temple d'atelier était si grande, et si incohérente, au-delà du progrès de l'époque, était considérée par « l'ascendance manifeste », qu'elle causa la défaite du maire lors des élections suivantes. « Young Charleston » a été critiqué pour ses progrès audacieux, et le bâtiment est marqué par le surnom singulier de « Hutchinson's Folly ». Ce qui est un peu singulier, c'est que ce magnifique édifice est exclusivement réservé aux nègres. Un fait montrera à quel point la science du droit a été progressiste pour gouverner les nègres, alors que celles auxquelles l'homme blanc est soumis sont telles que celles que la bonne vieille Angleterre leur a conférées il y a quelques siècles. Pour les délits criminels et les cambriolages, un homme blanc est enfermé dans la prison commune ; puis traîné sur la place du marché, déshabillé et fouetté, pour que les nègres puissent rire « et aller voir le buckra l'attraper » ; tandis qu'un nègre est envoyé au workhouse, enfermé dans sa cellule pendant un certain temps, puis fouetté selon la science moderne, mais personne ne le voit sauf autorisation spéciale. Le nègre a ainsi l'avantage de la science et de l'intimité.

La prison est un bâtiment d'apparence sombre , avec toutes les marques de l'antiquité hardiment soulignées à l'extérieur. Il est entouré d'un haut mur de briques et ses fenêtres sont grillagées à double rangée de barreaux, suffisamment solides pour un pénitencier moderne. Dans l'ensemble, son aspect sombre et lugubre frappe ceux qui s'en approchent, avec la pensée et l'association d'une cruauté ancienne. Vous entrez par une porte à barreaux de fer et, de part et d'autre d'un portail étroit menant à droite, se trouvent quatre petites cellules et une cuisine crasseuse, ressemblant à un fumoir à l'ancienne. Ces cellules sont celles des débiteurs ; et tandis que nous nous évanouissions, après avoir rendu visite à un ami, un « camarade molâtre » boiteux, avec à peine des haillons pour couvrir sa nudité, et sale au-delà de toute description, se tenait devant ce qu'on appelait la porte de la cuisine. «

Ce pauvre objet abattu, dit notre ami, c'est le cuisinier. Il est accusé d'un délit – une des nuances particulières de ce délit pour lequel un nègre est honoré de la prison. « Il semble donc que la cuisine soit une punition à Charleston, et que le nègre subisse la peine », disions-nous. "Oui!" dit notre ami ; "Mais le pauvre garçon a une consolation souveraine dont peu de nègres à Charleston peuvent se vanter - et aucun des prisonniers ici n'en a - il peut avoir suffisamment à manger."

Le pauvre garçon nous tendit la main lorsque nous le dépassâmes et dit : « Massa, donne-toi un morceau de « bacca » au pauvre Abe ? Nous lui avons donné gratuitement tout ce qui était en notre possession.

Sur le côté gauche, après avoir passé la porte principale en fer, se trouvent les appartements du geôlier. En passant par une autre porte en fer, vous montez un escalier étroit et tortueux et atteignez le deuxième étage ; voici huit ou neuf cellules misérables, les unes grandes et les autres petites, mal aérées et entièrement dépourvues de tout mobilier ; et si elles sont mal aérées pour l'été, elles sont également mal pourvues de moyens pour les réchauffer en hiver. Dans une de ces chambres se trouvaient neuf ou dix personnes lorsque nous la visitâmes ; et la puanteur morbide qui s'en échappait était telle, que nous fûmes obligés de mettre nos mouchoirs sur notre visage. Cet étage est réservé aux délits tels que les coups et blessures; coups et blessures avec intention de tuer ; marins réfractaires; les déserteurs ; violer les statuts; soupçons d'incendie criminel et de meurtre ; les témoins; toutes sortes de crimes, allant du débiteur au meurtrier, au cambrioleur et au criminel. Nous aurions dû énumérer, parmi les autres, tous les intendants, (de couleur), qu'ils soient étrangers ou nationaux, qui sont condamnés pour cette singulière accusation, « contrairement à la loi ». Et il aurait dû être ajouté, même s'il était rejeté sur nos « rivages hospitaliers ». Parmi toutes ces différentes nuances de criminels, il doit y avoir des hommes très méchants. Et nous pourrions en citer trois qui nous ont été signalés comme des hommes très dangereux, mais qui ont pourtant bénéficié des faveurs de cet étage et de ses associations. L'un d'entre eux était un marin irlandais, condamné à trois ans et neuf mois d'emprisonnement par un tribunal américain pour révolte et tentative désespérée d'assassiner le capitaine d'un navire ; le suivant était un Allemand, soldat de l'armée américaine, condamné à un an et huit mois de prison pour le meurtre de son camarade ; et le troisième était un marin anglais qui tua une femme ; mais comme elle était de caractère douteux, le président des séances le condamna à une légère peine de prison, que le gouverneur gracia avec beaucoup de condescendance au bout de quelques semaines.

Les deux premiers faisaient office de préposés ou de geôliers adjoints ; à l'exception du tour de clé, qui privilégie le geôlier réservé à lui-même exclusivement. Le principe peut paraître étrange, qui place les hommes incarcérés sous des accusations aussi graves dans une position supérieure aux prisonniers ; et peut être discutable au regard de la discipline elle-même.

De cet étage, une autre porte en fer s'ouvrait, et un passage sinueux menait au troisième étage, où une troisième porte en fer s'ouvrait sur un vestibule, à droite et à gauche duquel se trouvaient des portes grillagées sécurisées par de lourds verrous et des barres. Celles-ci s'ouvraient sur des portails étroits avec des cellules sombres et lugubres de chaque côté. Dans le sol de chacune de ces cellules se trouvait un gros anneau de fer, destiné sans doute à enchaîner les prisonniers réfractaires ; mais nous avons été informés que ces prisonniers étaient détenus dans des cellules étroites en pierre, dans la cour, qui étaient communément occupées par des nègres et des condamnés à la peine capitale. Le nom inquiétant de ce troisième étage était « Mont Rascal », destiné sans aucun doute à désigner la classe de prisonniers qu'il contenait. On dit que le génie ne reste jamais oisif : le sol de ces cellules en portait la preuve dans une variété de très beaux spécimens de travail de sculpture et de fioritures, exécutés au couteau. Parmi eux se trouvait un crucifix bien exécuté ; avec le Rédempteur, sur le Calvaire, emblème d'espérance, montrant comment l'homme marquait les moments de fatigue de sa durée. Nous avons parlé avec de nombreux prisonniers et entendu leurs différentes histoires, dont certaines étaient vraiment douloureuses. Leurs crimes ont été diversement décrits, depuis celui du meurtre, de l'incendie criminel et du vol à la tire, jusqu'au criminel qui avait volé une paire de chaussures pour se couvrir les pieds ; l'un d'eux avait volé un pantalon, et un petit garçon avait volé quelques clés de porte. Trois garçons purgeaient leur peine pour meurtre. Un homme d'apparence distinguée, qui avait été condamné à trois ans de prison et à recevoir deux cent vingt coups de fouet au marché, à différentes époques, se plaignait amèrement de l'injustice de son cas. Certains avaient été fouettés au marché et attendaient le moment d'être à nouveau fouettés et libérés ; et d'autres ont été incarcérés parce qu'ils étaient soupçonnés et avaient été détenus dans cette cellule pendant plus de six mois, en attendant leur procès. Nous avons remarqué que cette pire injustice, « le retard de la loi », était ressentie encore plus par les détenus soupçonnés d'un vol dérisoire, qui, même s'ils avaient été déclarés coupables par un jury, n'auraient pas été soumis à plus d'une semaine d'emprisonnement. . Pourtant, l'adhésion à cet ancien système de jurisprudence pénale anglaise était telle qu'il était presque impossible pour la personne la plus innocente d'être entendue, sauf lors des sessions régulières, « qui siègent rarement et avec de grands intervalles entre elles ». Il existe en effet un tribunal municipal à Charleston, un peu plus moderne dans sa jurisprudence que les sessions. Il a son shérif et ses officiers municipaux, et remplit ses mandats plus fréquemment. Ainsi Charleston est-elle doublement dotée de shérifs et de fonctionnaires. Tous deux aspirent à une juridiction distincte dans les affaires civiles et pénales. Les prisonniers apparaissent comme de simples volants entre les shérifs, avec un avantage décisif en faveur du shérif du comté, qui est l'autocrate en règne sur la prison ; et tout criminel qui a la chance d'être entendu par le juge de la ville peut se considérer comme soumis à une obligation particulière envers le shérif du comté en échange de cette faveur.

Nous avons remarqué que ces cellules étaient beaucoup plus propres que celles du dessous, mais une odeur fétide s'en échappait. Nous avons constaté que cela provenait du fait que les cuves étaient autorisées à rester dans les pièces où les criminels étaient étroitement enfermés pendant vingt-quatre heures, ce qui, sous l'action de l'atmosphère humide et chauffée de ce climat, était suffisant à lui seul pour engendrer la contagion. . Nous parlions du manque d'aération et des fumées nocives qui semblaient presque pestilentielles, mais ils semblaient s'y être habitués et nous dirent que les chambres du côté sud étaient plus claires et plus confortables. Beaucoup d'entre eux parlaient joyeusement et s'efforçaient de contenir leurs sentiments, mais les rides sur leurs visages hagards n'avaient pas besoin de langue pour exprimer leur histoire.

La faim était le grand grief dont ils se plaignaient ; et si leurs histoires étaient vraies – et nous avons par la suite eu des preuves solides qu'elles l'étaient – il y avait un mépris gratuit de l'humanité commune et un abus de pouvoir des plus répréhensibles. L'allocation quotidienne était une miche de mauvais pain, pesant environ neuf onces, et une pinte de soupe maigre et répugnante, si nauséabonde que seul l'appétit le plus nécessaire pouvait être forcé de la recevoir, simplement pour entretenir la vie animale. Cela a été servi dans une poêle en fer blanc d'apparence sale, sans même une cuillère pour le servir. Un homme nous a raconté qu'il avait vécu de pain et d'eau pendant près de cinq semaines - qu'il s'était couché l'après-midi et avait rêvé qu'il dévorait un aliment sain pour calmer les envies de son appétit, et qu'il s'était réveillé avec du chagrin. n'était qu'un rêve. De cette manière, son appétit était doublement aggravé, mais il ne pouvait rien trouver pour apaiser ses besoins avant le lendemain matin. Pour ajouter à cette cruauté, nous avons trouvé deux hommes en détention étroite, les spécimens d'humanité les plus émaciés et les plus abjects que nous ayons jamais vus. Nous nous sommes demandé : « Seigneur Dieu ! était-il normal que l'humanité descende si bas ? Le premier était une créature désespérée et à l'air abattu, avec un visage abattu, contenant peu de traits humains pour marquer ses traits. Son visage était couvert de poils, et si complètement emmêlé de saleté et rendu diabolique par les touffes de cheveux grossiers qui pendaient sur son front, qu'un frisson d'horreur envahit nos sentiments. Il n'avait pas de chaussures aux pieds ; et un pantalon en lambeaux et les lambeaux d'une chemise rayée sans manches, attachés autour de la taille avec une ficelle, constituaient son seul vêtement. En vérité, il avait à peine assez de vêtements pour couvrir sa nudité, et celle-ci était si sale et si grouillante de vermine, qu'il gardait ses épaules et ses mains occupées ; tandis que sa peau était tellement incrustée de saleté qu'elle ne laissait aucune trace de son teint d'origine. De cette manière, il était étroitement confiné et ressemblait davantage à une bête sauvage qui ne voyait que ses gardiens lorsqu'ils venaient lui jeter sa nourriture. Qu'il ait été gardé de cette manière pour ses actes sombres ou pour couvrir la honte de ceux qui spéculaient sur sa misère, nous laissons au jugement du lecteur.

Nous avons demandé à ce pauvre mortel ce qu'il avait fait pour mériter un tel châtiment ? Il baissa la tête et agita ses lèvres fiévreuses. "S'exprimer!" avons-nous dit, "peut-être pouvons-nous vous faire sortir." «Je n'avais pas de chaussures et j'ai pris une paire de bottes chez le monsieur avec qui je travaillais», dit-il d'une voix basse et murmurante.

« Gracieux, mec ! » disions-nous, une paire de bottes ! et c'est tout ce pour quoi vous êtes ici ?

"Oui Monsieur! il habite sur le quai, il est très riche et c'est un homme bon : ce n'était pas de sa faute, car il a essayé de me faire sortir si je payais les bottes, mais ils ne l'ont pas laissé faire.

– Et depuis combien de temps es-tu ainsi enfermé ? avons-nous dit.

« Mieux que cinq mois, mais c'est parce qu'il n'y a pas de place dans les escaliers . Ils me promettent des vêtements depuis longtemps, mais ils ne viennent pas », a-t-il poursuivi.

"Et combien de temps encore dois-tu rester dans cet état ?"

« Eh bien, ils disent : « lors des audiences du tribunal en octobre ; » c'est quelque chose comme deux mois de congé ; le grand jury visitera alors la prison, et peut-être trouvera-t-il un projet de loi contre moi, et je serai jugé. Je m'en fiche s'ils ne me fouettent pas dans ce marché aux poissons.

« Alors tu n'as pas encore été jugé ? Eh bien, que Dieu donne la paix à cet homme pour qu'il puisse jouir de sa générosité, qui livrerait un pauvre objet comme toi à une telle cruauté ! avons-nous dit.

"J'ai grandi à Charleston - je ne sais ni lire ni écrire - je n'ai pas de père et ma mère est folle dans la maison des pauvres, et je travaille en ville pour gagner ma vie, quand je suis dehors!" a-t-il dit. Il y avait matière à réflexion dans le récit simple de ce pauvre garçon, que nous trouvâmes exact, corroboré par le geôlier.

"Avez-vous assez à manger?" nous avons demandé.

« Oh non, en effet ! Je pourrais manger deux fois plus, c'est le pire : ce ne serait pas mal seulement pour ça. Je me donne du pain le matin et de la soupe à midi, mais je n'ai rien à manger le soir, et un homme a très faim avant qu'il soit temps de se coucher », a-t-il déclaré.

Nous avons regardé autour de nous, et ne voyant rien sur quoi dormir, la curiosité nous a amenés à lui demander où il dormait.

"La prison nous permet d'avoir une couverture, c'est la mienne dans le coin : je l'étends le soir quand je veux me coucher", répondit-il avec contentement. Nous quittions le pauvre malheureux, car nos sentiments n'y tenaient plus. L'état de société qui réduirait ainsi un être humain, avait besoin de plus de pitié que les os calleux réduits à un tel lit. Il s'appelait Bergen.

L'autre était un jeune Irlandais, qui avait été traîné en prison en chemise, pantalon et chapeau, soupçonné d'avoir volé sept dollars à un camarade. Il était en prison depuis près de quatre mois, et, en ce qui concerne la saleté et la vermine, c'était la contrepartie de l'autre. Une odeur de mort, si insupportable que nous nous arrêtâmes sur le seuil, s'échappait de la chambre dès que la porte s'ouvrait, à détruire une constitution commune, dont ses membres décharnés portaient le plus fort témoignage.

Les prisonniers du deuxième étage avaient le privilège de la cour à certaines heures de la journée, et les débiteurs à toute heure de la journée ; pourtant, tous étaient soumis au même tarif. Dans la cour se trouvaient un certain nombre de cellules très rapprochées qui, comme nous l'avons dit précédemment, étaient réservées aux nègres, aux criminels réfractaires et aux condamnés à la peine capitale. Ces cellules semblaient être tenues pour terroriser les criminels, et c'était bien possible, car nous n'avons jamais rien vu de plus lamentable pour l'habitation de l'homme.

CHAPITRE XIII.
COMMENT C'EST.

Notre objectif est de montrer au lecteur combien d'abus de pouvoir flagrants existent à Charleston et de lui en indiquer la source. Ce faisant, la tâche devient délicate, car il y a tant de choses que nous pourrions souhaiter qu'elles ne soient pas ainsi, parce que nous savons qu'il y a beaucoup de bons hommes dans la communauté dont les sentiments sont enrôlés dans le droit, mais dont le pouvoir n'est pas égal ; et si c'était le cas, cela est freiné par une influence opposée.

Les classes inférieures les plus intelligentes considèrent le sujet de la politique sous son vrai jour : elles voient l'effet dévastateur que la doctrine de l'annulation a sur leurs intérêts ; Pourtant, bien que leur nombre ne soit pas peu élevé, leur voix est faible et ne peut pas se faire entendre par les canaux qui exercent une influence populaire. Ainsi, toutes les castes de la société sont gouvernées par des abstractions impraticables.

La prison appartient au comté : les autorités municipales n'y ont pas voix au chapitre ; et l'État, dans sa bienveillance législative, a pourvu à trente cents par jour pour l'entretien de chaque prisonnier. Cette petite somme, dans l'État de Caroline du Sud, où les provisions sont extrêmement élevées, peut être considérée comme une somme dérisoire ; mais cela est plus particulièrement vrai lorsqu'on considère les magnifiques prétentions de la Caroline du Sud et qu'on compare cette maigre allocation avec celle des autres États. Même la Géorgie, son État frère, et dont la simple modestie est vraiment digne de ses citoyens entreprenants, a une vision plus éclairée de la situation d'un criminel - alloue quarante-quatre cents par jour pour son entretien et le traite comme s'il était réellement un criminel. être humain. Mais pour cette disparité et la négligence gratuite des sentiments humains, les Caroliniens du Sud s'excusent en arguant qu'ils n'ont pas de pénitencier ; Ils ne croient pas non plus à ce système de punition, prétendant qu'il crée une concurrence inappropriée avec les mécaniciens honnêtes et donne un visage au crime, parce qu'il tente d'améliorer les criminels. La prison commune devient le lieu de l'enfermement, tandis que le poste de flagellation et la famine fournissent les correctifs.

Le shérif étant créé fonctionnaire absolu, doté de pouvoirs illimités pour contrôler la prison dans toutes ses fonctions variées, sans commissaires ni comité de prison, à quel état de gestion peut-on s'attendre ? Le tribunal ne donne aucune directive spécifique quant à l'appartement ou au mode de détention lorsqu'il condamne un criminel ; par conséquent, il devient un fait établi que la confiance législative déposée envers le shérif est utilisée comme moyen de faveurs, à distribuer de la manière qui convient le mieux aux sentiments ou aux intérêts du titulaire. Un tel pouvoir, entre les mains d'un homme arbitraire, vindicatif ou avare, offre des moyens illimités d'abus et sans crainte d'être découvert.

On peut déduire de ce que nous avons dit que le geôlier était détendu dans son devoir. Ce n'est pas le cas, car nous avons de bonnes sources selon lesquelles un homme plus bon et plus bienveillant n'a jamais occupé cette fonction. Mais son pouvoir était si limité par ceux qui détenaient un contrôle absolu, que sa fonction est devenue une simple tâche de clé en main, pour laquelle il était payé la somme dérisoire de cinq cents dollars par an ou environ. Il s'acquittait ainsi de son devoir selon les instructions du shérif, qui, comme on le savait, considérait la prison comme un moyen de spéculation ; et en accomplissant ses desseins, il donnait des instructions très bienveillantes en paroles, et en même temps retenait les moyens de les réaliser, comme le très bon homme qui prêchait toujours mais ne pratiquait jamais .

Maintenant, comment ça va ? Quel est le régime de cette prison-prison et comment est-il assuré ? Nous ne dirons rien de ce travail pénible que le geôlier accomplit pour sa petite somme ; ni le bruit que le bureau du shérif vaut quatorze mille dollars par an : ces choses sont trop bien établies. Mais la loi prévoit trente cents par jour pour l'entretien du prisonnier, qui seront reçus par le shérif, qui doit procurer une livre de bon pain et une livre de bon bœuf par jour pour chaque homme. Or cette disposition est susceptible d'une construction très élastique. Le pauvre criminel reçoit une miche de mauvais pain, coûtant environ trois cents, et une livre de viande, la plus malsaine et la plus maladive en apparence, coûtant cinq cents. En laissant cependant une marge, on peut dire que le titulaire a un très joli bénéfice de dix-huit à vingt centimes par jour sur chaque prisonnier. Mais comme aucune disposition n'est prise contre la possibilité pour le criminel de manger sa viande crue, il est très délicatement contraint à une alternative qui présente un autre enjeu profitable pour le shérif ; celle de prendre une pinte d'eau diluée, très improprement appelée soupe. Ainsi s'applique cette ancienne loi de l'Angleterre qu'elle-même a maintenant honte de reconnaître. Nos sentiments sont naturellement éveillés contre la perpétration de tels abus contre l'humanité souffrante. Nous luttons entre le désir de bien parler de celle qui a le pouvoir de les pratiquer , et un devoir impératif qui nous commande de parler au nom de ceux qui ne peuvent pas parler pour eux-mêmes.

Ces choses ne pourraient pas exister si l'esprit public était correctement éclairé. Il n'est pas nécessaire de consacrer beaucoup de temps à dénoncer des abus aussi palpables, ni à rechercher la cause de leur existence et de leur persistance. L'une des causes de ce phénomène est l' aveuglement volontaire et la stupide gasconde de certains de ceux qui dirigent et forment l'opinion publique. Avec les Caroliniens du Sud, rien n'est fait en Caroline du Sud qui ne soit plus grand que ce qui a jamais été fait aux États-Unis - aucune bataille n'a jamais été menée sans que la Caroline du Sud ne soit gagnée - aucun homme d'État n'a jamais été égal à M. Calhoun - aucune confédération ne serait égale. au Sud, avec la Caroline du Sud à sa tête - aucune doctrine politique ne contient un élément aussi vital que la sécession, et aucune société de l'Union n'est égale à la Caroline du Sud en termes de caste et d'élégance - à l'exception de la digne et savante aristocratie de Boston.

La volonté de faire ce qu'elle veut et d'agir comme bon lui semble, sans retenue nationale, est le grand inconvénient sous lequel la Caroline du Sud raconte son récit gémissant de détresse politique. Qu'elle considère sa gloire douteuse sous son vrai jour - qu'elle observe les droits d'autrui et fonde ses actes dans la justice ! - annihilez son esprit avide, et elle trouvera un pouvoir adéquat à sa propre préservation. Elle peut alors montrer au monde qu'elle encourage les masses et qu'elle est déterminée à persévérer dans cette politique modérée et indulgente qui crée sa propre protection, mérite l'admiration à l'étranger, au lieu de la réprimande, et qui n'a pas besoin d'une magnifique démonstration militaire pour ramener la paix. à la pointe de la baïonnette.

CHAPITRE XIV.
MANUEL PEREIRA ENGAGÉ.

Il était presque onze heures lorsqu'ils montèrent les marches de la prison et sonnèrent pour être admis. Le geôlier, un homme gros et rude, ouvrit la porte de fer, et comme Manuel s'apprêtait à enjamber le rebord de pierre, Dunn lui donna une brusque poussée qui l'envoya tête baissée sur le sol. "Cieux! et maintenant?" » demanda le geôlier avec un air étonné, et au moment suivant, Dunn leva le pied pour donner un coup de pied à Manuel au visage.

« Espèce de bête infernale!» dit le geôlier, tu ressembles plus à un sauvage qu'à un homme, tu es ivre maintenant, espèce de vagabond, et il sauta entre eux pour le sauver de l'effet du coup. Ce faisant, le monsieur qui les accompagnait depuis le « magasin du coin », pour se protéger de la cruauté de Dunn, lui donna un coup sur la nuque qui le fit chanceler contre une porte et créa une telle confusion qu'il éveilla la confusion. toute la prison. Se tournant vers Manuel, celui-ci, avec l'aide du geôlier, le releva de terre et le conduisit dans le bureau de la prison. « Monsieur le geôlier », dit Dunn, « le prisonnier est à moi jusqu'à ce que vous receviez l'engagement, et j'exige de vous votre protection contre cet homme. Il m'a commis deux agressions violentes, alors que je faisais mon devoir.

« Vous avez violé tous vos devoirs et ressemblez davantage à un démon incarné. Vous attirez d'abord les hommes dans les débits de rhum, puis vous les pillez et les maltraitez, parce que vous pensez qu'ils sont noirs et qu'ils ne peuvent obtenir réparation. Vous avez maltraité cet homme sans pitié, parce que vous saviez que son témoignage n'était pas valable contre vous ! » dit le gentleman en se tournant vers le geôlier et en lui donnant les détails de ce qu'il avait vu dans le « magasin du coin », et quelles cruautés il avait vu pratiquées par Dunn en d'autres occasions.

Le geôlier regarda Manuel avec commisération et lui tendit une chaise pour s'asseoir. Le pauvre garçon était excité et fatigué, car il n'avait rien mangé ce jour-là, et avait été traité plus comme une brute que comme un être humain depuis le moment où il quitta le navire jusqu'à son arrivée à la prison. Il accepta volontiers cette aimable offre et commença à raconter l'histoire de son traitement.

« Vous n'avez pas besoin de me le dire, j'en sais déjà trop sur cet homme. La raison pour laquelle il reste en fonction est depuis longtemps un mystère pour moi.

Ici, Dunn l'interrompit. « Bien sûr , c'est à votre maître que j'obéirais et non à vous-même , et je ferais ce que je voudrais plaire aux prisonniers, et c'est son affaire et pas vous . Si vous aviez le choix, vous feriez certainement des hommes blancs avec tous les nègres sur qui vous avez tourné la clé.

«Ne me donnez pas votre insolence», dit le geôlier. « Vous n'avez aucune autorité au-delà de ma porte. Votre traitement brutal envers les prisonniers m'a causé d'immenses ennuis, plus que mon salaire dérisoire ne me pousserait à rester . Et si vous étiez inculpé pour ces attentats ? Quel serait le résultat ? demanda le geôlier.

« Bien sûr , c'est moi-même qui pourrais répondre du shérif, sans que vous vous en souciiez . Je ne travaillerais pas pour vous , mais pour lui ; et de toute façon, il est votre maître et il sait tout. Donnez-moi le reçu, et c'est tout ce que je vous ferais . Quand un nègre ne me dérange pas, je lui fais simplement ressentir le plaisir d'un bâton d'hickory.

"Oui, si tu avais en toi la honte d'un homme, tu ne te transformerais pas en bête avec de l'alcool, et tu ne traiterais pas ces pauvres intendants comme s'ils étaient des chiens", dit le geôlier.

« En effet, vous pourriez apprendre une chose ou deux si vous étiez un politicien comme moi et apparteniez au parti de la sécession. Et si Son Honneur le shérif - car c'est un homme élégant - savait que vous prêcheriez dans cet état, vous ne resteriez pas en prison le matin. Laissez-moi sortir et faites grand cas du nègre ; vous l'avez là.

Le geôlier a déverrouillé la porte et l'a laissé s'évanouir, avec une réprimande pertinente. Ce n'était qu'une affaire insignifiante aux oreilles de Dunn, car il connaissait trop bien les sentiments de son maître et était soutenu par lui dans ses démarches les plus intolérables. De retour au bureau, il regarda l'engagement, puis de nouveau Manuel. « Il s'agit d'une affaire « contraire à la loi », je vois, M. Manuel ; vous aussi, vous êtes un homme susceptible d'entrer dans cette catégorie, dit-il.

"Oui. Si je comprends bien, c'est un marin naufragé, appartenant à un navire étranger qui est arrivé ici en détresse », a déclaré l'homme. « C'est une loi dure qui emprisonne un marin de couleur qui vient ici volontairement ; mais il semble au-delà de toute sorte de précédent d'emprisonner ainsi un naufragé, surtout quand il semble si respectable. Aucune circonstance ne justifie l'application d'une telle loi. En disant ces mots, il quitta la prison.

Qu'on dise du geôlier, en son honneur, en termes de gentillesse personnelle, il a fait de son mieux : il lui a apporté de l'eau pour se laver et lui a donné des vêtements propres. Après quoi, il fut inscrit au calendrier criminel comme suit :

« 24 mars 1852.— Manuel Peirire .—[Commis par] Shérif—Shérif. Crime : contraire à la loi.

Maintenant, le geôlier avait fait son devoir, en ce qui concerne ses sentiments ; mais les exigences sévères de la loi étaient telles, et ses fonctions si restreintes par M. Grimshaw, qu'il n'osait faire de distinctions. Il a appelé Daley, l'un des assistants criminels, et lui a ordonné de montrer sa chambre au prisonnier.

« Tiens, mon garçon, prends ta couverture », dit Daley ; et lui jetant une couverture grossière et sale, il lui dit de la rouler et de le suivre. « C'est au deuxième étage que nous vous mettrons, parmi les stewards ; il y en a beaucoup pour vous tenir compagnie , et vous passerez un bon moment, mon garçon. Manuel suivit la deuxième porte en fer jusqu'à ce qu'il arrive à une grande porte sécurisée par de lourds verrous et barres, que Daley commença à retirer et à déverrouiller. « Ne le prenez pas mal ; c'est un très bon berceau, qui sauve le lit, et c'est ça le pire. Pas de chance pour le vieux Grimshaw, et lui-même pense que les os de tout le monde sont aussi en lambeaux que les siens », dit Daley, et il ouvrit les lourdes portes, envoyant ces bruits inquiétants de prison. "Tout ici? Ah ! vous êtes un joli groupe d'agneaux, comme l'appelle le consul britannique oui . Avez-vous déjà une goutte à perdre ? À ce moment-là, trois ou quatre hommes noirs d'apparence respectable se sont présentés à la porte et ont salué Manuel. "Viens, parle-lui, car le vieil homme sera sur la piste." À cela, l'un des stewards confinés, un grand et beau mulâtre, passa la main dans une grande ouverture dans le mur et en sortit une petite bouteille de soda remplie de whisky Monongahela. Sans laisser de temps raisonnable pour la politesse, Daley saisit la bouteille et la porta à sa bouche, en versa environ la moitié de son contenu dans son département d'homosexualité , se fit claquer les lèvres, s'essuya la bouche avec son brassard et, rendant la balance, la ferma et la reverrouilla. la porte, après avoir dit: "Bonne chance jusqu'à oui , et je vous souhaite un joyeux moment." Le lecteur peut imaginer quelles dispositions l'État ou le shérif avaient prises pour le confort de ces pauvres hommes, dont l'un fut emprisonné parce qu'il était « contraire à la loi » d'être conduit en détresse dans le port de Charleston, et les autres, paisiblement. , citoyens inoffensifs appartenant à des États et pays lointains, et coupables d'aucun crime, quand on décrit la chambre et le régime auquel ils étaient soumis. La pièce mesurait environ vingt-six pieds de long et dix pieds de large. Les murs de briques étaient enduits et colorés d'une sorte de lavis bleu, qui, cependant, était si presque oblitéré par la saleté et l'humidité du climat méridional, qu'il ne restait que peu de chose pour montrer quelle était sa couleur originale. Les murs étaient couverts de l'humidité condensée de l'atmosphère, les araignées pendaient au-dessus de leurs têtes leurs réseaux festonnés, et les cafards et les fourmis, ces ravageurs domestiqués de la Caroline du Sud, couraient en essaims sur le sol et détenaient tous les droits légaux aux rations avec un mépris absolu. Deux petites ouvertures dans le mur, d'environ quatorze pouces carrés, et fermées par de lourds fers plats, servaient à laisser entrer la lumière et l'air. Le lecteur peut ainsi juger de son aspect sombre et de la misérable cellule malsaine dans laquelle placer les hommes fraîchement arrivés de la mer. Il n'y avait pas le premier vestige de mobilier dans la pièce, non ; même un banc pour s'asseoir, car l'État, avec sa gracieuse hospitalité, a oublié que les hommes en prison s'assoient toujours ; mais cela était conforme à toutes les autres choses que l'État laissait au contrôle de ses fonctionnaires.

« Dois-je être puni dans cet endroit misérable ? Eh bien, je ne vois pas où je vais ; et n'ai-je rien d'autre sur quoi m'allonger que le sol et ce tapis rempli de créatures vivantes ? demanda Manuel à ceux qui étaient déjà habitués à cette épreuve.

"Rien! rien! Amenez votre esprit à réaliser le pire et oubliez la cruauté pendant que vous la souffrez ; ils nous ont laissé sortir une partie de la journée. Nous sommes enfermés aujourd'hui parce qu'un des assistants a volé l'alcool de mon ami et il a osé l'accuser du vol, parce qu'il était un homme blanc », a déclaré un grand et beau mulâtre du nom de James Redman. , qui était steward à bord d'un navire de Thomastown (Maine), et a déclaré qu'il avait déjà visité Charleston et qu'en payant cinq dollars à l'un des officiers, il était resté à bord du navire sans être inquiété.

« Et combien de temps devrai-je souffrir de cette manière ? demanda Manuel. « Puis-je ne pas avoir mon propre lit et mes propres vêtements ?

« Oh, oui », a déclaré Redman ; « tu peux les avoir, mais si tu les amènes ici, ils ne vaudront rien quand tu partiras ; et les prisonniers à cet étage sont si affamés et sans ressources, que la nécessité les force à voler tout ce qui se présente sur leur passage ; et les assistants sont autant impliqués que les prisonniers. Vous vous en sortirez difficilement ; mais faites comme nous dans le calme, attendez que le vent souffle et priez pour le meilleur. Si vous dites quelque chose ou si vous vous plaignez, le shérif vous ordonnera de vous enfermer au troisième étage, et c'est pire que la mort elle-même. La première chose à faire est de préparer quelque chose à manger. Nous le payons ici, mais nous ne l'obtenons pas ; et vous mourriez de faim avant de manger ce qu'ils leur donnent aux pauvres prisonniers blancs. Ils souffrent encore plus que nous, mais ils ont des chambres plus propres. »

"Je prie pour ma délivrance d'un endroit comme celui-ci."

Ses manières et son apparence suscitèrent immédiatement le respect des personnes présentes, et celles-ci se mirent immédiatement au travail, avec tous les moyens du bord, pour le mettre à l'aise. Joseph Jociquei , un jeune homme qui avait été enlevé d'un navire qui venait d'arriver de Rio, et qui avait plus de chance que les autres, d'avoir un matelas, voyant la faiblesse de Manuel, l'enleva aussitôt de sa place et l'étala sur le sol, l'invita à se coucher. L'invitation était aussi acceptable que gentille de la part de Jociquei , et le pauvre garçon y posa ses membres fatigués et tomba presque simultanément dans un profond sommeil. Manuel a continué à dormir. Son visage et sa tête portaient des cicatrices à plusieurs endroits ; qui étaient habillés et recouverts de morceaux de plâtre fournis par le geôlier. Ses compagnons, c'est ainsi que nous appellerons ceux qui étaient confinés avec lui, étaient assis autour de lui, discutant des circonstances qui l'avaient amené là et de la manière dont ils pourraient le mieux soulager ses souffrances. "C'est comme si j'avais été sauvé ", a déclaré Redman. « Et je parie que ce policier roux, Dunn, l'a élevé et l'a maltraité dans tous ces magasins hollandais. Je ne connaissais pas la loi, et il m'a obligé à lui donner trois dollars pour ne pas me mettre les menottes, et j'ai ensuite dû le soigner dans tous les magasins de grog où nous venions. Oui, et le dernier magasin où nous étions, il il m'a jeté de l'alcool au visage, a maudit le Hollandais qui tenait le magasin, m'a donné des coups de pied et a essayé par tous les moyens du monde de faire des histoires. Si je ne connaissais pas trop bien la loi ici, je le fouetterais certainement. J'ai souffert du besoin de ces trois dollars depuis que je suis ici. ' Deux m'a épargné pour le café. Nous n'avons ni café ni pain ce soir, car nous avons donné notre part de mauvais pain aux prisonniers blancs, mais nous devons faire quelque chose pour que ce pauvre garçon se sente à l'aise. Je sais que le connétable l'a fait monter toute la journée, et il aura faim dès qu'il se réveillera.

« Ne recevra-t-il pas son allocation aujourd'hui comme un autre prisonnier ? » s'enquit Copeland, un steward noir trapu, bien fait, à la peau foncée, qui avait autrefois tenu un salon de coiffure dans Fleet Street , à Boston, mais qui était maintenant attaché à la goélette Oscar Jones, Kellogg, capitaine.

"Oh! non, monsieur, » dit Redman, « cela est contraire aux règles de la prison – tout est fait selon les règles ici, même jusqu'à payer pour ce que nous n'obtenons pas et à affamer les prisonniers. Un homme qui n'arrive pas avant onze heures ne reçoit aucune ration jusqu'au lendemain matin. Je le sais, parce que j'ai eu une dispute avec le geôlier à ce sujet, le premier jour où j'ai été amené ; mais il m'a donné un pain de sa propre maison. Le vieux shérif ne permet jamais que quelque chose se fasse en dehors des règles, car il est plus serré qu'un piège. Ce n'est pas ce que vous souffrez dans cette cellule, mais c'est ce que vous ne pouvez pas manger ; et si ce pauvre homme n'a pas d'argent, il souhaitera se retrouver à nouveau à côté du fourgon de queue avant de sortir. Les pauvres gens étaient poussés à l'extrême en fournissant de la nourriture pour survivre. Ils rassemblèrent leurs petits moyens et, en donnant une somme au garçon noir du shérif (un homme plus intelligent, plus courtois et plus généreux que son maître), ils se firent apporter une mesure de café, de sucre et de pain. la mère de l'invention avec eux, car ils s'étaient procuré un tonneau pour vingt-cinq cents, et l'avaient fait tenir lieu de table. Avec quelques chips qui leur étaient apportées par une gentille femme de couleur qui faisait leur lessive et leur accordait de nombreux petits gestes de gentillesse, ils allumèrent un feu, supportèrent l'agacement d'une fumée épaisse s'échappant de la vieille cheminée et préparèrent leur petit souper. Dès qu'il fut sur la table, ils réveillèrent Manuel et l'invitèrent à se joindre à leur humble repas. Le pauvre garçon se leva et, regardant autour de lui cet endroit sombre et semblable à une caverne, il poussa un profond soupir. "C'est dur d'être amené à ça pour rien !" a-t-il dit; « et mes os sont si douloureux que je peux à peine bouger. Il faut que je voie le capitaine et le consul.

« Cela ne servira à rien ; autant se taire et boire son café. Un prisonnier qui en dit le moins dans cette prison est dans une meilleure situation », a répondu Redman.

Manuel prit son bol de café et un morceau de pain, le mangea de bon appétit et demanda à quelle heure ils prenaient le petit déjeuner. « C'est la première fois que je suis maltraitée dans un pays étranger. Je suis portugais, mais citoyen de Grande-Bretagne, et j'ai obtenu ma protection. Si cela ne me sauvera pas, je ne reviendrai plus jamais en Caroline du Sud, ni ne naviguerai là où un drapeau ne me protégera pas. Quand je vais parmi les Patagons, je sais ce qu'ils font ; mais quand je navigue vers les États-Unis ou que je suis rejeté sur eux, je ne sais pas ce qu'ils font, parce que j'attends de bonnes personnes. * * *

« Ne vous inquiétez pas, mon brave garçon, » dit Redman ; « Courage, prends-le comme un bon marin prendrait une tempête, et le matin tu auras une petite miche de pain aigre et un seau d'eau pour le petit déjeuner, si tu vas à la pompe pour cela. Attention à modérer votre appétit lors du petit-déjeuner selon les règles de l'État ; car vous devez épargner suffisamment pour tenir toute la journée, et si vous parvenez à respecter le « jour du banyan », comme l'appelle le Bluenose, vous êtes tout simplement l'homme de cette institution, et ne vous y trompez pas. Viens, je vois que tu as faim ; bois un autre bol de café et mange beaucoup de pain ; alors tout ira bien pour un autre bon sommeil.

« Oui, mais je ne m'attends pas à rester ici longtemps. Mais dis-moi, est-ce qu'on n'aura rien de plus qu'un pain ? la prison ne nous a-t-elle pas offert ce dîner ? » demanda-t-il avec surprise.

« Souper, en effet ! Il est interdit aux prisonniers de prendre du café ; ce sont nos fixations privées ; mais vous aurez une livre d'os du cou ensanglanté, qu'on appelle du bœuf, le matin. J'ai jeté deux fois le mien au chien, mais il ne semble pas m'en remercier ; alors j'ai dit au cuisinier qu'il n'avait plus besoin de déranger ses aciéries pour moi.

La conversation de Redman fut interrompue par un bruit qui ressemblait à celui de la cloche de la prison, et l'expression anxieuse exprimée par Manuel indiquait qu'il s'attendait à ce que quelqu'un vienne le voir. Il ne fut pas déçu, car quelques minutes après, on entendit les verrous se retirer et la lourde porte s'ouvrir. Là, fidèle à sa charge, se trouvait le petit Tommy, dans sa plus belle tenue bleue, avec une touche d'homme de guerre, avec son chapeau à tresses palmettes , un long ruban noir affiché sur le bord, ses cheveux coiffés. si lisse, et sa petite figure ronde et ses joues rouges si rebondies et pleines de la gaillardise du marin, avec son col de chemise bleu tressé posé sur sa veste, et posé autour du cou, avec un mouchoir indien noir, attaché à la gorge avec l'articulation de la colonne vertébrale d'un requin. Il ressemblait à l'image et au motif d'un sel Simon-Pure. Il s'était frayé un chemin à travers des rues et des ruelles étranges, avec un gros sac à dos sous le bras, dont Daley l'avait soulagé à la porte et l'avait apporté dans la pièce sous son bras. Dès que Manuel l'aperçut, il se leva et serra le petit bonhomme dans ses bras avec une tendre étreinte. Aucune salutation ne pourrait être plus touchante. Manuel exultait en voyant son petit compagnon ; mais Tommy eut l'air attristé et demanda : « Mais qu'est-ce qui t'a autant marqué le visage, Manuel ? Vous n'aviez pas cette apparence lorsque vous avez quitté la cellule. Nous avons eu un site où des gens sont venus nous voir aujourd'hui.

« Oh ! ce n'est rien ! C'est juste une petite chute que j'ai eue ; ne le dites pas au capitaine : tout ira bien demain.

« Tiens, Jack, prends ton sac à dos ; avez -vous déjà apporté une goutte d'alcool au steward ? » dit Daley en s'adressant à Tommy et en posant le paquet par terre.

"Oui, Manuel!" dit Tommy, le capitaine vous a envoyé du bon pain et du jambon, des oranges et des raisins secs, et une bouteille de bon bordeaux, car le consul lui a dit qu'ils ne leur donnaient rien à manger à la prison. Et je les ai tirés , je vous le dis. Je me suis perdu une fois et j'ai demandé à un garçon noir de bonne humeur de me piloter pour trois pence Victoria , mais il n'aimait pas porter le paquet à la prison, par peur de son maître. Le capitaine se lèvera tôt le matin, s'il peut s'éloigner de ses affaires », dit le petit goudron en ouvrant la musette et en sortant son contenu pour tenter les appétits affamés de ceux qui l'entouraient.

Daley prit très froidement la bouteille de bordeaux par le col et, la tenant entre lui et la lumière, il jeta un coup d'œil lunaire, comme s'il doutait de son contenu ; puis, le posant, il s'écria : « Ah ! diable , un rouge que je te donnerais pour ton bordeaux. Bien sûr, pourquoi n'avez-vous pas apporté un gage de bon vieux matériel ? "Matériel! qu'est-ce que le matériel ? demanda Manuel. « Ah ! dérangez la bande de oui - un drap de vieux whisky, ça ferait jouir le délice f'nent . N'avez-vous jamais porté un drap parmi tous les oui ? Recevant une réponse négative, il se retourna avec un Kilkenny : « Cela ne signifie rien » et se dirigea en trottinant vers la porte, qu'il laissa ouverte, pour attendre le retour de Tommy. Redman connaissait trop bien la propension de Daley, et ayant la preuve oculaire qu'il avait mouillé l'autre œil jusqu'à ce que cela exigeait un effort plus que ordinaire pour que l'un ou l'autre reste ouvert, il refusa de reconnaître son allusion très significative.

Dès que Daley se retira, Manuel invita ses compagnons à partager le cadeau du capitaine , ce qu'ils firent avec la satisfaction générale.

CHAPITRE XV.
LA INTRICITÉ DE LA LOI.

Pendant que se déroulaient les scènes que nous avons décrites dans le chapitre précédent, plusieurs scènes très intéressantes se déroulaient au bureau du consul et dans d'autres lieux, que nous devons décrire. Le gouvernement britannique, dans ses instructions à M. Mathew, lui a fait comprendre la nécessité d'être très prudent de peur qu'il ne porte préjudice de quelque manière aux intérêts des institutions locales relevant de sa juridiction consulaire ; ne faire aucune demande incompatible avec les lois locales ; mais de suivre une voie judicieuse en soumettant correctement la question des sujets de Sa Majesté à l'examen des autorités légales, et d'indiquer le véritable grief ; et comme il s'agissait d'une question de droit affectant les intérêts et les libertés de ses citoyens, demander l'exercice de ce pouvoir judiciaire dont elle était en droit d'attendre justice. L'objet principal était de vérifier si cette interprétation particulière donnée à cette loi locale qui interdit aux hommes de couleur libres de pénétrer dans les limites de l'État, était légale dans son application à ceux qui entrent dans ses ports en relation avec les intérêts maritimes, poursuivant une vocation honnête et ayant l'intention de partir dès que leur navire serait prêt. Le consul fut censuré par la presse de plusieurs États esclavagistes parce qu'il avait osé porter l'affaire devant le corps législatif local. Nous devons dire que le consul Mathew, connaissant les préjugés prédominants des Caroliniens, a agi avec sagesse en agissant ainsi. Premièrement, il connaissait la valeur tenace qu'ils attachaient à la courtoisie ; deuxièmement, le point en litige entre la Caroline du Sud et le gouvernement fédéral (et, comme l'a dit un jour un éminent ami de Géorgie, « Que la Caroline du Sud appartienne aux États-Unis, ou les États-Unis à la Caroline du Sud » ») et troisièmement, le droit de souveraineté de l'État, que la Caroline du Sud considère comme de première importance. Ignorer le premier aurait été considéré comme une insulte aux sentiments de son peuple ; et si la question avait d'abord été évoquée auprès du gouvernement fédéral, la colère des Caroliniens du Sud aurait été déclenchée ; l'insulte visant à la placer dans une position secondaire aurait sonné la trompette de guerre des empiètements de l'abolition, tandis que ces derniers auraient été considérés comme un abus de confiance et un mépris injustifié de sa revendication des droits de l'État. L'Exécutif transmettait les documents à l'Assemblée, cet organe les renvoyait à des comités spéciaux, et MM. Mazyck et McCready, comme tout le monde en Caroline du Sud s'y attendait, firent rapport en donnant virtuellement au consul britannique une invitation très significative à garder ses pétitions dans sa poche pour l'avenir, et ses « agneaux noirs » hors de l'État, sinon cela pourrait perturber leurs idées domestiquées. Ainsi, le droit leur était clairement réservé, et la question était réglée, en ce qui concerne la législature de l'État. La prochaine solution pour M. Mathew était de faire appel au pouvoir judiciaire et, si la réparation était refusée, d'en faire le moyen de porter l'affaire devant les tribunaux fédéraux.

Nous ne pouvons nous empêcher de dire que l'opposition acharnée menée contre cet appel de l'humanité commune est née de l'influence politique, soutenue par un groupe d' ultra partisans , dont les restrictions théoriques, assistées par la voix de la presse, répondaient à l'esprit de guerre du pays. abstractionnistes.

Le consul britannique, en tant que représentant de son gouvernement, connaissant les souffrances personnelles auxquelles les sujets de son pays étaient soumis par l'état misérable de la prison de Charleston et de sa gestion, ne chercha à supprimer aucune restriction qui pourrait être nécessaire pour protéger leurs dangereux prisonniers. institutions, mais pour soulager ces souffrances. Il avait signalé aux autorités l'état misérable de la prison et le régime inhumain qui y régnait ; mais, que ce soit à cause de cette insouciance suprême qui s'est si matérialisée dans l'esprit de la société - cette insensibilité au malheur si fortement manifestée par les riches envers les pauvres travailleurs et les esclaves - ou par un mépris pour ses opinions, parce qu'il avait suivi les instructions de son gouvernement, les choses se déroulèrent de la même manière négligée et aucune attention n'y fut prêtée.

Maintenant, nous osons affirmer qu'une grande partie de l'excitation provoquée par la question est née de souffrances personnelles, consécutives à l'état misérable des dispositions carcérales qui existent en Caroline du Sud et qui, pour le moins, est dégradant pour la population. l'esprit et le caractère d'un peuple fier. Si l'on pouvait invoquer, pour excuse, les finances ruinées de l'État, on pourrait tolérer quelque abus. Mais ce n'est pas le cas; et lorsque ses privilèges reviennent à des hommes qui font de la souffrance le moyen de servir leurs propres intérêts, son existence devient un outrage.

Une preuve plus solide de la cause de ces remontrances de la part du gouvernement britannique est démontrée par la manière dont elles ont été soumises en Géorgie. Le consul britannique du port de Savannah, un gentleman dont l'intelligence et les sentiments humains ne sont pas moins remarquables que ceux de M. Mathew, n'a jamais eu l'occasion d'attirer l'attention de l'exécutif de Géorgie sur l'abus de pouvoir consécutif à l'emprisonnement de marins de couleur. appartenant aux navires de la Grande-Bretagne dans ce port. Le marin fut emprisonné, par conséquent privé de liberté ; mais il n'y avait aucune souffrance autre que la perte de liberté pendant le séjour du navire ; car l'emprisonnement lui-même était une chose symbolique ; les prisonniers étaient bien soignés ; il avait de bons appartements confortables, propres et bien ordonnés, loin des criminels, et une nourriture saine et bonne à manger en abondance. Il y avait même une satisfaction à cela, car l'homme recevait ce pour quoi il avait payé et était traité comme s'il était réellement un être humain. Ainsi, à l'exception de la restriction de la liberté de l'homme, et de ce mal que les intéressés au commerce considéreraient comme un impôt sur les intérêts maritimes du port pour entretenir une police municipale , parce qu'il impose un impôt et des ennuis onéreux aux propriétaires pour ce qui ne les intéresse pas et ne peut en tirer aucun bénéfice, l'observance de la loi entraînait plus de pénalités en anxiété mentale qu'en souffrances corporelles. Nous avons parfois été incapables d'expliquer la restriction, même telle qu'elle existait en Géorgie, et surtout si l'on considère le caractère de ceux qui contrôlent et développent les affaires commerciales entreprenantes de Savannah.

Mais nous devons retourner en Caroline du Sud. Si nous considérons cette loi comme un règlement de police, elle ne fait que nous donner une plus grande latitude. Si une communauté possède en elle ce qui est dangereux pour son bien-être, il devient pertinent de se demander s'il n'existe pas un état imparfait de la société et si cette politique ne nuit pas au bien-être de l'État. Le mal, bien qu'il soit un fait mortifiant, devons-nous le dire, provient d'une étrange notion de caste et de couleur, qui mesure la sympathie selon le teint. Il n'y a aucune preuve qui puisse être apportée, démontrant que des marins de couleur aient provoqué des infections parmi les esclaves, ou cherché à accroître les dangers de leur institution particulière.

CHAPITRE XVI.
Plaidoyer pour une juste considération et une constance erronée des lois.

Le bureau du consul ouvrit à neuf heures ; le capitaine, avec sa caisse et ses papiers d'expédition sous le bras, se présenta à M. Mathew, lui remit ses papiers et rapporta son état. Ce monsieur s'est immédiatement mis à lui offrir toutes les facilités nécessaires pour satisfaire ses besoins immédiats et faire avancer ses affaires. Le consul était un homme aux manières simples et sans prétention, franc dans ses expressions, fortement imprégné du sens de ses droits et de la foi en son gouvernement, disposé à prendre une part active à l'obtention de justice et, un opposant mortel à toute tentative de justice. tort, quelle que soit l'hostilité active qui l'entourait. Après avoir raconté les incidents de son voyage et les circonstances liées à la traînée de Manuel en prison : « Est-il possible que la loi soit poussée à de tels extrêmes ? dit-il en laissant libre cours à ses sentiments.

"Votre peuple semble avoir une manière étrange de montrer son hospitalité", répondit le capitaine .

"C'est vrai; mais il ne suffit pas de faire appel aux fonctionnaires. En disant ces mots, le consul prépara le certificat, et, mettant son chapeau, se rendit à la prison. Ici, il interrogea Manuel sur les circonstances de son arrestation, son lieu de naissance et plusieurs autres choses. « Je ne suis pas sûr de pouvoir te faire sortir, Manuel, mais je ferai de mon mieux ; les circonstances dans lesquelles vous avez été conduit ici en détresse justifieront une certaine considération dans votre cas ; pourtant le sentiment n'est pas favorable et nous ne pouvons pas espérer grand-chose.

De là, il se rendit au bureau de M. Grimshaw, où il rencontra ce fonctionnaire, assis dans toute la dignité de sa charge.

« Bonjour, Monsieur le Consul. Un autre de vos noirs à ma place, ce matin, dit M. Grimshaw.

"Oui; c'est pour cette affaire que je suis venu vous voir. Je pense que vous n'auriez pas pu considérer la condition de cet homme, ni ses droits, sinon vous ne l'auriez pas emprisonné. N'y a-t-il aucun moyen de le soulager ? » demanda le consul, n'attendant pas grand-chose de sa part, mais risquant l'effort.

"Monsieur! Je ne fais jamais rien d' incompatible avec mon bureau. La loi me donne du pouvoir dans ces cas-là, et je l'exerce selon mon jugement. Il ne fait aucune exception pour les naufrages, et j'estime que vous n'avez pas le droit de m'interroger sur place. C'est contraire à la loi d'amener des nègres ici ; et si vous pouvez prouver qu'il est un homme blanc, il y a la loi ; mais vous devez attendre son procès.

"Mais ne faites-vous pas d'exceptions ?" demanda le consul. « Je ne souhaite pas demander réparation par voie judiciaire ; cela augmenterait les dépenses et les retards. J'ai fait cette demande comme une faveur ; si vous ne pouvez pas le considérer sous cet angle, je peux seulement dire que mes attentes sont déçues. Mais comment se fait-il que cet homme ait été maltraité par vos officiers avant d'être incarcéré ?

« Ce sont des choses avec lesquelles je n'ai rien à voir ; ils sont entre les officiers et vos nègres. S'ils sont têtus, les officiers doivent user de force, et nous avons le droit de les repasser tous. Vos nègres causent plus de problèmes que les nôtres et sont des gens indisciplinés. Nous leur donnons des avantages qu'ils ne méritent pas, en leur permettant d'avoir accès à la cour à certaines heures de la journée. Vous autres Anglais, vous n'êtes jamais satisfaits de ce que nous faisons, » répondit M. Grimshaw avec indifférence, semblant se convaincre que la loi lui donnait le droit de faire ce qu'il voulait dans les locaux. Il ne semblait avoir qu'une seule idée en tête, en ce qui concernait les nègres, et aucun mode de raisonnement ne pouvait l'inciter : envisager d'éventuelles circonstances atténuantes. Un nègre était un nègre avec lui, qu'il soit blanc ou noir – une créature pour le porc, l'homonie et la servitude.

«Je m'attendais à peu et je n'ai rien obtenu. J'aurais pu m'y attendre, connaissant les frais que vous rapporte l'emprisonnement. Je demanderai réparation pour cet homme auprès d'un tribunal supérieur, et je demanderai réparation pour les abus répétés infligés à ces hommes par vos officiers, dit le consul en se tournant vers la porte.

« Vous pouvez le faire, monsieur, » dit M. Grimshaw ; « Mais vous devez vous rappeler qu'il faudra des preuves blanches pour étayer l'accusation. Nous ne prenons pas en compte le témoignage de vos nègres.

Au moment où le consul quittait le bureau, il rencontra le colonel S qui entra. Le colonel s'est toujours montré prêt à soulager les nombreux cas d'oppression et de persécution résultant de mauvaises lois et d'abus de devoirs officiels. Il avait rendu visite à M. Grimshaw le matin de l'arrestation et avait reçu de lui l'assurance que l'affaire serait examinée, que l'interprétation la plus favorable y serait donnée et que tout serait fait pour l'homme qui était en son pouvoir. Malgré cela, pour montrer jusqu'à quel point on pouvait se fier à de telles assurances, il suffit d'informer le lecteur qu'il avait dépêché les officiers une heure auparavant.

Le colonel connaissait son homme et n'hésitait pas à dire ce qu'il pensait. S'approchant de lui, «M. Grimshaw, dit-il, comment conciliez-vous la déclaration et les assurances que vous m'avez données ce matin avec votre conduite ultérieure ?

«C'est mon affaire. J'agis pour l'État, et non pour vous. Êtes-vous un défenseur de ces nègres, pour vouloir les mettre en liberté parmi nos esclaves ? Cela semble vous intéresser plus que ce consul intervenu. Laissez simplement ces nègres Yankees et ces nègres britanniques sortir ce soir, et nous aurions une autre insurrection avant le matin ; il vaut mieux prévenir que guérir », a déclaré Grimshaw.

« La seule insurrection aurait été dans votre cœur, pour la perte des honoraires. Si vous n'aviez pas l'intention de ce que vous avez dit, pourquoi m'avez-vous trompé avec de telles déclarations ? Je connais les sentiments de notre peuple, aussi bien que les vôtres, concernant le fait d'avoir mis les gens en cage dans cette prison. Sur ce, j'ai fait part au capitaine de ce que je pensais être le résultat probable, et ce matin je me suis rendu à son navire pour le rassurer, sur votre déclaration. Imaginez ma mortification lorsqu'il m'a appris que son intendant avait été emmené en prison tôt le matin et que ces deux voyous avec lesquels vous déshonorez la communauté se sont comportés de la manière la plus scandaleuse. Il est en votre pouvoir de soulager cet homme, et je vous le demande en guise de faveur et au nom de ce que je sais être les sentiments des citoyens de Charleston.

« Votre demande, colonel, » dit M. Grimshaw avec un peu plus de complaisance, « a trop la forme d'une exigence. L'État ne me laisse aucun pouvoir discrétionnaire, et si vous avez un pouvoir supérieur à celui-là, vous feriez mieux de payer les dépenses du nègre et de prendre la gestion en main. Je ne me laisse jamais déranger par cette philanthropie insignifiante à l'égard des nègres. Je ne pourrais jamais suivre les lois de l'État et les mettre en pratique ; et vous feriez mieux de ne pas vous en charger, sinon vos successeurs pourraient souffrir s'ils n'ont pas les moyens de subvenir à leurs besoins. Maintenant, monsieur, suivez mon conseil. C'est contraire à la loi que ces nègres viennent ici ; vous savez que nos lois ne peuvent pas être violées. La Caroline du Sud a tout intérêt à préserver la réputation de ses lois. N'excitez pas l'anxiété du nègre, et il sera mieux en prison que de courir parmi les filles. Il n'aura pas de luxe, mais nous le mettrons à l'aise et il devra adapter ses habitudes à notre façon de vivre. Nous ne devons pas donner le mauvais exemple à nos propres nègres ; plus ils sont blancs, plus ils sont mauvais. Ils luttent désormais pour leur existence et pensent qu'ils ne respectent pas nos lois sur les nègres. Nous voulons nous en débarrasser, et vous le savez », répondit Grimshaw.

"Oui; Je le sais trop bien, car j'ai eu trop de cas pour les protéger contre la « fuite » et la vente sur le marché de la Nouvelle-Orléans. Mais quand vous parlez de nègres blancs, je suppose que vous voulez dire nos plus brillants ; Je conteste votre affirmation et vous renvoie à ma preuve dans les nombreux hommes riches parmi eux qui poursuivent actuellement leurs occupations dans notre ville. Pouvez-vous donner un exemple plus louable ? Et bien qu'ils soient frappés par les impôts, et que beaucoup de nos Blancs profitent de la loi pour retenir le paiement des dettes contractées auprès d'eux, ils ne s'en plaignent pas. Ils sont soumis à la même loi qui restreint l'esclave le plus noir. Où est l'homme blanc qui n'aurait pas cédé face à une telle inégalité ? Non! M. Grimshaw, je suis aussi vrai que vous, né et élevé dans le Sud ; mais j'ai à cœur les intérêts de ces hommes, parce que je sais qu'ils sont avec nous, et que leurs intérêts et leurs sentiments sont identiques aux nôtres. Ce sont des Amérindiens de naissance et de sang, et nous n'avons pas le droit de les déposséder par la loi de ce que nous leur avons donné par le sang. Nous détruisons leurs sentiments en les dépouillant de leurs droits, et nous affaiblissons ainsi notre propre cause. Donnez-leur les mêmes droits et privilèges que nous accordons à cette misérable classe d'étrangers qui sèment la peste et la mort sur nos institutions sociales, et nous n'aurons rien à craindre d'eux, mais trouverons plutôt en eux nos plus puissants protecteurs. Je veux voir une loi retirer à cette classe d'hommes le pouvoir de dominer et d'abuser d'eux.

Un ami, qui a résidé plusieurs années à Charleston, fort de ses sentiments pour les droits du Sud, et dont l'observation fine ne pouvait manquer de déceler le fonctionnement des différentes phases de l'institution esclavagiste, nous a informé qu'il avait conversé avec un grand nombre de personnes très intelligentes. et des hommes entreprenants appartenant à cette grande classe d'hommes « brillants » à Charleston, et ce qui semblait les souffrir le plus était la manière dont ils étaient traités par les étrangers de la classe la plus basse ; que les droits dont ils avaient hérité par la naissance et le sang leur ont été retirés ; que, étant soumis à la même loi qui régissait l'esclave le plus abject, chaque construction de celle-ci allait les dégrader, tandis qu'elle donnait au blanc le plus dégradé le pouvoir suprême de s'imposer sur eux et d'exercer ses sentiments vindicatifs à leur égard ; que sans tenir compte des circonstances, la moindre dérogation aux règlements de police faits pour régir les nègres, était exploitée par les petits gardes , qui soit extorquaient une somme pour les libérer, soit les traînaient au bureau de police, où leur serment était prêté. n'était rien, même s'il était soutenu par un témoignage de sa propre couleur ; mais la parole du garde fut considérée comme une preuve positive. Ainsi, les lois de la Caroline du Sud les obligeaient à être ce contre quoi leurs sentiments les révoltaient. Et j'aimerais en voir un autre faire un délit pénal pour les hommes détenant des esclaves à des fins de reproduction. Une autre solution, que l'humanité réclame plus que toute autre, consiste à réglementer son alimentation, à punir ces cas graves de famine et à faire souffrir le délinquant qui refuse de recevoir des rations appropriées.

"Eh bien, plutôt bien!" dit Grimshaw en claquant des doigts de manière très significative. « Vous semblez apprécier l'indépendance de votre propre opinion, colonel. Prouvez simplement que ce nègre est blanc, et je vous libérerai pour lui, après avoir payé les frais. Tu ferais mieux de déménager dans le Massachusetts et de prêcher cette doctrine à William Lloyd Garrison et Abby Kelly.

« Ne me donnez pas votre impudence ni vos basses insultes. Vous pouvez vous protéger du danger personnel en étant conscient que vous êtes au-dessous des lois de l'honneur ; mais cela ne vous épargnera pas ce que vous méritez, si vous répétez votre langage. Notre modération est notre protection, tandis que les restrictions imprudentes que vous imposeriez attisent la flamme du danger pour nos propres ménages, » dit le colonel, cédant évidemment à ses impulsions ; tandis que M. Grimshaw restait assis, tremblant, et commençait à présenter de légères excuses, disant que ces termes lui étaient imposés, parce que le colonel avait outrepassé les limites de la convenance dans ses exigences.

« Je suis quelque peu étonné de votre demande, colonel, car vous ne semblez pas comprendre la loi et la manière impérative avec laquelle je suis tenu de l'exécuter. Les armateurs devraient avoir des stewards blancs s'ils veulent éviter toutes ces difficultés. Je connais la nature de l'affaire, mais nous ne pouvons pas être tenus responsables des tempêtes, des naufrages, des vieux navires et tout le reste. J'irai voir cet homme demain et je dirai au geôlier (c'est un modèle de gentillesse, et c'est pourquoi je l'ai choisi comme geôlier) de lui donner de bonnes rations et de garder sa chambre propre, dit Grimshaw en se levant et en regardant parmi de vieux livres posés sur une étagère poussiéreuse. Enfin, il trouva celui-ci, le tira, commença à en épousseter la poussière avec une brosse à poussière et à retourner sa chique de tabac. Après avoir brossé le vieux livre pendant un long moment, il l'essuya scientifiquement avec la manche de son manteau, se rassit et commença à en feuilleter les pages.

« C'est ici, quelque part », dit-il en mouillant son doigt et son pouce à chaque tour.

« Qu'est-ce qu'il y a là-dedans, je vous prie ? Vous ne pensez pas que j'ai exercé au barreau de Charleston toute ma vie sans connaître une loi qui a soulevé tant de questions ? demanda le colonel.

« Eh bien, la loi et les amendements. Je crois que c'est la bonne. je ne suis pas "J'ai pratiqué si longtemps que je crois avoir perdu le sens de l'appendice et tout le reste", ajoutant un autre jet de crachat de tabac à la flaque d'eau sur le sol.

« C'est mieux pensé que dit. Peut-être feriez-vous mieux de demander à un écolier de mettre le doigt dessus, poursuivit laconiquement le colonel.

"Bien bien; mais je dois le trouver et vous rafraîchir la mémoire. Ah ! le voici, et il m'engage autant que possible. Il n'y a aucune erreur : c'est la véritable Caroline du Sud, parfaitement honnête. En disant ces mots, il se mit à lire au colonel comme s'il allait enseigner ses rudiments à un écolier. « Le voici – un très joli spécimen de législation éclairée – née dans le giron de la liberté, bercée dans une terre de droits universels et appliquée par le bras puissant de la Caroline du Sud. »

« Acte pour une meilleure réglementation et un meilleur gouvernement des nègres libres et des personnes de couleur, et à d'autres fins », etc. etc. &c., M. Grimshaw a lu ; mais comme les deux premières sections sont réellement une honte pour les pouvoirs délégués de l'homme, dans leur but d'opprimer l'homme de couleur, nous préférons passer à la troisième section et suivre M. Grimshaw dans sa lecture :

« Que si un navire entre dans un port ou un port de cet État (Caroline du Sud) en provenance de tout autre État ou port étranger, ayant à son bord des nègres libres ou des personnes de couleur, comme cuisiniers, stewards ou marins, ou dans tout autre emploi à bord dudit navire, ces nègres libres ou personnes de couleur seront passibles d'être saisis et incarcérés en prison jusqu'à ce que ledit navire quitte et quitte cet État ; et que lorsque ledit navire sera prêt à appareiller, le capitaine dudit navire sera tenu d'emmener ledit nègre libre ou personne de couleur, et de payer les frais de détention ; et en cas de refus ou de négligence de le faire, il sera passible d'être inculpé et, sur déclaration de culpabilité, sera condamné à une amende d'au moins mille dollars et à un emprisonnement d'au moins deux mois ; et ces nègres libres ou personnes de couleur seront considérés et pris comme esclaves absolus, et vendus conformément aux dispositions de la loi adoptée le vingt décembre mil huit cent vingt susvisé.

Le sang-froid de M. Grimshaw devint si intolérable que le colonel ne put le supporter plus longtemps ; ainsi, se levant pendant que M. Grimshaw lisait la loi, il quitta le bureau, parfaitement convaincu que de nouveaux efforts sur cette source seraient infructueux.

Après que M. Grimshaw eut terminé, il leva les yeux, parfaitement étonné de constater qu'il appréciait la lecture de l'acte pour lui-même. « Si je n'avais pas considéré toute la considération de mon pouvoir et vu l'exactitude de la loi, je n'aurais pas accordé autant d'importance à mon opinion. Mais voilà, tout est dans cet article de la loi, et ils ne trouvent aucune convention au monde pour contrôler la législature de Caroline du Sud. Voilà mes principes, et tous les Anglais et abolitionnistes de la chrétienté ne me changeraient pas. Maintenant, j'ai le pouvoir, et laissez- les chasser ce nègre de chez moi, s'ils le peuvent », dit Grimshaw en fermant le livre, en donnant un coup de pied à un chien de bonne taille et à l'air paisible qui gisait sous la table, et délibérément. prenant son chapeau et marchant dans la rue.

Voici une loi qui porte à première vue la volonté arrogante de la Caroline du Sud, mettant de côté tous les droits constitutionnels et niant la validité des stipulations faites par les États-Unis dans ses lois commerciales générales. Elle revendique son droit de méconnaître la citoyenneté, de faire des hommes de couleur des criminels, parce qu'ils sont de couleur, et de les vendre comme esclaves pour payer les dépenses qu'elle a engagées pour les rendre tels. Et ce qui est encore pire, c'est que l'application de cette loi injuste et mal conçue est si implacablement appliquée et si abusée par ceux qui l'appliquent.

Pendant ce temps, le consul n'avait cessé de s'efforcer d'obtenir la libération de l'homme. Le maire n'avait aucun pouvoir sur les lieux ; le procureur général n'était pas sûr de l'étendue de son pouvoir dans un tel cas, bien qu'il reconnaisse que le cas était aggravé ; les juges ne pouvaient le reconnaître que comme un nègre et devaient donc régir leurs procédures par des actes législatifs. Dans l'ensemble, il constatait qu'il perdait son temps, car tandis qu'ils parlaient tous de sympathie, ils agissaient de manière tyrannique. Des paroles froides et mesurées sur les nègres, « contraires à la loi », sur les droits constitutionnels, les lois inviolables, la souveraineté et la sécession des États, les règlements de police nécessaires pour protéger une institution particulière et leur droit de les faire respecter, résonnaient partout dans ses oreilles. Il y avait à peu près autant de choses à soulager Manuel, qu'il y en aurait eu si un petit oiseau perché sur le mur de la prison et lui chantait son chant d'amour alors qu'il était solidement enfermé dans sa cellule - plus alléchant parce qu'il pouvait entendre les notes, mais je ne vois pas le chanteur.

Malgré l'énergie louable du consul, il eut la satisfaction de savoir que plusieurs rapports très improbables touchant sa conduite et l'interprétant comme une ingérence dans l'institution de l'esclavage, avaient été largement diffusés et créaient un sentiment contre lui parmi un certain nombre de personnes. classe de sécessionnistes « cracheurs de feu ». Il connaissait trop bien la source d'où elles provenaient pour éveiller des craintes, et au lieu de décourager son énergie, ils ne firent que l'augmenter et lui apportèrent les précieux services de l'hon. James L. Petigru , un gentleman dont on dit (malgré son éminence au barreau) que sans sa pureté de caractère, ses opinions opposées à l'État l'auraient depuis longtemps envoyé à un exil de traître. . La vérité était - et cela allait à l'encontre de la popularité de M. Petigru dans son propre État - qu'il était un homme doté d'une bonne logique, d'un jugement pratique et d'une discrimination juridique. Doté ainsi des qualités requises d'un bon homme d'État et poursuivant une véritable démarche visant à créer une influence conservatrice dans l'État, il ne parvint pas à devenir populaire au-delà de sa sphère juridique. S'il avait épousé la doctrine la plus populaire de toutes en Caroline du Sud – l'annulation et la sécession – et poussé l'abstraction jusqu'à la distraction, James L. Petigru aurait ajouté un autre « nom romain » à celui qui a déjà disparu du champ d'action de la Caroline du Sud.

Le consul fit son devoir, mais ne fit rien ; et telle était l'opposition manifestée par les fonctionnaires intéressés au butin de la loi et par les hommes politiques qui ne voyaient rien d' important au-delà de la sécession, qu'il n'y avait aucune perspective d'y parvenir. Et, en dernier recours, il a fait appel au pouvoir judiciaire par le biais de « l'habeas corpus », dont nous montrerons le résultat dans un chapitre ultérieur.

CHAPITRE XVII.
LE PETIT GEORGE, LE CAPITAINE ET M. GRIMSHAW.

Le consul était revenu à son bureau, plutôt déconcerté de ne pouvoir relever Manuel, mais néanmoins satisfait d'avoir placé les choses sous leur juste jour devant le public. Le capitaine s'est présenté et a laissé son manifeste à la douane, après avoir déposé sa protestation et pris les dispositions nécessaires pour l'arpentage, etc. etc. Et le colonel S... était si satisfait de l'affectation des protecteurs de la loi, et du fait que ses services en faveur de l'humanité étaient comme une paille luttant contre un courant écumant, que, reconnaissant ses regrets au capitaine , il préféra rattraper en attention ce qu'il avait dit. ne pouvait pas faire pour Manuel à travers la loi.

Le petit George a rendu hommage au Janson entre dix et onze heures, dûment habillé. "M. Mon pote, où est ton capitaine ? » s'enquit-il d'un air important qui fit plisser davantage sa petite bouche tordue.

"Je suis allé en prison, ou pour voir le docteur Jones, j'imagine, sans vous donner une mauvaise réponse", répondit le vieux compagnon d'un ton bourru.

« Peut-être que vous ne savez pas qui je suis, monsieur. Votre réponse n'est pas polie. N'oubliez pas, monsieur, que vous êtes en Caroline du Sud, la ville ensoleillée du Sud », a déclaré le petit sécessionniste.

« Je fais toujours ma réponse à ma convenance. J'étudie dur et honnêteté, mais je n'ai jamais été connu pour avoir une grammaire dans ma poche. Mais, mon ami tendu, j'aurais su que j'étais en Caroline du Sud si tu n'en avais pas dit un mot, car aucune autre nation sous le ciel n'aurait traîné en prison un pauvre marin naufragé parce qu'il a eu le malheur avoir une peau fauve. C'est dix contre un, mon cher, si vous ne trouvez pas le capitaine en prison, ainsi que nous tous, avant de partir. Je cherche maintenant à voir un attrape-corps descendre avec une paire de menottes », a poursuivi le compagnon.

"Quoi! voulez-vous m'insulter encore, M. Mate ? Expliquez-vous! Je ne suis pas habitué à ce discours ironique !

« Eh bien, c'est quelque chose qui ressemble à vos lois. Ils ont emmené notre intendant en prison ce matin, sans juge ni jury, et avec autant de cérémonie qu'un policier de Smithfield le ferait pour un pickpocket.

"Quoi! tu ne dis pas. Eh bien, j'en avais peur. Nos officiers sont très rapides, mais j'espérais le contraire. Mais, monsieur, faites mes compliments au capitaine . Dites-lui que je vais arranger les choses ; mon influence, monsieur, et celle de mon père — il est l'un des premiers hommes de la ville — se révèlent puissamment ici. J'ai promis mes services au capitaine et je le ferai. Le simple fait de promettre ma parole à Grimshaw suffira à satisfaire aux exigences judiciaires de la loi », a déclaré George, passant sa petite canne sur son pantalon .

« Mon brave homme, dit le second, si vous parvenez à sortir notre intendant des limbes, vous nous rendrez à tous un bon service, et nous nous souviendrons de vous aussi longtemps que nous ferons un effort.

« Vous pouvez compter sur moi, monsieur Mate ; et si je ne descends pas avant six heures, mon père prendra certainement l'affaire en main ; et lui et Mazyck appartiennent au parti de la sécession et contrôlent les choses à leur guise en Colombie. En disant ces mots, George salua le vieux camarade et se dirigea vers la tête du quai.

« Voilà, dit le vieux camarade, c'est exactement ce que je pensais depuis le début ; Je savais que mon pressentiment se réaliserait. Je parierais une couronne qu'ils traitent Manuel comme un chien dans cette vieille prison, et qu'ils ne le font sortir que lorsqu'il est moisi ; ou peut-être qu'ils le vendront comme esclave parce qu'il a des cheveux noirs bouclés et une peau jaune. Aujourd'hui, je suis un marin courageux, mais j'ai fait environ trois fois le tour du monde et je connais un peu la nature. Maintenant, vous pouvez le constater aussi clairement que l'étoile du nord : les prisons des pays esclavagistes ne sont pas dignes des chiens. Ils peuvent parler de leurs nègres beaux, gros, habiles et impertinents, mais un esclave est un esclave — la propriété de son maître, une marchandise, son bien ou son ballon de football — reconnaissant pour ce que son maître peut bien lui donner, et habitué à le faire. souffrir du besoin de ce qu'il retient. Oui, sa pensée doit être arrêtée par la loi et son dos fouetté selon la volonté de son maître s'il ne respecte pas ses obligations dans son travail. Les habitudes et les associations des hommes forment leurs sentiments et leur caractère, et il en est de même pour eux, les hommes ; ils sont tellement habitués à considérer le nègre comme un simple outil de travail, à le dominer , à l'affamer et à le fouetter, qu'ils associent l'exercice des mêmes sentiments et des mêmes actions à tout ce qui touche au travail, sans je ne respecte pas les sentiments d'un pauvre homme blanc, continua le second en s'adressant à son second tandis qu'ils étaient assis sur le compagnon, attendant que le capitaine monte à bord et donne de nouveaux ordres.

Jamais paroles n'ont été prononcées avec plus de vérité. Le nègre est réduit aux plus basses et aux pires restrictions, même par ceux qui sont considérés comme de riches planteurs et de bons maîtres. Nous ne parlons pas de ceux dont les mauvais traitements infligés à leurs nègres par la famine et les punitions constituent le thème des plaintes des propriétaires d'esclaves eux-mêmes. Sa nourriture est non seulement la plus grossière qui puisse être obtenue, mais elle est également insuffisante pour soutenir le système pour la quantité de travail requise. Le recours à d'autres moyens devient nécessaire.

Ceci est assuré en confiant à l'esclave sa tâche qui, dans la mesure où s'étend notre observation, est tout à fait suffisante pour toute journée de travail ordinaire. Ceci fait, son maître est servi ; et par acte de gentillesse (que Sambo apprend à apprécier comme tel), il est autorisé à travailler sur son propre petit champ cultivé pour cultiver quelques choses, que le masse'r (dans de nombreux cas) vend avec beaucoup de condescendance sur le marché. , et rend ces petits conforts si appréciés par les esclaves des plantations - thé, mélasse, café et tabac - et de temps en temps un peu de whisky. C'est l'allocation d'un homme bon qui fait une bonne semaine de travail et qui reçoit en compensation deux livres de bacon et un morceau de maïs. Mais, en considération reconnaissante, son bon maître lui permet de travailler la nuit et le dimanche pour subvenir à ses besoins. C'est ainsi qu'a été levée la « botte de coton de Bob », que cet enfant anxieux de la faveur populaire, le rédacteur en chef du « Savannah Morning News », s'est efforcé de présenter au monde comme quelque chose de magnifique de la part des maîtres d'esclaves du Sud. Au mieux, ce n'était qu'un point. Si l'on prenait en compte les nombreuses heures supplémentaires de labeur que le pauvre Bob avait passées, et les heures de nuit qu'il avait passées à surveiller et à soigner ses plantes, on obtiendrait une image sombre liée à « la balle de coton de Bob », que l'éditeur j'ai oublié de divulguer.

Toute forme de travail devient tellement associée à la servitude que nous pouvons excuser les Sudistes pour ces sentiments qui condamnent ceux qui se consacrent à des activités mécaniques comme étant inférieurs à leur caste et à leur dignité. L'arrogance et l'oisiveté favorisent l'extravagance, tandis que son orgueil l'incite à maintenir un style de vie que ses moyens ne suffisent pas à soutenir. Cela l'incite à faire vivre ses esclaves avec le tarif le plus grossier, et étant gênés, embarrassés et inquiets dans sa situation en déclin rapide, ses esclaves, un par un, subissent la pénalité de son extravagance, et finalement lui-même est réduit à un tel état. condition qu'il ne soit plus en mesure de rendre justice à lui-même ou à ses enfants ; ses esclaves lui sont arrachés, vendus aux terreurs d'une plantation sucrière lointaine, et il a laissé dehors un homme misérable.

Nous constatons ce résultat chaque jour en Caroline du Sud ; nous entendons les commentaires sur les grands axes routiers et dans les lieux publics, tandis que les bureaux et les avis des avocats et des huissiers racontent la triste histoire de la lutte dévastatrice de la pauvreté.

George, en passant du quai dans la baie, rencontra le capitaine , qui préparait sa route vers le brick. Il courut aussitôt vers lui et lui serra la main avec une apparence d'amitié. « Capitaine, je suis vraiment désolé d'entendre parler de votre nègre. Je n'étais pas préparé à une telle décision de la part de M. Grimshaw, mais je suis déterminé à le faire sortir », a-t-il déclaré.

"Bien!" dit le capitaine , "Je suis désolé de le dire, je trouve les choses très différentes de ce à quoi je m'attendais. Mon intendant est emprisonné, pour rien, sauf qu'il est Portugais, et tout le monde prétend que c'est un nègre. Tout le monde parle très bien, et pourtant personne ne peut rien faire ; et tout est laissé à la volonté d'un seul homme.

« Eh bien, Capitaine, nous avons le meilleur système au monde pour faire des affaires ; vous l'apprécieriez après l'avoir compris ! Viens avec moi et laisse-moi te présenter mon père. S'il ne vous redresse pas, je serai condamné », a déclaré le petit George.

Acceptant l'invitation, ils retournèrent à la salle des comptes du « vieil homme ». George avait donné au capitaine un récit si détaillé des affaires et des domaines de son père, que ce dernier avait décidé d'être introduit dans une salle des comptes du « Palais de l'Inde ». Jugez donc de sa surprise lorsque George nous ouvrit la voie dans une vieille salle de comptage d'apparence sale, très petite et crasseuse, contenant deux hauts bureaux délabrés, appuyés contre le mur. Ils étaient faits de pitchpin, peints et grainés, mais si marqués et taillés qu'ils donnaient l'impression d'un long usage et d'abus. Dans un coin se trouvait un bureau bas à l'ancienne mode, muni d'un encrier, de divers morceaux de papier buvard, les casiers remplis de factures, de lettres et de connaissements en vrac, entassés en toute promiscuité ; tandis que, suspendue à un gros clou enfoncé sur le côté et exposée à la vue, se trouvait une énorme brosse à poussière. Un sujet vénérable d'un pays étranger se tenait debout à un bureau, un petit garçon à l'autre, en train d'écrire, et le véritable « vieil homme » de George au bureau bas. Ici et là, sur le sol, il y avait des paniers et des papiers contenant des échantillons de coton des îles et des hautes terres. George présenta le capitaine à son père avec la suavité d'un courtisan. C'était un homme à l'air grave, bien habillé et qui parlait d'un ton qui suscitait immédiatement le respect. Contrairement à George, c'était un homme grand et bien bâti, avec des traits fades mais marqués et des cheveux très gris. Il reçut le capitaine d'une manière froide mais digne, s'enquit de son voyage, de qui il avait envoyé et quelles mesures il avait prises pour poursuivre ses affaires, ce à quoi le capitaine répondit selon les circonstances.

"Quoi! alors vous avez déjà expédié, n'est-ce pas ? dit le petit George avec surprise.

« Oh oui, » répondit le capitaine , « j'ai laissé mes affaires entre les mains du consul et je suivrai ses instructions. C'est conforme à mes ordres de navigation. Mais il y a tellement de difficultés que je ne devrais pas me demander si je dois déjà quitter le port !

« Ce n'est pas le cas, capitaine ; Je m'occupe de ça!" » dit George, faisant part à son père des ennuis du capitaine au sujet de l'emprisonnement de Manuel, et le suppliant d'accorder son influence en faveur de son ami le capitaine. Bien que George ait accompagné sa demande avec une apparente sincérité, il était évident qu'il se sentait quelque peu déçu par l'envoi. Le vieux monsieur parut très sage à ce sujet, releva ses lunettes à monture d'or sur son front, satisfit ses nerfs olfactifs avec une pincée de tabac à priser, puis dit d'un ton froid et mesuré : « Eh bien, si c'est un nègre, je vois. pas d'alternative, les circonstances peuvent donner une teinte de sévérité à la loi ; mais mon opinion a toujours été que l'interprétation de la loi était juste ; et l'acte étant fondé sur la nécessité, je ne vois aucune raison pour laquelle nous devrions toucher à sa prérogative. Je pense que l'ingérence du consul est injustifiable et repose sur de simples raisons techniques. Ces histoires sur le mauvais état de notre prison et les souffrances des criminels qui y sont enfermés proviennent, je dois le penser, des rapports de mauvais prisonniers. Je n'y suis jamais allé . Notre peuple est opposé au vice et visite rarement un tel endroit ; mais le shérif me dit que c'est assez confortable pour n'importe qui. S'il en est ainsi, et je n'ai aucune raison de douter de sa parole, nous pouvons exercer notre sympathie et notre gentillesse pour son naufrage et le mettre à l'aise là-bas comme nous le pourrions ailleurs. Il y a beaucoup d'opinions différentes, je l'avoue, sur l'effet de cette loi ; mais je fais partie de ceux qui soutiennent des mesures strictes pour une meilleure protection. Sa couleur ne peut constituer aucune excuse, capitaine, tant qu'il présente des symptômes de nègre autour de lui. Nous pourrions ouvrir un large champ à l'investigation métaphysique, si nous admettions des exceptions selon les degrés de teint ; car beaucoup de nos propres esclaves sont aussi blancs que la femme la plus brillante. Par conséquent, lorsque nous fermons complètement les portes, nous nous évitons une perplexité sans limites. Il ne serait pas non plus prudent d'accorder une question sur la base de l'intelligence, car l'expérience nous a appris que les « gaillards brillants » les plus intelligents sont les pires coquins lorsqu'il s'agit de créer le mécontentement parmi les esclaves. Je ne parle de ces choses, capitaine, que dans un sens général. Votre homme peut être très bon, noble, généreux et intelligent ; et, surtout, peu enclin à se mêler de notre institution particulière, — mais ce serait un faux principe d'en faire une exception, en donnant un exemple qui serait entièrement incompatible avec nos plus grands intérêts. Dans la mesure où ma parole affectera le shérif et fera appel à ses meilleurs sentiments pour le mettre à l'aise, je l'utiliserai », dit le « vieil homme », ajustant à nouveau ses lunettes.

Le petit George semblait abasourdi de mortification, et le capitaine avait l'impression qu'il donnerait une guinée pour être à bord de son brick. Il ne servait à rien pour lui d'entrer dans les circonstances atténuantes de son voyage, ni dans le caractère de l'homme, Manuel. Les mêmes opinions froides sur la loi, sur la foi et l'importance de la Caroline du Sud et de ses institutions particulières, rencontraient ses oreilles partout où il allait. Le capitaine se leva, prit son chapeau et salua le vieux gentleman et partit de nouveau pour son brick.

"Ne vous inquiétez pas, je ferai ce que je peux pour vous", dit le vieil homme alors que le capitaine partait. George le suivit dans la rue et lui présenta de nombreuses excuses pour les opinions et l'apparente indifférence de son père, promettant de faire lui-même ce que son père ne semblait pas enclin à entreprendre. Le capitaine ne le revit plus pendant son séjour à Charleston, et si son influence s'exerçait en faveur de Manuel, il n'en ressentait pas les bénéfices.

Les affaires avaient tellement occupé l' attention du capitaine pendant la journée, qu'il n'eut pas le temps de rendre visite à Manuel à la prison ; et lorsqu'il revint au navire, un message l'attendait du consul britannique. Un des matelots avait été désigné pour remplacer Manuel, qui, son dîner tout préparé, rappela au capitaine qu'il l'attendait. Il s'assit, dîna et partit répondre à l'appel du consul. En arrivant au bureau, il constata que le consul était parti pour son hôtel et ne reviendrait qu'à quatre heures. Alors qu'il passait devant le bureau de poste, un groupe d'hommes se tenait devant, apparemment en train de discuter avec anxiété. Sentant que leur conversation pouvait l'intéresser ou avoir quelque rapport avec son cas, il revint lentement et, à mesure qu'il s'approchait d'eux, remarqua que la conversation était devenue plus animée. Les dirigeants étaient M. Grimshaw et un agent de la baie, profondément intéressé par le transport maritime.

« Un homme agissant en votre qualité, dit le facteur, ne devrait jamais utiliser de telles expressions – ne jamais encourager la loi de la foule. C'est non seulement honteux pour n'importe quelle ville, mais aussi ruineux pour ses intérêts. Les responsables ne devraient jamais donner ou encourager l'exemple. Le manque d'ordre est déjà grand, et si la population doit être entraînée à l'émeute par les fonctionnaires, quel frein avons-nous ? Que Dieu nous préserve des effets désastreux ! »

« Eh bien, je suis peut-être allé trop loin, » dit M. Grimshaw, « car je pense autant que vous au nom de notre belle ville. Mais nous devons lui apprendre qu'il ne peut pas poursuivre cette voie ouverte, audacieuse et audacieuse, mettant nos institutions en danger, parce qu'il est consul de Grande-Bretagne. Je le traiterais, en tout cas, comme nous l'avons fait pour le Yankee HOAR du Massachusetts, et laisserais l'invitation être donnée en dehors de son caractère officiel, pour sauver le nom ; alors, s'il ne partait pas, j'irais le servir comme ils le faisaient le consul d'Espagne, à la Nouvelle-Orléans. Ces nègres anglais et ces nègres yankees détruisent rapidement la paix de Charleston.

"Vous le feriez, n'est-ce pas?" dit un autre. "Vous inciteriez alors la fureur d'une foule ingouvernable à mettre en danger la vie de l'homme qui exécute les instructions de son gouvernement."

" Ce n'est pas tout ce qu'il fait, car il se mêle de tout et fait continuellement des remarques sur notre société ", a déclaré Grimshaw, évidemment dans l'intention de créer du ressentiment contre le consul et de rendre l'affaire aussi mauvaise que possible. possible.

« Maintenant, M. Grimshaw, » dit le facteur, « vous savez que votre prison n'est pas adaptée pour y mettre des êtres humains, et encore moins des hommes respectables. C'est une vieille entreprise révolutionnaire, délabrée par la décadence, grouillant d'insectes et de vermine ; les pièces sont humides et insalubres, et sans moyen de les aérer ; la moisissure et la puanteur horrible suffisent à frapper la maladie dans la constitution la plus forte ; et vous aggravez l'appétit des hommes avec une nourriture à la fois insuffisante et malsaine, je le sais, car j'ai rendu visite à un ami qui a été placé là-bas en « processus mesne ».

« Il y a peu de confiance dans les histoires des prisonniers ; ils pensent tous qu'ils doivent être traités comme des princes, au lieu de considérer qu'ils y sont mis pour cause et qu'une prison était destinée à être punie, » interrompit Grimshaw, désireux de changer de sujet de conversation et affichant une froideur habituelle envers le malheur qui lui est propre. je ne pourrai jamais voir le gentleman dans un prisonnier.

« Oui, mais vous ne devez pas mesurer les hommes selon cette norme. Les circonstances qui les y amènent sont aussi différentes que leur nature. J'ai connu beaucoup de citoyens bons, honnêtes et respectables, qui jouissaient autrefois de l'aisance dans notre communauté, s'y installèrent mois après mois et année après année, subissant la persécution des créanciers et les effets de mauvaises lois. Or, ces hommes ne se plaindraient pas tous s'il n'y avait aucune raison, et ils vous aimaient tous, comme vous le dites. Mais dites-moi, M. Grimshaw, ne serait-il pas encore plus sûr pour nos institutions de faire une restriction les confinant au quai, ce qui pourrait être facilement fait et avec peu de frais pour la ville ? Les nègres sur les quais ne pourraient avoir aucune communication avec eux, parce que chacun est occupé à ses affaires, et que les nôtres sont trop surveillés et conduits pendant les heures de travail. Dès que ces heures sont écoulées, ils sont obligés de partir et le danger cesse. Encore une fois, les nègres qui travaillent sur les quais sont généralement de bons nègres, tandis que les mauvais nègres sont mis en prison ; et pendant les heures où ces stewards ont le privilège du chantier, ils se mêlent à eux sans discrimination ni retenue. Leurs sentiments, naturellement excités par l'emprisonnement, trouvent un soulagement en discutant de leurs torts avec ceux de leur propre couleur et en augmentant la contamination », a déclaré l'agent, qui semblait enclin à considérer l'affaire sous son vrai jour.

"Oh! quoi Monsieur? Cela ne suffirait jamais. Vous vous méprenez complètement sur les sentiments d'un nègre. Les privilèges ne créent jamais de respect chez eux. Faites simplement une loi pour les laisser sur le quai, et cinq cents policiers ne les empêcheront pas de gâter tous les nègres de la ville, détruisant simplement la souveraineté de la loi et cédant un droit suprême pour lequel nous avons toujours combattu. C'est « contraire à la loi » et nous devons appliquer la loi », a répondu Grimshaw.

"Peuh! Parle-moi de telles choses ! Retirez simplement les seize cent ou deux mille dollars que vous gagnez grâce à la loi ; et vous le maudiriez pour une nuisance. Cela deviendrait obsolète, et les pauvres diables d'intendants feraient ce qu'ils voudraient ; vous ne vous en soucierez jamais. Maintenant, Grimshaw, soyez honnête pour une fois ; dites-nous ce que vous feriez si les circonstances obligeaient le capitaine à laisser ce garçon nègre ici ?

« Appliquer la lettre de la loi ; il n'y a pas d'alternative. Mais le capitaine jure qu'il est blanc, et cela lui donnerait l'occasion de le prouver.

« Comment va-t-il le prouver, Grimshaw ? Nous lui retirons le pouvoir, puis lui demandons de faire ce que nous rendons impossible. Ensuite, bien sûr, vous appliqueriez la lettre de la loi et le vendriez comme esclave. * * * Eh bien, j'aimerais voir le résultat d'une question de ce genre porté sur un nègre anglais. Ce serait plus une malédiction pour notre institution esclavagiste que tout ce qui pourrait être soulevé », a déclaré le facteur.

« Messieurs, autant prêcher l'abolition tout de suite, et alors le public saurait quels étaient vos sentiments et comment se prémunir contre vous. Je dois vous dire au revoir. En disant cela , M. Grimshaw tourna son fouet, prit une grosse chique de tabac et quitta la société pour discuter de la question entre eux.

CHAPITRE XVIII.
LE PETIT TOMMY ET LA POLICE.

Nous devons ramener le lecteur à l'ancienne prison et continuer notre scène où nous avons laissé le petit Tommy étalant le cadeau du capitaine devant les intendants emprisonnés, dont les remerciements reconnaissants ont été versés sur la tête du donateur. La gentillesse, aussi minime soit-elle, envers un homme en prison, est comme les rayons dorés du soleil levant éclairant la journée d'ouverture. Ils ont tous profité des rafraîchissements qui leur étaient fournis avec un esprit reconnaissant.

Il était près de dix heures lorsque Daley vint annoncer qu'il était temps de fermer la prison et que tous les étrangers devaient se retirer. Tommy avait insisté pour passer la nuit avec Manuel.

Cet homme, Daley, était un ivrogne proverbial, un tyran dans l'exercice de sa « petite autorité brève » et un… notoire. Aussi singulier que cela puisse paraître, compte tenu de sa position, il se disputait avec les hommes pour un verre de whisky, avait donné plus de peine au geôlier que tout autre homme et avait été plusieurs fois enfermé en cellule pour ses vices incorrigibles. S'il manquait quelque chose de plus pour confirmer notre note, nous pourrions nous référer au colonel Condy , le très gentleman maréchal des États-Unis, qui lui a dit d'une manière très grossière que c'était contraire aux règles, et en mettant sa main dans son dos, l'a poussé hors de la cellule et fixé les boulons. Le petit bonhomme se frayait un chemin à travers le passage et descendait les escaliers dans l'obscurité jusqu'à ce qu'il atteigne le couloir, où le geôlier attendait de le laisser passer la grille extérieure en fer. « Tu as fait un long séjour, mon petit bonhomme. Vous aurez bien du mal à trouver le quai, à cette heure de la nuit. Je vous laisserais arrêter toute la nuit, mais c'est strictement contraire aux ordres du shérif, dit le geôlier en passant dans la rue, en lui donnant en même temps une liste d'instructions imparfaites sur la marche à suivre.

La prison se trouve dans une partie lointaine et obscure de la ville, entourée de rues et de ruelles étroites, imparfaitement aménagées et indéfinies. En quittant les murs de la prison, il se trompa de direction, et la nuit étant très noire, avec une pluie légère et bruine, qui commença alors qu'il était dans la prison, tout l'aspect des choses parut inversé. Après avoir voyagé pendant quelque temps, il se trouva sur une étroite bande de terre qui traversait un bassin d'eau et menait au moulin de Chisholm. L'aspect différent des choses ici le convainquit de son erreur. Déconcerté et ne sachant par quel chemin procéder, il s'approcha d'un carrefour et, s'asseyant sur une bûche, pleura amèrement. Il entendit bientôt un pas, et à mesure qu'il approchait, ses soucis s'allégèrent. Il s'agissait d'un nègre du moulin.

Ces moulins fonctionnent toute la nuit, et les pauvres nègres, voulant suivre un exemple que Massa donne sur une grande échelle, sauf qu'ils ont une excuse dans la fatigue du travail, délégueront à quelque astucieux d'entre eux pour se rendre dans un magasin hollandais. Ils sont des « dépanneurs » en banlieue, défient la police et se procurent une bouteille de whisky. Lorsqu'ils sont interrogés, ils « cherchent toujours une bouteille de mélasse ». Ils surveillent attentivement la police, et leurs manières astucieuses d'échapper à leur vigilance constituent de nombreuses anecdotes amusantes. Ils sont tenus d'avoir un laissez-passer de leur maître ou d'un homme blanc ; mais s'ils peuvent atteindre la boutique en toute sécurité, le Hollandais leur en fournira toujours un pour revenir. Il n'est pas rare que les gardes soient beaucoup plus ignorants que les esclaves. Ceux-ci, sachant cela, s'efforceront de trouver leur poste et de s'en approcher, emportant avec eux soit un vieux laissez-passer, soit un faux, que le garde prend une merveilleuse importance à examiner et à contresigner, bien qu'il ne puisse ni lire ni signer. écrire. Ainsi Sambo part chercher sa mélasse, riant dans sa manche en pensant à la façon dont il « trompe le Buckra ignorant ». Un changement de garde constitue souvent un piège pour Sambo, lorsqu'il est traîné au poste de garde, gardé toute la nuit, son maître informé le matin et prié d'intervenir et de payer une amende, ou le dos de Sambo en attrape trente-neuf, constatant ainsi une baisse de valeur de la propriété. Quelquefois son maître paie l'amende municipale et administre un châtiment domestique moins déchirant en se dirigeant vers la ville pour la course habituelle de se procurer un peu de mélasse. Lorsqu'il découvrit Tommy pour la première fois, il recula de quelques pas, comme s'il avait peur ; mais lorsque Tommy lui a dit qu'il était perdu et qu'il voulait retrouver son chemin vers les quais, il s'est approché et, reprenant facilement confiance, s'est porté volontaire pour l'accompagner au coin de Broad Street . Ainsi, le prenant par la main, ils avancèrent ensemble jusqu'à ce qu'ils atteignirent l'extrémité de la chaussée et étaient sur le point d'entrer dans la rue Tradd , quand soudain un garde surgit de derrière un vieux hangar. Le nègre, reconnaissant sa ceinture blanche et son bâton, profita de son temps et s'élança à toute vitesse dans un chemin étroit. Le gardien marchait sur ses talons, faisant jaillir son hochet à chaque pas et déversant une volée de viles imprécations. Tommy resta debout quelques instants, mais bientôt les cris du nègre et les coups de gourdin lui résonnèrent à l'oreille ; il devint terrifié et courut à toute vitesse dans une direction opposée. Une fois de plus, il s'était égaré et semblait se trouver dans un dilemme encore plus grave qu'auparavant ; il était fatigué et effrayé, et entendant tant d'histoires parmi les marins sur la vente d'enfants blancs comme esclaves, et sachant l'emprisonnement de Manuel, qu'il ne comprenait pas, ses sentiments étaient excités au plus haut degré. Après avoir couru quelques minutes, il s'est arrêté pour voir s'il pouvait reconnaître sa position. La première chose qui attira son attention fut la vieille prison, dont les murs sombres se dressaient dans le sombre contraste de la nuit. Il suivit les murs jusqu'à atteindre la porte principale, puis, prenant une direction opposée à son ancien itinéraire, longea la rue jusqu'à arriver à une lanterne, projetant sa faible lumière sur les objets troubles au coin d'une ruelle étroite. Il resta là plusieurs minutes, ne sachant dans quelle direction aller : la rue dans laquelle il se trouvait ne continuait que quelques pas plus loin, et quelle que soit la direction qu'il voulait, l'obscurité et les obstacles s'élevaient pour gêner sa progression. Enfin, il tourna dans la ruelle et continua jusqu'à arriver à un autre carrefour de rues ; en prenant une qui, pensait-il, le mènerait dans la bonne direction, il la traversa et s'engagea dans une rue étroite et détournée, pleine de petites maisons misérables. Une lumière brillait de l'une d'elles, et il aperçut une femelle qui passait et repassait devant la fenêtre. Il s'approcha et frappa doucement à la porte. Presque simultanément, la lumière s'éteignit. Il resta debout quelques minutes et frappa de nouveau plus fort qu'auparavant ; tout resta silencieux pendant quelques minutes. Une averse torrentielle avait commencé, ajoutant au tableau déjà sombre ; et le bruissement des feuilles d'un arbre voisin donnait un son inquiétant aux sentiments excités de l'enfant. Il écoutait à la porte avec anxiété et crainte, alors qu'il entendait des chuchotements à l'intérieur ; et comme il allait répéter son coup, une fenêtre de la main droite se souleva lentement. La femme qui faisait les cent pas dans la pièce a levé la tête avec un avertissement qui annonçait l'alarme. Ses longs cheveux noirs qui pendaient sur ses épaules, et sa figure fauve et indienne, avec sa silhouette fantomatique vêtue d'un vêtement blanc, le frappèrent d'une sorte de terreur qui le fit presque courir.

« Qui est-ce, à cette heure de la nuit ? demanda la femme à voix basse.

"Ce n'est que moi. Je suis perdu et je n'arrive pas à trouver le chemin vers notre navire », a déclaré Tommy d'un ton à moitié en pleurs.

« Maman, dit la femme en fermant la fenêtre, ce n'est qu'un petit marin, un étranger, et il est complètement mouillé. »

Elle ouvrit aussitôt la porte et l'invita à entrer. Franchissant le seuil, elle ferma la porte à la tempête, et, plaçant une chaise près du feu, lui dit de s'asseoir et de se réchauffer. C'étaient des métis mulâtres, conservant tous les traits indiens que ce reste de la tribu aujourd'hui à Charleston distingue par une famille bien connue dans la ville, mais sous la surveillance la plus stricte de la police. Tout autour de la petite pièce dénotait la pauvreté et la propreté. Le reste flétri d'une vieille mère indienne gisait étendu sur un lit de maladie, et sa fille, âgée d'environ dix-neuf ans, veillait sur elle et lui apportait les réconforts que son état exigeait. «Eh bien, maman, il est presque midi. Je ne crois pas qu'il viendra ce soir.

Elle attendait son ami, ou plutôt celui dont elle avait daigné être la maîtresse, après être passé par plusieurs seigneurs. L'histoire de ce reste féminin de belles filles indiennes maintenant laissées à Charleston est triste.

Le souvenir de leurs nobles pères, comparé à leurs associations malheureuses actuelles, offre un triste sujet de réflexion et « ce petit garçon peut rester jusqu'au matin dans notre chambre à l'étage », dit-elle en levant les yeux vers une vieille horloge du Connecticut qui ornait la cheminée.

"Oh! Je ne pouvais pas rester toute la nuit. Le second serait inquiet à mon sujet et pourrait envoyer l'équipage à ma recherche. Je suis tout aussi reconnaissant, mais je ne pouvais pas m'arrêter », a déclaré Tommy.

« Mais on ne peut jamais trouver la baie par une nuit comme celle-ci ; et je n'ai pas de laissez-passer, sinon je vous montrerais Broad Street , et vous pourriez alors trouver le chemin. J'ai peur des gardes , et s'ils m'attrapaient et m'emmenaient au poste, mon amie me maltraiterait terriblement, dit Angéline, car tel était son nom ; et elle posa la main sur son bras pour tâter ses vêtements mouillés.

Il se leva maintenant de la chaise et, mettant son chapeau, elle le suivit jusqu'à la porte et lui indiqua comment procéder pour trouver Broad Street .

Il procéda selon ses instructions et le trouva bientôt. Maintenant, pensa-t-il, tout allait bien ; mais le vent s'était transformé en un coup de vent, et ayant balayé toute la rue, il faisait tout ce qu'il pouvait pour y résister. Il avait à peine parcouru la moitié de la rue, qu'une rafale si soudaine le fit se réfugier contre sa fureur dans l'embrasure d'une porte. Il s'assit sur une marche, boutonna sa petite veste autour de lui, posa sa tête sur ses genoux et, en attendant que l'orage se calme, tomba dans un profond sommeil. Il fut soudainement tiré de cette situation par un garde qui le saisit par le col et, en lui donnant un mouvement impitoyable, l'amena tête baissée sur le trottoir.

« Qu'est-ce que tu fais ici ? Ah ! un autre misérable vagabond, je suppose. Nous nous occuperons des coquins comme vous ; viens avec moi. Nous vous apprendrons à voler à cette heure de la nuit.

"Non monsieur! non monsieur! Je n'ai rien fait »—

"Fermez-la! Tu ne mens pas à un policier, jeune coquin. Je ne veux pas entendre et je ne supporterai pas vos mensonges infernaux.

"Oh, monsieur, laissez-moi tout vous dire, et je sais que vous ne me ferez pas de mal. Je ne vais au navire que si vous me montrez le chemin, dit le petit bonhomme d'un ton suppliant.

« Arrêtez votre bruit, jeune voleur menteur, vous. Vous ne rôderiez pas à cette heure de la nuit si vous apparteniez à un navire. « Pon moi âme, je crois que tu es un nègre. Venez à la lumière », dit le garde en le traînant jusqu'à une lampe à proximité . « Eh bien, vous n'êtes pas un nègre, je pense, mais vous êtes un vagabond ambulant, et c'est pire », continua-t-il après avoir examiné son visage très minutieusement. Aussi, le traînant jusqu'au poste de garde comme un chien, et le poussant dans une sorte de caserne, le capitaine de la garde et plusieurs officiers se rassemblèrent bientôt autour de lui pour s'enquérir de la difficulté. Les officiers écoutèrent le récit du garde , avec une parfaite confiance dans tout ce qu'il disait, mais refusèrent de permettre au petit bonhomme de répondre en son propre nom. « Je l'ai observé longtemps, je l'ai vu tâtonner autour des portes des gens, puis s'endormir dans la niche de M. T.... Ces garçons sont en train de devenir les types les plus dangereux et les plus dangereux auxquels nous ayons affaire », a déclaré le policier.

"Oh non! J'allais seulement au brick, et j'ai fait demi-tour. J'ai passé plus de deux heures à chercher mon chemin dans la tempête. Je suis sûr que je n'ai fait aucun mal. Si seulement vous me laissiez raconter mon histoire », dit Tommy.

"Fermez-la! Nous ne voulons pas d'histoires avant le matin. Le maire réglera votre hachage demain ; et si vous appartenez à un navire, vous pourrez tout lui raconter ; mais vous aurez de toute façon des frais à payer. Allongez-vous simplement sur ce banc, et vous pourrez y dormir jusqu'au matin ; c'est mieux que de flâner dans les rues, dit le capitaine de la garde, un homme grand et corpulent, en montrant à Tommy un long banc semblable à ceux utilisés dans les casernes.

Le petit bonhomme comprit qu'il ne servait à rien de tenter une audience, et se dirigeant tranquillement vers le banc, il ôta son chapeau d'homme de guerre, le posa sur une chaise, s'y étendit, mettant ses petites mains sous ses siennes. tête pour le soulager des planches dures.

Mais il n'était pas destiné à dormir longtemps dans cette position, car un grand bruit de gémissement à la porte retentit dans leurs oreilles malgré la fureur déchaînée de la tempête, comme quelqu'un dans une détresse atroce.

"Cieux! qu'est-ce que c'est!" » dit le capitaine des gardes, quittant brusquement son siège et courant vers la porte, suivi de toute la troupe. Les gémissements devenaient plus forts et plus mortels dans leur son, accompagnés de voix étranges, donnant naissance à d'horribles imprécations et traînant sur le sol. La grande porte s'ouvrit, et quel spectacle s'offrit ! Trois énormes monstres, armés d'armes de poing, ont entraîné le pauvre nègre qui a proposé de montrer Tommy dans Broad Street . Ses vêtements étaient presque arrachés dans le dos, maculés de boue, de la tête aux pieds, et son visage était coupé et mutilé de la manière la plus choquante. Sa tête, son cou et ses épaules étaient couverts d'une goutte de sang, et cela continuait à suinter de sa bouche et des coupures sur sa tête. Ils l'ont traîné comme s'il était un chien mourant qu'on aurait battu à coups de matraque et l'ont jeté dans un coin, par terre, avec à peu près autant d'insouciance.

"Oh! masse ! masse ! tue-moi, massa , et qu'ils arrêtent de souffrir ! » » dit le pauvre garçon dans un murmure douloureux, en portant à sa tête ses mains enchaînées et en saisissant la lourde chaîne qui lui attachait le cou, dans l'agonie de la douleur.

"Qu'a t-il fait?" demanda l'officier.

« Il a résisté au garde et s'est enfui quand nous lui avons dit d'arrêter ! » » répondit un trio de voix. « Oui, et j'ai tenté de pénétrer dans une maison. Ah ! tu vagabondes toi; c'est comme ça qu'on sert les nègres comme vous ! — Essayez encore de vous enfuir, voulez-vous ? Je vais éteindre vos lumières du jour infernales, vous nègrez-vous », a déclaré l'un des invités .

– Il me semble que vous auriez pu le prendre et l'élever avec moins de sévérité, dit l'officier.

« Que pourrions-nous faire d'autre, bien sûr ? Ne l'avons-nous pas surpris en train de rôder avec un Blanc, et il a couru jusqu'à ce que nous ne puissions plus l'attraper. En effet , ils ne recherchaient rien de bon, et c'est comme eux que les abeilles font tous les dégâts qui ravagent la ville.

« Et j'ai moi - même frappé Muldown de deux coups, avant qu'il ne lui donne les menottes ! dit un autre des gardes ; puis, en se retournant, j'ai aperçu le pauvre petit Tommy, qui se tenait debout près d'un bureau, pendant la scène, presque « effrayé à mort ».

« Par les joueurs de cornemuse, quoi ! et tu n'es pas là ? Le même qui était avec lui-même beyant ! Viens ici, tu te fous. N'êtes-vous pas pareils à ce qui courait lorsque nous, les abeilles, parlions à ce nègre ? » dit le même garde en saisissant le bras de Tommy et en l'attirant plus près de la lumière.

"Oui, il venait avec moi, pour me montrer"—

« Arrête ! tu sais déjà que tu vas mentir. Mieux vaut les enfermer tous les deux pour la nuit et les laisser monter le matin », a déclaré un autre.

« Alors tu ne me laisseras pas parler pour moi… »

« Chut, monsieur ! » interrompit l'officier ; « tu peux raconter ton histoire le matin ! mais prenez garde de ne pas être un vagabond. S'il est prouvé que vous étiez avec ce nègre à une heure inappropriée, vous aurez une cicatrice dans le dos. Venez, vous en êtes propriétaire et je dois vous enfermer.

Sans tenter de laver le sang du nègre ni de panser ses blessures, ils déverrouillèrent les menottes et desserrèrent la chaîne de son cou, le manipulant avec moins d'émotion qu'ils ne le feraient avec une brute muette. Libéré de ses chaînes, ils lui ordonnèrent de se relever.

Le pauvre être leva les yeux d'un air suppliant, comme pour les supplier de lui épargner la vie, car il était trop faible pour parler. Il leva les mains, trempées de sang, tandis que sous sa tête se trouvait une mare de sang qui coulait de ses monticules. « Aucune de vos infernales bêtises, vous pourriez courir assez vite. Levez-vous simplement et faites attention, ou je vous aiderai avec la peau de vache », dit l'officier en appelant l'un des gardes pour qu'il la lui apporte. Il faisait maintenant un effort et s'était mis à genoux, lorsque le garde qui semblait le plus brutal par sa brutalité lui donna un coup de pied de ses lourdes bottes dans le côté, qui le fit tomber de nouveau à terre avec un profond gémissement.

« Oh-mais ! ça n'ira pas. Il ne faut pas tuer le nègre ; son maître viendra le chercher demain matin, dit l'officier en se baissant et en lui saisissant le bras de la main gauche, tout en tenant une peau de vache dans sa droite. « Viens, mon garçon, tu dois te lever et entrer au cachot », continua-t-il.

« Massa ! oh, bonne masse , ne le fais pas ! Je suis presque mort maintenant, pourquoi ne me laissez- vous pas être ? dit-il d'une manière pleurnicharde ; et faisant une seconde tentative, il retomba sur le sol, alors deux d'entre eux le saisirent par les épaules, et l'entraînèrent dans une pièce longue et sombre, semblable à une cellule, et le jetèrent violemment sur le sol. Puis, de retour dans la pièce, l'officier prit Tommy par le bras et, l'emmenant dans la même pièce, ferma la porte pour étouffer ses cris. Le petit homme était si effrayé qu'il fondit en larmes. La pièce était sombre et aussi sombre qu'une caverne. Il ne pouvait ni s'allonger, ni dormir, ni se consoler. Il ne pensait à Manuel que pour envier son sort, et il aurait volontiers partagé son emprisonnement, pour être délivré d'une situation aussi horrible. Le matin devait apporter peut-être des terreurs pires. Il pensait aux scènes heureuses de sa maison rustique de Dunakade et à ses pauvres parents, mais rien ne pouvait soulager l'angoisse de ses sentiments. Et puis, comment pourrait-il prévenir son capitaine ? S'ils étaient si cruels envers lui maintenant, il ne pouvait pas s'attendre à ce qu'ils le soient moins demain matin. De cette manière, il s'asseyait par terre avec le pauvre nègre et, s'il ne pouvait rien faire de plus, sympathisait avec ses sentiments. Le pauvre nègre murmurait et gémissait d'une manière qui eût mobilisé les sentiments d'un Patagonien ; et il continua ainsi jusqu'à environ trois heures du matin, lorsque ses gémissements devinrent si forts et si pitoyables, que l'officier de garde vint à la porte avec un serviteur, et, la déverrouillant, entra avec une lanterne à la main. . Il dirigea la lumière vers son visage et demanda pourquoi il faisait autant de bruit ? "Oh! bon massa , bon massa , envoie chercher du docta ; Ma tête a reçu un tas de coupures , dit-il en mettant la main sur sa tête. L'officier passa la lanterne à son serviteur et, après avoir mis une paire de gants sur ses mains, commença à palper sa tête, à écarter ses vêtements déchirés et à essuyer la saleté des endroits où le sang semblait coagulé. "Bonne grace! Je ne pensais pas que tu avais été si gravement blessé. Tiens, mon bon ami, (s'adressant à Tommy) tiens la lanterne. Michel, va chercher un seau d'eau et des linges, dit-il en s'éveillant tout à coup à l'état réel de l'homme, après qu'il eut montré une froideur qui confinait à la brutalité.

De l'eau et des linges furent bientôt apportés. Le préposé, Michael, a commencé à se déshabiller, mais le pauvre garçon avait tellement mal qu'il hurlait, dans la plus grande agonie, chaque fois qu'il essayait de le toucher. « Soyez tranquille, dit l'officier, il est assez grièvement blessé. Il devait être très réfractaire, sinon ils ne l'avaient jamais battu de cette manière, continua-t-il en ouvrant un rouleau de sparadrap et en le découpant en bandes. Après l'avoir lavé avec de l'eau et du whisky, ils pansèrent ses blessures avec le plâtre et lui attachèrent la tête avec un vieux mouchoir de soie qu'ils trouvèrent dans sa poche, après quoi ils laissèrent la lumière allumée et se retirèrent.

Après leur retraite, Tommy demanda au nègre comment ils étaient parvenus à le garder si longtemps, avant de l'amener au corps de garde ? Il s'est avéré que dès qu'ils l'avaient atteint, le premier l'avait renversé avec un gourdin ; et ils se mirent tous à le battre avec leurs matraques, et continuèrent jusqu'à ce qu'ils eussent satisfait leur fureur folle. Et tandis qu'il gémissait dans les rues, ils laissèrent l'un d'entre eux en charge, tandis que les autres allèrent chercher des menottes et des chaînes, dans lesquelles ils l'attaquèrent et le traînèrent, pour ainsi dire, sur quatre places jusqu'à la garde. -maison. Quel tableau sublime pour les méditations d'un peuple qui se vante de sa bravoure et de sa générosité !

CHAPITRE XIX.
LE LENDEMAIN MATIN ET LE VERDICT DU MAIRE.

Peu après le jour, Tommy tomba dans un sommeil somnolent, dont il fut réveillé par le rassemblement des prisonniers qui avaient été élevés pendant la nuit et qui devaient se présenter devant le maire à neuf heures. Quelques minutes avant huit heures, un officier ouvrit la porte de la cellule et on leur ordonna de sortir dans une longue pièce. Dans cette salle, ils trouvèrent tous les prisonniers rassemblés. Il y avait trois Noirs et cinq Blancs qui avaient été arrêtés sous des accusations différentes ; et comme le tribunal du maire n'était qu'un tribunal d'engagement - et non de jugement - si les accusations sur lesquelles les prisonniers étaient retenus étaient maintenues - ce qui était généralement le cas, parce que le policier qui avait procédé à l'arrestation était le témoin important, ils étaient obligés d'attendre le processus tardif de la loi.

Un malaise considérable avait été ressenti à bord du Janson pour Tommy, et le capitaine suggéra qu'il s'était peut-être égaré dans les ruelles sombres de la ville et que le second ferait mieux d'envoyer des membres de l'équipage à sa recherche. Le second, mieux au courant des sentiments et de l'attachement de Tommy pour Manuel que des règles de la prison et des ordres arbitraires de M. Grimshaw, assura le capitaine qu'une telle démarche serait totalement inutile, car il savait qu'en partant, il arrêterait. toute la nuit avec Manuel. Cela apaisa les appréhensions du capitaine , qui n'en parla plus jusqu'à ce qu'il se mette à table pour déjeuner. "Tommy me manque incroyablement", a déclaré le capitaine . « S'il s'est arrêté toute la nuit, il devrait être là à cette heure-là. Je pense qu'il vaudrait mieux que quelqu'un soit envoyé à la prison pour s'enquérir de lui. Au moment où il se levait de table, un membre de l'équipage annonça au compagnon qu'une personne sur le pont souhaitait voir le capitaine . En montant, il trouva un policier qui l'informa qu'un petit garçon avait été arrêté comme vagabond dans la rue, la nuit dernière, et amené devant le maire il y a quelques minutes, il déclara qu'il appartenait à son bateau, et que le le maire l'avait dépêché avertir le maître. « Les circonstances sont suspectes ; on l'a vu en compagnie d'un nègre aux très mauvaises habitudes ; mais si vous pouvez identifier le garçon, vous feriez mieux de venir vite, sinon il sera envoyé en prison et vous aurez du mal à le faire sortir », dit le messager en donnant au capitaine une description du garçon.

"Oh oui!" " dit le capitaine , " c'est mon Tommy. Je crois sincèrement qu'ils nous mettront tous en prison avant que nous quittions le port. De nombreux rendez-vous accaparaient son temps et il avait promis de rencontrer le consul de bonne heure ce matin-là. Malgré cela, il donna quelques ordres au second pour préparer les écoutilles et recevoir les gardiens du port, puis se rendit immédiatement au poste de garde très important. Il était juste à temps pour recevoir la nouvelle mortifiante que le tribunal du maire avait terminé sa séance et pour voir le petit Tommy, avec une paire de menottes à la main, en train d'être incarcéré par un agent de police hollandais. Il arrêta le connétable et, ayant appris que son honneur était encore dans la chambre, il lui mit quelques dollars dans la main en attendant son intercession. Une autre circonstance heureuse le favorisa ; au moment où il arrêtait le connétable, il aperçut son ami, le colonel S..., qui approchait. Le colonel comprit qu'il y avait des problèmes et, avec sa gentillesse habituelle, se hâta de proposer ses services.

Nous devons maintenant revenir à la mise en accusation, telle qu'elle s'est déroulée après l'envoi du messager .

Le nègre enfermé avec Tommy présentait un tableau misérable lorsqu'il était introduit dans la salle lumineuse parmi les autres prisonniers. Sa tête était si enflée qu'il ne restait aucune trace de traits sur son visage. Des coupures et des entailles étaient marquées avec du plâtre sur tout le cou et le visage ; sa tête attachée avec un vieux mouchoir rouge ; ses yeux, ce qu'on en voyait, ressemblaient plus à des boules de sang qu'à des organes de la vue ; tandis que le whisky et l'eau avec lesquels on lui avait lavé la tête s'étaient mêlés au sang sur ses vêtements, et ne servaient qu'à rendre son apparence plus dégoûtante. Au total, jamais objet plus pitoyable n'a été présenté à la vue humaine.

Quelques minutes avant que neuf heures sonnent, un monsieur à l'air intelligent, très bien habillé et corpulent, entra dans la pièce. Il était évidemment de bonne volonté, mais un de ces hommes dont les sentiments les poussent à mener à bien leurs affaires avec célérité , plutôt que de s'enquérir des circonstances des cas aggravés. Il eut une consultation de quelques minutes avec l'officier au sujet des prisonniers. Après quoi il monta sur une petite tribune, et adressant quelques mots aux prisonniers blancs (une personne qui faisait office de greffier annonçant le tribunal en frappant sur un bureau avec un petit maillet), demanda si les officiers avaient prévenu les propriétaires de la tribune. nègres. Informé que c'était le cas, il s'attaqua d'abord aux nègres. L'un, par chance, fut emmené par son maître, qui paya les honoraires d'usage pour grossir le trésor de la ville ; un autre a été condamné à recevoir vingt pagaies sur le châssis à l'atelier ; et le troisième, l'homme que nous avons décrit, étant amené, affaibli par la perte de sang, appuya sa main sur le dossier d'une chaise. "Tiens toi droit!" » dit l'officier d'un ton autoritaire.

« Maintenant, mon garçon, cela fait deux fois que vous vous présentez devant ce tribunal. Votre maître vous a laissé à la merci de la loi, et a donné des ordres stricts à la police au cas où vous seriez arrêté une troisième fois. Votre crime est pire maintenant, car vous avez été surpris en compagnie de ce garçon blanc - probablement pour une commission de méchanceté , rôdant dans les rues après le battement du tambour. Je vais, compte tenu des faits exposés ici par la police, dont je suis tenu de reconnaître le témoignage , vous condamner à dix-neuf pagaies sur le cadre, et à être incarcéré, conformément aux ordres de votre maître, pour y attendre sa suite. directions.

« Arrêtez les prisonniers blancs selon le rôle, monsieur.... Avez-vous envoyé un message au capitaine à propos de ce garçon ? demanda le maire.

« Non, votre honneur ; mais j'enverrai immédiatement, dit l'officier en entrant dans le passage et en appelant un serviteur.

Le petit bonhomme a été interpellé le premier. Il s'est levé devant le maire pendant que le policier voyou qui l'avait arrêté préférait les accusations et les jurait, en ajoutant autant de choses que possible pour donner de la couleur. « Maintenant, mon homme, laisse-moi entendre ce que tu as à dire par toi-même. J'ai fait venir votre capitaine, dit le maire, comme s'il avait vraiment pitié du petit bonhomme.

Il commença à raconter sa simple histoire, mais fut bientôt si convulsé par les larmes qu'il ne put aller plus loin. «Je ne suis allé à la prison que pour voir Manuel, l'intendant, et je me suis perdu et j'ai supplié le nègre de me montrer le chemin», dit-il en sanglotant.

"Eh bien, j'en ai assez entendu", dit le maire en l'interrompant. « Vous n'auriez pas pu être à la prison à cette heure-là, c'est impossible. C'était après les heures d'ouverture - contrairement aux règles - et cela ne fait qu'empirer les choses pour vous-même. Vous pouvez vous écarter, et si le capitaine vient avant la fin du procès, nous verrons plus loin ; sinon, vous devez être incarcéré comme vagabond. J'ai peur de vous, jeunes promeneurs.

L'officier de garde, comme si les sentiments du pauvre garçon n'étaient pas déjà suffisamment harcelés, le prit par le bras et le poussant dans un coin : « Là, jeune coquin, assieds-toi. Vous aurez ce que vous méritez une fois arrivé en prison.

Il s'assit, mais ne put retenir ses émotions. La présence du capitaine était son seul espoir. Il vit les prisonniers traduits en justice un par un et le rejoignit au fur et à mesure qu'on leur ordonnait d'être incarcérés. Il fut menotté comme les autres et livré au connétable. Le lecteur peut imaginer le sourire de joie qui accueillit l' arrivée opportune du capitaine . L'expression d'émotion de ce dernier et la simple exclamation de joie de l'enfant formaient un tableau frappant de cette tendresse qu'un enfant aimant manifeste lorsqu'il retrouve ses parents après une longue absence.

« Enlevez les fers de cet enfant », dit le colonel au connétable. "Un homme comme vous ne devrait pas mettre de tels symboles d'ignominie sur un jeune comme celui-là."

« Je ferais tout pour vous obliger, colonel ; mais je ne le peux pas sans l'ordre du maire, répondit l'homme très poliment.

– Je vais y veiller, très vite, répondit le colonel avec impatience ; et prenant le petit bonhomme par le bras avec compassion, il le ramena en présence du maire, suivi du capitaine .

«Je veux savoir pourquoi vous envoyez ce garçon», dit le colonel en posant son chapeau sur la table, le visage rouge d'indignation.

« Vagabondage et surprise en train de rôder dans les rues avec un nègre à minuit. C'est là l'accusation, colonel, répondit le maire avec une condescendance et une suavité particulières.

« Y a-t-il eu des preuves avancées pour étayer ce fait ? »

« Aucun sauf celui du policier ; vous savez que nous sommes obligés de prendre cela comme prima facie.

«Ensuite, c'était entièrement ex parte . Mais vous connaissez le caractère de ces policiers et les nombreuses circonstances aggravantes nées de leurs faux témoignages. Je ne souhaite manquer de respect à votre honneur ; mais en réalité , ils jurent à n'importe quoi contre rémunération, alors que leur corruption sans scrupules est devenue si flagrante qu'elle est une honte pour notre système de police. Avez-vous entendu l'histoire du garçon ? dit le colonel.

"Eh bien, il a commencé à raconter une histoire tordue, si pleine d'aveux, puis il a tellement pleuré à ce sujet que je n'y comprenais rien."

"Eh bien, voici le capitaine de son navire, un de mes amis, que j'estime comme un gentleman, car tous les capitaines devraient être des gentlemen, à l'exception des capitaines et des majors de Géorgie", dit le colonel d'un ton plaisant, en se retournant et en présentant le capitaine. à son honneur. « Maintenant, Votre Honneur, vous me ferez plaisir en écoutant l'histoire du petit bonhomme, qui sera corroborée dans ses points matériels par les déclarations du capitaine , qui, j'espère, seront suffisantes ; sinon, nous recourrons au geôlier.

« Ce sera suffisant. Je regrette seulement qu'il y ait eu tant de problèmes", a déclaré le maire.

Le garçon commença alors à raconter son histoire, que le maire écouta avec toute l'attention savante. À peine Tommy eut-il fini et le capitaine se leva-t-il pour confirmer ses dires, que le maire se déclara satisfait, s'excusa pour les ennuis que cela avait causés et congédia le garçon après avoir payé les frais, dont le colonel sortit de sa poche et jeté sur la table. Ainsi la joie de Tommy était complète ; ce n'était pas le cas du pauvre nègre dont il partageait la malchance. Cette cour de maire retentissante était comme la cour de César, avec des exceptions en faveur de César.

CHAPITRE XX.
ÉMEUTE PARMI LES COMMISSAIRES.

Plusieurs jours s'étaient écoulés avant que nous présentions à nouveau le lecteur à la cellule des stewards emprisonnés. Le capitaine du Janson avait été assuré par M. Grimshaw que tout se passerait bien à la prison et que Manuel serait bien soigné. Confiant en cela, l'activité du consul pour porter l'affaire devant les autorités compétentes - et la manière dont son temps était absorbé par ses affaires - ne lui laissaient aucune occasion de rendre visite à Manuel à la prison. Tommy et l'un des matelots lui avaient porté son hamac et quelques affaires provenant des provisions du navire ; et à cette exception près, ils n'eurent que peu à manger pendant plusieurs jours. Copeland n'avait plus que quelques jours à rester, et, avec ceux qui étaient avec lui, ils avaient épuisé leurs moyens, en subvenant au jour le jour, pendant leur emprisonnement. La pauvre femme qui faisait leur lessive, une mulâtresse au cœur généreux, leur avait apporté beaucoup de choses pour lesquelles elle ne demandait aucune compensation. Elle s'appelait Jane Bee, et lorsque les règles de la prison faisaient de chaque homme sa propre blanchisseuse, elle lavait fréquemment pour ceux qui n'avaient rien à la payer. Mais ses moyens étaient modestes, elle travaillait dur pour une somme dérisoire et n'avait rien à rapporter pendant plusieurs jours. Ils furent forcés de prendre leur part de pain, mais ne purent trouver la résolution de manger cette viande maladive.

Ceux qui en avaient souffert auparavant l'ont pris comme une conséquence naturelle, attendant le moment de leur libération, comme si cela devait apporter un heureux changement dans leur vie. Mais Manuel sentait que c'était un outrage sans précédent pour ses sentiments et était déterminé à protester contre cela. Il frappa bruyamment à la porte, et certains des prisonniers, l'entendant, se présentèrent au geôlier, qui envoya Daley répondre. Dès que la porte fut ouverte, il se précipita et réussit à gagner la porte de fer qui ouvrait sur le vestibule, où il pouvait converser avec le geôlier, à travers la grille, avant que Daley ne puisse l'arrêter.

Le geôlier, l'ayant aperçu à la grille, anticipa sa plainte. "Eh bien, Pereira, qu'est-ce qu'il y a en haut ?" a-t-il dit.

« Pour l'amour de Dieu, geôlier, pourquoi suis-je mis ici : mourir de faim ? Nous ne pouvons pas manger la viande que vous nous envoyez, et nous n'avons eu que du pain et de l'eau depuis trois jours. Donnez-nous quelque chose à manger et chargez-le du consul ou du capitaine, et je le paierai sur mon salaire quand je sortirai, si jamais je le fais, dit-il.

"Mon cher camarade!" dit le geôlier, personne ne connaît votre cas mieux que moi ; mais je suis pauvre, et les restrictions auxquelles je suis soumis ne me permettent aucun privilège. Vous feriez mieux de prendre votre viande le matin – si vous ne voulez pas prendre de soupe – et d'essayer de la faire cuire, ou de demander à Jane de le faire pour vous. Je vais vous donner du café et du pain de ma propre table ce soir, et vous feriez mieux d'en parler le moins possible, car si Grimshaw l'entend, il pourrait vous enfermer.

"Faites-le, je vous en serai très reconnaissant, car nous souffrons vraiment de la faim dans notre cellule, et je vous paie quand je reçois de l'argent du capitaine", a déclaré Manuel, manifestant sa gratitude pour la gentillesse du geôlier.

"Je l'enverrai dans quelques minutes, mais ne vous souciez pas du salaire, je ne l'accepterais pas!" dit le geôlier ; et, fidèle à sa parole, il leur envoya un bon bol de café pour chacun, ainsi que du pain, du beurre et du fromage. Ils ont participé au modeste repas, avec un grand merci au donateur. Après l'avoir expédié , ils s'assirent par terre, autour de la faible lueur d'une lampe en étain, pendant que Copeland lisait les vingtième et vingt et unième chapitres des Actes des Apôtres. Copeland était un nègre pieux et son comportement pendant son emprisonnement lui a valu le respect de tous les détenus. Aussi singulier que puisse paraître le goût, son coin de la cellule était décoré de petites gravures encadrées. Parmi eux, nous avons remarqué un de la crucifixion et un autre de la Madone. Après avoir lu les chapitres, ils se retirèrent dans leurs lits durs. Vers neuf heures le lendemain matin, Daley se présenta à la porte avec un morceau de viande de cou, si avarié et si sanglant que son odeur et son apparence satisfaisaient largement l'estomac.

« Le voici, mes enfants, dit-il ; " Tu as quatre livres , mais tu ferais mieux de prendre de la soupe, parce que tu ne feras jamais cuire cet os, de toute façon."

« Pensez-vous que nous sommes comme des chiens, pour manger des cochonneries pareilles ? Non! Je préfère mourir de faim ! dit Manuel.

« En effet, et vous apprendrez à manger n'importe quoi pendant que vous seriez ici un mois. Mais sois papa, si tu ne regardes pas le numéro un par ici, tu n'obtiendras pas grand-chose , de toute façon , " répondit Daley, laissant tomber le cou ensanglanté sur le sol et sortant.

"Mieux vaut le prendre", a déclaré Copeland. « Il n'y a pas le choix, et la faim n'est pas synonyme de friandises, surtout dans cette prison, où tout le monde a faim de punition. Si nous n'en mangeons pas, nous pouvons le donner à certains des pauvres prisonniers à l'étage.

« Tant que j'aurai de bons armateurs et un bon capitaine, je ne mangerai jamais de choses pareilles ; Oh! non, répondit Manuel.

La viande était déposée dans un coin pour le bénéfice des mouches ; et quand l'heure du dîner arriva, le même extrême dur arriva avec lui : du pain et de l'eau. Et personne ne semblait s'inquiéter à leur sujet ; car deux d'entre eux avaient écrit la veille des notes à leurs capitaines, mais ils restèrent au bureau faute d'un messager pour les porter. Heureusement, Jane les rendit visite dans l'après-midi, et leur apporta un bon plat de riz et un autre d' homonie .

Nous insérerons ici une lettre que nous avons reçue d'un très digne ami qui, bien qu'il ait beaucoup fait pour le peuple de Charleston et ait été récompensé par des persécutions, a été jeté en prison pour une dette dérisoire par un créancier impitoyable. innocenté par un jury de douze hommes, il fut détenu en raison des misérables imperfections de la loi de Caroline du Sud, et attendit près de douze mois la séance de la « Cour d'appel », plus pour apaiser la vindicte de ses ennemis que pour satisfaire la justice. car il était bien entendu qu'il n'avait pas de dette. Sa lettre parle d'elle-même. Prison de Charleston, 31 mars 1952.

MON CHER AMI,— Je n'ai pu m'expliquer votre absence ces derniers jours, jusqu'à ce matin, lorsque M. F***** m'a appelé quelques instants, et j'ai appris par lui que vous étiez assez malade. . Si vous êtes sur le point de demain, appelez-moi ; car on ne peut trouver parmi les nations de la terre un endroit plus morne , ou où moins d'attention est accordée aux appels de l'humanité.

Telle est la condition ordinaire de souffrance au sein de cet établissement, que les hommes, et même les femmes, sont contraints à toutes sortes d'extrêmes pour survivre ; et, pour parler de ce que l'expérience m'a appris, la criminalité est plus augmentée que réduite par ce misérable système. Il semble y avoir peu de distinction parmi les prisonniers, et aucun moyen de l'observer, sauf dans ce qu'on appelle Mount Rascal, au troisième étage. Le vol est si courant que vous ne pouvez pas quitter votre chambre sans verrouiller votre porte. Le geôlier est un bon vieillard au bon cœur, qui donne très souvent de sa propre table pour soulager les besoins des débiteurs, dont beaucoup le remboursent avec ingratitude. J'ai souffert de nombreuses privations dues au naufrage et au froid, mais jamais jusqu'à mon arrivée en Caroline du Sud je n'ai été obligé de supporter l'emprisonnement et de subsister plusieurs jours de pain et d'eau.

Parlez de chevalerie et d'hospitalité ! Combien d'hommes pourraient se joindre à moi et demander : « Où est-il ? Mais pourquoi devrais-je hésiter, quand je vois à l'étranger ceux qui ont été chassés de cet État pour chercher du pain ; quand j'entends tant de voix sans dire qui luttent pour vivre, faute de système dans les emplois mécaniques, et quand j'en vois plusieurs, entre ces murs sombres , qui sont encore pires que moi. Voici un médecin, avec une femme et une famille nombreuse, engagé pour une dette qu'il n'était pas en mesure de payer. Le nom de son père figure parmi les plus importants de l'État : un général distingué, qui a offert sa vie pour elle en temps de guerre, et dont le nom honore ses triomphes, et a depuis honoré les conseils d'État.

Le général Hammond, dont le nom occupe une place si importante dans l'histoire militaire de la Caroline du Sud. L'enthousiasme du père pour la cause de son pays l'a amené à tout sacrifier, ce qui a entraîné le malheur de ses descendants. Quand je considère le cas de Shannon, dont onze ans et sept mois d'emprisonnement pour dettes, comme on l'appelait, mais qui s'est finalement avéré être une question relevant de détails techniques de droit, l'a livré, corps et âme, à la vindicte d'un persécuteur, dont la méchanceté implacable s'est entretenue pendant cette longue période de temps. Il s'agissait simplement d'un manquement à la prescription entre commerçants, dont les droits devaient être régis par les usages commerciaux. Shannon avait amassé environ vingt mille dollars grâce à une dure industrie ; sa santé déclinait et il résolut de se retirer avec elle dans son comté natal. La pierre précieuse s'est révélée trop visible pour l'œil de lynx d'un « vrai Carolinien », qui l'a persuadé d'investir son argent dans le coton. Mû par des incitations flatteuses, il autorisa un factor à acheter pour lui sous certaines restrictions qui, malheureusement pour lui, n'étaient pas établies en ce qui concerne l'application légale - un de ces singuliers instruments entre un commerçant et un homme inexpérimenté qu'un chicaneur professionnel peut profiter de. Cotton était au sommet, et très vite Shannon reçut un compte d'achat, et une traite si bien au-delà de ses limites, qu'il s'y opposa et rejeta entièrement l'achat ; mais il faudrait préparer un complot pour le piéger. Le facteur a entrepris le jeu de force, l'a informé que le coton était soumis à sa commande et a protesté contre le projet pour apparence de franchise. Le coton est rapidement tombé à l'autre extrême, le lot a été « mis en vente » pour le compte de Shannon, Shannon a été poursuivi pour le solde, détenu sous caution et, à défaut, incarcéré en prison. Son incarcération et son endurance constitueraient un étrange chapitre dans l'histoire de l'emprisonnement pour dettes. Emportant son argent avec lui, il ferma la porte de sa cellule, et ne sortit pas et ne permit à personne d'autre que le prêtre d'entrer pendant plus de trois ans ; et pendant onze ans et sept mois, il arpenta la pièce en diagonale, d'un coin à l'autre, jusqu'à ce qu'il porte le premier plancher, en pin de deux pouces et quart, entièrement traversant.

Je pourrais continuer et parler de beaucoup d'autres, dont la pauvreté était bien connue, et qui ont pourtant souffert des années d'emprisonnement pour dettes ; mais je trouve que j'ai fait une digression. Je dois raconter une affaire amusante qui a eu lieu ce matin entre Manuel Pereira, le steward du brick anglais Janson, qui a fait escale dans ce port en détresse, et le geôlier. C'est l'homme dont on a tant parlé et peu d'émotions, un Portugais fin, bien fait et au cœur généreux. Il a le teint olivâtre – aussi léger que la plupart des Caroliniens –, intelligent et serviable, et visiblement peu habitué au traitement qu'il reçoit ici.

Manuel s'est présenté ce matin devant le bureau du geôlier avec deux morceaux de viande d'apparence dégoûtante, les os du cou souillés et ensanglantés dans chaque main. Sa colère portugaise était montée. « Monsieur Poulnot , comment appelez-vous cela ? En Caroline du Sud, tu nourris l'homme avec lui, ah ? Dans mon pays, ah oui ! nous le donnons à manger au chien. Comment tu l'appelles ? Peut-être quelque chose que je ne connais pas. En Caroline du Sud, un marin de prison quand il fait naufrage , le laisse mourir de faim en nez , et lui dit de manger ça, ah ! Je navigue autour du monde, mais jamais un homme sauvage ne me donne autant à manger ! Non, je meurs de faim avant de le manger, sois garé ! Zar , tu le prends, dit-il en jetant les morceaux de viande par terre avec dédain.

"Viande! Oui, c'est ce qui nous a été envoyé ici. Vous ne devez pas vous plaindre de moi ; portez vos plaintes au shérif, quand il viendra, dit le geôlier avec une expression de mortification sur le visage.

« De la viande, ah ! Vous appelez ça de la viande en Caroline du Sud ? Je l'appelle au cou de taureau, pas digne d'un chien dans mon pays. Je vois, quand Capitan viendra, il le fera, » dit Manuel en se retournant et en se dirigeant vers sa chambre avec une grande excitation.

"Tu ferais mieux de faire attention à la façon dont tu parles, sinon tu risques d'être enfermé lorsque le shérif arrive."

Il semble que le capitaine ait reçu une note de sa part, adressée par l'un des prisonniers blancs du même étage, et qu'il soit arrivé à la prison au moment même où Manuel montait les escaliers. Il sonna et demanda à voir Manuel.

"Manuel Pereira?" demanda le geôlier.

"Oui", dit le capitaine , "c'est mon intendant."

Il entendit la voix du capitaine et retourna immédiatement dans le hall. Les larmes coulèrent sur ses joues dès qu'il aperçut son ancien protecteur. «Eh bien, Manuel, je suis content de te voir, mais désolé que ce soit en prison. Dis-moi quel est le problème. Ne vous utilisent-ils pas bien ici ? demanda le capitaine .

En franchissant la porte du bureau, il attrapa les morceaux de viande, les sortit dans ses mains et les brandit. "Voilà, Capitan, ce n'est pas digne d'un homme, n'est-ce pas ?" a-t-il dit. « La loi m'envoie en prison, mais la loi ne me permet pas de ne pas manger. Qu'est-ce que je fais pour que les gens me traitent ainsi ? Ah, Capitan, au cou de taureau, par gar, oui-taureau né en Caroline du Sud, avec deux cous. Ils sont réduits l'extremit , dit-il en concluant avec un français approximatif.

"Cela ne peut pas être; c'est illégal de tuer des taureaux en Caroline du Sud, interrompit le geôlier avec plaisanterie.

"Doit être. Je jure qu'il a un cou de taureau, car il jouit tous les jours, tout comme lui. Taureau né avec un seul cou, pas autant de sperme. Qu'est-ce que je reçois au petit-déjeuner, Capitan, ah ? Un morceau de mauvais pain. Qu'est-ce que je reçois pour le dîner, ah ? Un cou de taureau. Oui, qu'est-ce que je reçois aussi pour le dîner ? : un morceau de pain et un seau d'eau. Peut-être qu'il est méchant, peut-être qu'il est bon, juste pour qu'il vienne. Tu penses que je vis de ça , Capitan ? dit-il en réponse aux questions du capitaine .

Le capitaine se sentit irrité par un tel traitement et s'excusa de ne pas avoir appelé plus tôt ; pourtant il ne pouvait réprimer un sourire qui se dessinait sur son visage en raison du sérieux suranné de Manuel.

« C'est certainement un tarif étrange pour un être humain ; mais le souper paraît plutôt comique. As-tu bu le seau d'eau, Manuel ? » s'enquit le capitaine , gardant un visage sobre.

« Capitan, tu me connais trop bien pour ça. Je ne leur demande pas nozin 'ce qu'il n'a pas compris, mais je veux mon café pour le souper '. Je ne le mange pas comme zat », jetant à nouveau la viande putride sur le sol.

« Salut, salut ! Cela ne suffira pas dans cette prison. Vous salissez tout mon parquet, dit le geôlier en appelant un jeune nègre et en lui ordonnant de porter les cous de taureaux, comme les appelait Manuel, dans la cuisine.

« Vous le traitez de sale, ah, Miser Jailer ? Capitan, viens dans ma chambre ; Je lui ai montré », dit Manuel en ouvrant la voie à l'étage, et le capitaine le suivit. Une vue de la cellule suffisait, tandis que la puanteur nauséabonde lui interdisait d'entrer au-delà du seuil. Il promit à Manuel qu'il prendrait soin de lui à l'avenir, et se retournant brusquement, il se retira dans le hall inférieur.

« Geôlier, qu'est-ce que tout cela signifie ? Permettez-vous aux hommes de mourir de faim dans un pays d'abondance et de souffrir dans une cellule comme celle-là ? demanda le capitaine d'un ton péremptoire.

"Je compatis pour ces hommes, mais vous devez déposer vos plaintes auprès du shérif - la ration de la prison est entièrement entre ses mains."

"Mais n'avez-vous pas de voix pour améliorer leur situation?"

« Pas des moindres ! Mon devoir est de veiller à ce que tout soit en ordre, dans la mesure où les gens s'y engagent. Vous trouverez le shérif dans son bureau à tout moment entre cette heure et deux heures, dit le geôlier. Et le capitaine partit aussi brusquement qu'il était venu.

Vous penserez que je vous ai écrit un essai, au lieu d'une lettre vous invitant à venir me voir. Acceptez-le pour son intention et excusez les circonstances. Votre obéissant serviteur,

CHAPITRE XXI.
L'ENTRETIEN DU CAPITAINE AVEC M. GRIMSHAW.

L'apparence des choses à la prison était extrêmement triste. Le capitaine connaissait l'intégrité de Manuel et non seulement croyait à ses déclarations, mais il voyait également les preuves positives pour les confirmer. Il se rendit au bureau du shérif et, s'enquérant de ce fonctionnaire, on lui montra M. Grimshaw, qui était assis dans son grand fauteuil, les pieds sur la table, soufflant les vapeurs d'un Havane au très bon parfum, aussi indifférent que s'il était le seigneur souverain de tout ce qui concernait la ville. « Je suis capitaine du Janson et j'ai appelé pour me renseigner sur mon steward ? dit le capitaine .

« Ah ! oui, vous avez un nègre en prison. Oh! à propos, c'est celui-là qui a fait tant de bruit, n'est-ce pas ? dit M. Grimshaw en levant les yeux.

"C'est un devoir impératif pour moi de rechercher le confort de mes officiers et de mon équipage", a déclaré le capitaine . « J'ai reçu ce matin un billet de mon intendant, le voici (lui tendant le billet), vous pouvez le lire. Il m'a prié de lui rendre visite à la prison, où je n'ai pas perdu de temps pour me rendre, et j'ai trouvé ce qu'il y avait dit trop vrai. Comment c'est! D'après la grande libéralité de ton que j'ai entendue partout à mon arrivée, j'ai été amené à croire qu'il serait mis à l'aise ; et que le simple confinement était le seul élément de la loi qui constituait un grief. Maintenant, je trouve que c'est la seule partie tolérable. Lorsqu'un homme n'a commis aucun crime et est emprisonné pour satisfaire un caprice du sentiment public, il doit être accompagné des accompagnateurs les plus favorables. L'associer aux abus les plus honteux, comme nous le montrons ici, le rend extrêmement répugnant. Si nous payons pour enfermer ces hommes et pour leur subsistance pendant qu'ils sont enfermés, au nom de Dieu, obtenons ce pour quoi nous avons payé !

Le lecteur remarquera que M. Grimshaw était un homme aux manières grossières et à l'esprit vulgaire, dont toutes les traces étaient préservées sur l'homme extérieur. Il leva les yeux vers le capitaine avec un froncement de sourcils présomptueux, puis dit : « Eh bien, monsieur le capitaine, comme vous parlez ! Mais ce genre de discours ne fonctionnera pas ici en Caroline du Sud. Ce nègre nous cause de gros ennuis, capitaine. Il ne semble pas comprendre qu'il doit se contenter de la prison et vivre comme les autres prisonniers. Il obtient ce que la loi exige, et s'il nous cause d'autres ennuis, nous l'enfermerons au troisième étage.

« Vous ne pouvez pas vous attendre à ce qu'il soit content, quand vous lui fournissez les moyens de mécontenter. Mais je ne suis pas venu ici pour discuter avec vous, ni pour vous demander quoi que ce soit comme une faveur , mais comme un droit. Mon intendant a dû souffrir ! Dois-je payer pour ce qu'il ne reçoit pas ? Ou dois-je vous payer pour le faux-semblant , tout en étant obligé de le fournir à cause des propriétaires ? Vous devez excuser mes sentiments, car j'en ai assez de les provoquer ! répondit le capitaine .

« Cette affaire m'appartient entièrement ! Il obtient ce que l'État lui permet, et je lui fournis. Votre intendant n'a jamais écrit cette note ; cela a été dicté par certains d'entre eux, de misérables prisonniers blancs. Je n'entends aucune plainte sur des cas comme ceux-là. Si je devais écouter toutes ces plaintes insensées, cela me ferait perdre tout mon temps. J'aimerais que le diable ait tous ces stewards nègres et leurs plaintes ; la prison est tout le temps en conflit avec eux. Je n'entends plus rien, monsieur, plus rien ! » dit Grimshaw avec insistance, interrompant le capitaine alors qu'il essayait de parler ; ce à quoi le capitaine devint si profondément irrité, qu'il soulagea ses sentiments dans cette sorte d'anglais simple qu'un Écossais peut le mieux employer pour dire à un homme ce qu'il pense de son caractère.

« Vous devez vous rappeler, monsieur, que vous travaillez dans le bureau du shérif de la paroisse du comté, je veux dire, et j'ai, monsieur, droit au respect. Partez ! — vantez-vous ! vous n'avez pas le droit de venir ici et de dénigrer mon caractère de cette façon. Vous ne devez pas me prendre pour un bedeau de paroisse, dit Grimshaw en contorsionnant les traits insignifiants de son visage et en laissant échapper un filet de jus de tabac dans son excitation.

« Si vous n'avez pas de lois pour me rendre justice, vous avez mon opinion sur vos torts », répondit le capitaine , et prenant son chapeau, il quitta le bureau avec l'intention de retourner à la prison. Après réflexion, il décida de rendre visite au colonel S..., ce qu'il fit, et le trouvant dans son bureau, lui exposa les circonstances.

« Ces choses sont les fruits de l'imbécillité ; mais je suis désolé de dire qu'il n'y a aucun soulagement de leur part. Nous sommes un peuple curieux, et nous faisons un grand nombre de choses curieuses conformément à la loi, et laissons de côté un grand nombre de choses que la loi et les législateurs devraient faire. Mais j'irai avec vous à la prison, et tout ce que mon influence pourra vous servir, dit le colonel en mettant son chapeau et en accompagnant le capitaine à la prison.

M. Grimshaw les avait devancés, et après avoir donné au geôlier des instructions particulières pour enfermer Manuel s'il déposait d'autres plaintes, et pour exécuter ses ordres compte tenu du péril de sa situation, il les rencontra à quelques pas de la porte extérieure, sur son retour. « Voilà, capitaine ! dit Grimshaw en faisant une sorte de halte, j'ai donné au geôlier des ordres particuliers concernant votre nègre grogneur !

Ni le capitaine ni le colonel S... ne prêtèrent attention à ses remarques et passèrent en prison. Le colonel S... intercéda pour l'homme, lui expliquant les circonstances qui l'avaient malheureusement amené là, et implora l'aimable considération du geôlier en sa faveur. Le geôlier leur expliqua quels avaient été ses ordres, mais promit de faire tout ce qui était en son pouvoir et de veiller à ce que tout ce qui lui serait envoyé soit livré sain et sauf.

Après avoir quitté la prison, le colonel S... proposa une promenade, et ils suivirent une rue perpendiculaire à la prison, jusqu'à ce qu'ils arrivèrent à un coin où un grand bâtiment en brique était en construction. L'emplacement n'était pas dans ce qu'on pourrait strictement appeler « le cœur de la ville », ni en banlieue. Les charpentiers et les maçons, noirs et blancs, étaient occupés à leurs occupations, et de loin, tout semblait beau et émouvant . À mesure qu'ils s'approchaient, des cris et des gémissements résonnaient dans l'air et s'élevaient bien au-dessus du fracas du travail des artisans. Le capitaine accéléra le pas, mais le colonel, comme conscient de l'effet, s'arrêta et aurait voulu revenir sur ses pas. "Viens!" dit le capitaine , dépêchons-nous, ils tuent quelqu'un ! Ils s'approchèrent du bâtiment et entrèrent par une porte ouverte au sous-sol. Le passage, ou entrée, était rempli de toutes sortes de matériaux de construction ; et sur la gauche, une autre porte ouvrait sur un long appartement en sous-sol, avec des planches détachées posées sur les solives du plancher. Ici, dans cet appartement sombre, se trouvait l'objet souffrant dont les gémissements avaient attiré leur attention. Une grosse billette de bois, d'environ six pieds de long et trois pieds carrés, qui avait l'air d'être utilisée pour un billot, était posée à proximité . Un pauvre nègre, apparemment avancé en âge, était déshabillé et penché sur le bloc, en forme de fer à cheval, les mains et les pieds étroitement attachés à des pieux enfoncés dans le sol de chaque côté. Ses pieds étaient maintenus rapprochés et tout près de la bûche, tandis qu'il était tiré vers lui, serré par les mains qui étaient ouvertes. Ainsi, avec une corde autour du cou, nouée au niveau de la gorge, dont chaque extrémité était portée au pignon où ses mains étaient fixées, sa tête et son cou étaient tirés jusqu'au point le plus serré. Cette position était suffisante pour tuer un être humain ordinaire en moins de six heures. Son maître, un homme grand et robuste, avec un fort accent irlandais, tressaillit à leur apparition, comme effrayé de la présence d'intrus, tout en lui tenant la main dans l'attitude de leur administrer un autre coup. "Là! espèce de nègre infernal ; vole encore, veux-tu ? dit-il, écumant de rage, avec son manteau enlevé, ses manches de chemise retroussées, et son visage, ses mains, ses bras et sa poitrine si éclaboussés de sang, qu'un frisson d'horreur parcourut le capitaine . Sur le sol gisaient plusieurs morceaux de cerceau brisés et couverts de sang, tandis qu'il tenait dans sa main un autre morceau (qu'il avait arraché d'un tonneau de chaux) puant le sang, présentant l'image d'un meurtrier taché de sang . de sa victime. Mais la punition du pauvre malade avait épuisé ses forces, ses gémissements étaient devenus si faibles qu'ils étaient à peine perceptibles. Ses postérieurs étaient si coupés et mutilés qu'on ne pouvait les comparer qu'à un morceau de foie de bœuf, avec sa ténacité déchiré par des chiens lâches. Son corps était en sueur abondante, la sueur coulait de son cou et de ses épaules, tandis que le sang coulait de ses contusions, le long de ses jambes et sur quelques copeaux au sol. Juste à ce moment, un garçon apporta un seau d'eau et le déposa près des pieds du tyran. "Va-t'en, mon garçon!" » dit-il, et le garçon partit le plus vite possible. Le capitaine resta consterné par cette image sanglante.

« Homme impitoyable ! » dit le colonel d'un ton péremptoire ; « Qu'est-ce que tu fais ici ? Espèce de démon de l'enfer, laisse cet homme se relever ! Vous possédez des esclaves pour nous déshonorer de cette manière ! Les épithètes de mépris et de dégoût sont trop bonnes pour vous. Ce sont des bêtes comme vous qui suscitent une haine populaire contre nous et qui aigrissent les sentiments de nos compatriotes. Laissez cet homme se relever instantanément ; la position même dans laquelle vous le placez suffit à le tuer, et, si je ne me trompe, vous l'avez déjà tué.

« En effet, il m'appartient , et vous ne perdrez pas un centime s'il est en kilt. Et je vous garantis qu'il n'est pas du tout capable de Staline , mieux que ne le ferait l'homme qui se tient au Wurk'o'se . Pas de chance pour le méchant , et c'est la deuxième fois qu'il ferait la même chose, dit-il avec autant d'insouciance que s'il venait de tuer un veau.

« Je t'appartiendrai, misérable ! Vos abus et traitements cruels envers vos esclaves deviennent une chose publique ; et si vous ne faites pas très attention, quelque chose sera fait avant le conseil. S'ils sont les vôtres, vous ne devez pas les traiter plus mal que les chiens ; ils ont des sentiments, si vous n'avez pas de compassion. Être rapide! relâchez-le immédiatement ! demanda le colonel en tâtant le poignet et la tête de l'homme.

Le tyran se met délibérément au travail, dénouant les cordes. Cela provoqua encore davantage le colonel, et sortant son couteau de sa poche, il coupa les cordes qui lui liaient les mains et les pieds, tandis que, tout aussi brusquement, le capitaine sautait avec son couteau et coupait celles qui lui liaient les mains et le cou. « Arrêtez, Capitaine, arrêtez ! n'y prenez pas part, dit le colonel avec un regard significatif.

" Gintlemen , j'aimerais que oui n'interfère pas avec mes propres affaires", a déclaré le maître.

« Prends-le, espèce de misérable ! Je vous parle comme vous le méritez, sans retenue ni respect », répéta encore le colonel.

Il appela le garçon qui apportait le seau d'eau quand ils entrèrent. Il s'avança et, prenant le pauvre garçon par les épaules, cette bête à forme humaine cria : « Lève-toi maintenant, misérable voleur, toi. » Le pauvre garçon se débattait, mais tandis que le Noir relevait la tête, qui semblait pendre comme un poids mort, l'épuisement l'avait laissé sans force, et il retomba parmi les copeaux sanglants comme une masse mutilée de chair sans vie.

« Aucune de vos moqueries ; De toute façon, vous valez une douzaine de nègres morts, dit-il en prenant le seau d'eau et en en jetant près de la moitié sur lui ; puis passer le seau à l'homme noir et lui ordonner d'aller chercher plus d'eau et de le laver ; puis se procurer du salpêtre et une éponge pour essuyer sa chair.

« Eh bien, » dit le colonel, « j'ai vu beaucoup de cruauté envers les esclaves, mais celle-ci est la plus bestiale que j'aie jamais vue. Si vous n'appelez pas immédiatement un médecin , je vous dénoncerai. Cet homme mourra, avec une certitude morale. Maintenant, vous pouvez compter sur ce que je dis : si cet homme meurt, vous en ressentirez les conséquences, et je vous surveillerai de près.

" Bien sûr , je prends toujours soin de mes propres nègres, et c'est à lui qu'on ne demandera pas de faire un seul travail pendant une semaine, mais qu'il aura le même pour bien se débrouiller ", dit le tyran tandis que le colonel et le capitaine étaient sortie.

«Dieu soit miséricordieux envers nous et épargne-nous les sauvages de l'humanité. Cette scène, avec son accompagnement sanglant, me hantera toute ma vie. Vos lois autorisent-elles de telles choses ? » dit le capitaine , visiblement excité.

« A vrai dire, capitaine, dit le colonel, nos lois ne les atteignent pas. Ces hommes possèdent quelques nègres sur lesquels, étant une propriété, ils exercent un contrôle absolu ; le témoignage d'un nègre étant invalide, cela lui donne un pouvoir illimité d'abuser et d'infliger des punitions ; tandis que, si un homme blanc tente de dénoncer de telles choses, le cri d'« abolitionniste » s'élève contre lui, et tant de personnes sont prêtes à appuyer ce cri, qu'il doit avoir une position particulière s'il ne porte pas préjudice à ses propres intérêts et à sa sécurité. . Je suis désolé qu'il en soit ainsi ; mais c'est trop vrai, et même si cela stigmatise le système, cela joue contre nous-mêmes. Le mal réside dans les défauts du système, mais le remède est un problème aux fonctionnements divers et complexes qui, je l'avoue, dépasse ma compréhension. La raison pour laquelle je vous ai parlé comme je l'ai fait lorsque vous avez coupé les pignons des mains de cet homme, c'est pour vous donner un mot de précaution. C'est un mauvais homme. Les nègres préféreraient être vendus à tout moment à une plantation de canne à sucre en Louisiane plutôt que de lui être vendus. Il les résout bientôt; en deux ans, les gens beaux et en bonne santé deviennent boiteux, infirmes et malades sous lui ; il ne leur donne jamais de jour férié, rarement un dimanche, et les affame par là même à moitié. Si ses sentiments avaient été d'une humeur particulière au moment où vous avez coupé ce cordon, et s'il n'avait pas travaillé dans la crainte de ma présence, il aurait formé une bande de sa marque, et comme vous êtes un étranger, le la seule alternative pour votre sécurité aurait été de quitter la ville.

« Ce vagabond a battu le pauvre être pour qu'il meure ; il ne peut en être autrement », a déclaré le capitaine .

"Et bien non; Je ne le pense pas, s'il est bien soigné pendant une semaine environ ; mais c'est une chance si cette brute lui donne une semaine pour se rétablir. Quand la chair fière s'installe, c'est très fastidieux ; c'est pourquoi, en ce qui concerne la loi, le fouet a été aboli et la pagaie remplacée, le premier mutilé de la manière que vous venez de voir, tandis que le second est plus aigu et meurtrit moins. J'ai vu un nègre retiré du cadre à pagaie, apparemment immobile et sans vie, très peu meurtri et peu saigné ; mais il reviendrait au travail dans trois ou quatre jours, dit le colonel tandis qu'ils passaient ensemble.

Nous imprimerions le nom de cette brute sous forme humaine, afin que le monde puisse le lire, sans une épouse aimable et une famille intéressante, dont nous respectons les sentiments. Peu de temps après, nous entendîmes la cause de ce cruel supplice, qui était simplement qu'il avait volé quelques kilos de clous, ce qui fomenta la rage du démon. De la manière que nous avons décrite, cette créature féroce avait retenu sa victime pendant plus de deux heures, la battant avec les cerceaux noueux tirés des tonneaux de chaux. Sa rage se déplaçait par intervalles, comme des rafales de vent lors d'un coup de vent . Ainsi, pendant que ses sentiments étaient les plus violents, il les déversait sur la chair du pauvre misérable ; puis il s'arrêtait, reposait son bras, et arpentait le sol de mur en mur, et dès que sa passion éclatait, il recommençait et frappait les coups de toutes ses forces, tout en maintenant le garçon noir debout avec un seau d'eau. de l'eau à la main, prête à se déverser sur le misérable dès que des signes d'évanouissement apparaissaient. Plusieurs fois, lorsque la douche abondante l'envahissait, elle remplissait sa bouche, de sorte que ses cris résonnaient d'un gargouillis semblable à la mort, qui rendait glaciale toute sensation à l'entendre. Durant ce laps de temps, il infligea plus de trois cents coups. Nos informations proviennent de l'homme qui a exécuté les ordres de son maître – a versé l'eau – et n'a pas osé dire : « Bon massa , épargne le pauvre Jacob. » Nous avons visité les lieux environ un mois plus tard, sous prétexte d'examiner le sous-sol du bâtiment, et avons vu les traces indubitables de torture civilisée qui subsistaient encore dans le sol et sur les copeaux éparpillés partout.

« Capitaine, vous ne devez pas juger l'institution de l'esclavage sur ce que vous y avez vu ; ce n'est qu'un de ces cas isolés, si préjudiciables en eux-mêmes, mais dont le caractère général de l'institution ne doit pas être tenu pour responsable, dit le colonel.

"Un système aussi imparfait devrait être révisé, de peur que des hommes innocents ne subissent ses torts", a déclaré le capitaine .

Ils continuèrent leur promenade à travers plusieurs quartiers très jolis de la ville, où de beaux jardins fleuris et des haies bien taillées étaient joliment aménagés ; ce n'étaient cependant pas les habitations des « vieilles familles ». Ils occupaient des parties de la ville désignées par de vieilles demeures massives, présentant une architecture antique et mixte, avec des cours délabrées et des murs tachés par les intempéries, montrant à quel point le travail de décadence était inébranlable.

Le colonel a souligné les nombreux avantages militaires de la ville, qui pourraient être utilisés contre l'Oncle Sam s'il s'immisçait dans la Caroline du Sud. Il en parlait avec ironie, car il n'était pas possédé par la monomanie de la sécession. Il avait été un ami personnel de M. Calhoun et connaissait ses abstractions. Il connaissait M. McDuffie ; Hamilton, (le transcendant , de renommée de Caroline du Sud ;) Butler, de bons éléments, éloquent, mais ému par des torts imaginaires ; Rhett, renonçant à ce nom vulgaire de Smith, qui haïssait l'homme parce qu'il parlait, mais ne voulait pas se battre parce qu'il craignait son Dieu ; et entre eux, une foule de dignes qui faisaient de la vengeance une devise ; et enfin, mais non des moindres, le grand Quattlebum , dont la force et l'esprit ne connaissent aucune limite, et qui ont amené le champion commandant, avec son dévouement enthousiaste, à diriger des espoirs désespérés et inébranlables. Mais il savait qu'il y avait de la tromperie dans les agissements politiques de ce cercle de grands noms.

De retour au marché, ils prirent un verre social chez Baker, où le colonel prit congé du capitaine ; et celui-ci, dans l'intention de se rendre à son navire, suivit le cours du marché presque jusqu'à son extrême le plus bas. Dans une des places les plus publiques du marché, l' attention du capitaine fut attirée par un singulier objet de mécanisme. Son application semblait si indéfinie, qu'il se souvenait du vieux dicton des marins, lorsqu'ils rencontraient quelque chose d'indescriptible en mer, selon lequel c'était une « agitation pour faire lever le soleil par temps nuageux ». C'était un grand piédestal d'environ six pieds de haut, avec une sorte de plate-forme à la base sur laquelle les personnes pouvaient se tenir debout, et munie de deux anneaux lourds espacés d'environ huit pouces. Il était surmonté d'un sommet, contenant une manille en fer assez longue pour la meilleure chaîne de tonnelle d'un sloop de guerre, et juste en dessous se trouvait une moulure joliment tournée . À environ trois pieds du sol et douze pouces du piédestal, il y avait deux pièces de bois l'une au-dessus de l'autre, avec un espace d'environ dix pouces entre elles, la pièce supérieure étant placée à environ cinq pouces le plus près du piédestal, contenant également deux anneaux. et tous deux soutenus par des poteaux dans le sol. Au-dessus du tout se trouvait une charpente, avec deux poutres en saillie munies d'anneaux et se dressant à environ quatorze pouces en diagonale au-dessus du grand anneau au sommet du puits. C'était un instrument tout à fait curieux, mais il désignait la civilisation de l'époque, sur le même principe qu'un certain voyageur qui, en débarquant dans un pays lointain, découvrit des traces de civilisation dans les restes en décomposition d'une vieille potence .

Il contempla le curieux instrument pendant quelque temps, puis se tournant vers un vieux nègre en haillons, dont la tête et la barbe étaient blanchies par la farine de l'âge, il dit : « Eh bien, vieil homme, comment appelles-tu cela ?

"Eh bien, Massa , il est génial c'est -ce que le grand vieux juge massa a envoyé Buckra-man chercher le fouet, alors les couleurs se sont moquées quand 'e ketch' je suis sur le dos, ca' bim ; un masse avec un chapeau de coq sur la tête, mis un gros jus VIP , alors », dit le vieux nègre.

C'était le poste de fouet où les hommes blancs, pour de petits larcins, étaient marqués d'ignominie et de honte.

"Es-tu un esclave, vieil homme?" demanda le capitaine .

Le vieil homme détourna la tête et ôta ses vêtements en lambeaux, comme si la honte l'avait piqué.

« Allez, bon massa – le vieux Simon sait que votre place n'est pas ici – donnez-lui un morceau de 'bacca », répondit le vétéran à la tête blanche, visiblement dans l'intention d'éluder la question. Le capitaine partagea son « plug » avec lui et lui donna un quart pour en obtenir davantage, mais pas pour acheter du whisky. « Tank-e, massa , tank-e ; il est parti avec le vieux Simon depuis longtemps.

« Mais vous n'avez pas répondu à ma question ; Je t'ai demandé si tu étais un esclave.

« Ah ! massa , tu ne le connais pas comment il va, ah ha ! Ha! Je suis parti maintenant. Massa Pringle le possédait autrefois , mais je suis si vieux maintenant, personne ne dit que je le possède , et le vieux Simon n'est pas un massa , que dis-je, il est pour le bacon. je ne m'en fous pas je n'arrive pas à le faire maintenant, parce que je suis vieux. Quand Simon jeune-grand moment 'go-den massa dit Simon le sien ; wow touzan'dollars ; alors je fais la veille pour masser juste comme ça. Je prime le repaire des négros, massa ; maintenant je woff nosin ', pas de maïs ni de bacon' sauf ce que je suis de Suke -e. Elle est libre; bon masse , libérez-la, dit-il.

"Quel âge as-tu, vieil homme?" demanda le capitaine .

« Ah, Massa Stranger, tu as le vieux Simon da ! Si je sais ça , alors je sais quelque chose il y a longtemps, qu'est-ce que Buckra-man ne sait pas . Je suis un nègre né dans le pays , Massa , mais je connais la maison de Massa Pringle pour laquelle il m'a construit . Juste à ce moment, plusieurs pièces de canon et autres munitions passaient sur de longs chariots à roues basses. "Ah, massa , vous ne savez pas ce que c'est ", dit le vieux nègre en les désignant. «Dem wa ' Massa Sud Ca'lina Je veux fouetter les « États -Unis avec Massa Goberna » pour les commander l'année dernière, et « e jus » arrive. Bon rassemblement de masse pour se battre pour nous avec eux . Le pauvre vieillard semblait s'intéresser beaucoup aux pièces d'artillerie qui passaient et avoir hérité de toutes les idées pompeuses de son maître. Les nègres de Charleston ont un penchant naturel pour les tactiques militaires, et des centaines de gamins en haillons, ainsi que de vieux papas et mamans, peuvent être vus suivre le fifre et le tambour les jours de défilé.

"Alors je suppose que tu as une maison quelque part et un maître nulle part, vieil homme ?" dit le capitaine en lui serrant la main, comme quelqu'un qui aurait épuisé son esclavage pour être renié dans l'hiver de la vie.

CHAPITRE XXII.
LIBÉRATION DE COPELAND ET CONFINEMENT FERMÉ DE MANUEL.

Le capitaine du Janson, estimant qu'il ne fallait pas se fier aux déclarations des fonctionnaires, après son retour à son navire, ordonna que Tommy soit envoyé chaque jour à la prison avec des provisions pour Manuel. La tâche était une tâche souhaitable pour Tommy, et tous les jours, vers dix heures, on pouvait le voir se diriger péniblement vers la prison avec une musette sous le bras. Il y avait cinq stewards enfermés dans la cellule, et depuis quelques jours, avant cette attention de la part du capitaine , ils avaient été réduits au dernier degré de nécessité. La quantité peut être considérée comme maigre lorsqu'elle est divisée entre tant de personnes, mais ajoutée aux petites choses apportées par Jane et aux cadeaux de plusieurs membres de l'équipage du Janson, ils s'entendent bien. Il s'agissait néanmoins d'une dépendance au hasard et à la charité, que toute circonstance fortuite pouvait affecter. Pendant plusieurs jours, ils se rendirent aussi contents et heureux que les circonstances le permettaient ; et, toujours soucieux de jouir du privilège de leur séjour dans la cour, ils quittaient leur cellule ensemble et se mêlaient aux prisonniers de leur couleur sous le perron.

Au bout de quelques jours, ils constatèrent que leur cellule avait été pénétrée et que presque toutes leurs provisions avaient été volées. Non content de cela, l'acte se répéta pendant plusieurs jours, et tous les moyens mis en place pour découvrir le voleur se révélèrent vains. Le geôlier fit plusieurs perquisitions à travers leurs remontrances, mais sans rien faire . Ils gardaient leurs provisions dans une petite boîte qu'ils fermaient avec un cadenas ; mais comme Daley possédait les clés de la cellule, ils n'avaient aucun moyen de verrouiller la porte. Manuel finit par tendre un piège qui s'avéra efficace. Un matin, Tommy est entré dans la prison en soufflant avec un cartable sur le dos. « Je suppose que Manuel ne se sentira pas découragé en voyant cela – pensez-vous que ce sera le cas ? » dit le petit bonhomme en posant le cartable sur le sol et en levant les yeux vers le geôlier. « Et j'ai aussi des cigares, m'a envoyé le capitaine , dans ma poche, » dit-il en hochant la tête ; Il mit la main dans une poche latérale, en sortit une et la tendit au geôlier.

« Ah ! tu es un bon petit garçon, valant une douzaine de nos garçons. Asseyez-vous et reposez-vous », dit le geôlier, et il appela une monstrueuse fille noire pour qu'elle apporte une chaise et porte la sacoche jusqu'à la cellule. Puis se tournant vers la porte de derrière, il appela Manuel ; et, comme s'ils étaient conscients de l'arrivée de Tommy, le reste des stewards le suivit. Il sauta de sa chaise dès qu'il aperçut Manuel, courut vers lui, commença à lui raconter ce qu'il avait dans le sac et en sortit en même temps une poignée de segars que le capitaine lui avait envoyés. Manuel monta les escaliers en tête, suivi de Tommy et du groupe de stewards. Tommy ouvrit le cartable, tandis que Manuel déposait sur la table le contenu, un à un, que la nécessité avait trouvé dans la tête d'un tonneau.

« Maintenant, mangez, mes amis, mangez autant que vous voulez, et ensuite j'attraperai le voleur qui brise ma serrure et vole ma viande. Je l'attrape », a déclaré Manuel. Après qu'ils eurent tout fait, il enferma la balance dans sa boîte et envoya tout le monde descendre dans la cour, se couvrant d'abord de deux matelas et donnant l'ordre à Copeland de verrouiller la porte derrière lui. Tout était prêt à bouger au mot. Il resta dans cette position près d'une demi-heure. Enfin, il entendit un pas s'approcher de la porte, puis la serrure tinta. La porte s'ouvrit lentement, et le véritable M. Daley entra en boitant, sortit une clé de sa poche, déverrouilla la petite boîte, remplit sa poêle en fer-blanc, la verrouilla et s'éloigna aussi indépendant qu'un scieur de bois, faisant un pas de plus. léger coup de sifflet à une montre qui était postée au fond du passage. "C'est toi, n'est- ce pas ?" » dit Manuel en se levant brusquement et en lui donnant un coup sur le côté de la tête qui l'envoya, lui et le contenu de la casserole, en tas confus sur le sol. Daley se releva et tenta d'atteindre la porte, mais Manuel, craignant les conséquences si les autres prisonniers venaient à son secours, ferma la porte devant lui et la ferma à l'intérieur.

« Pas de chance à vos yeux infernaux, allez-vous frapper un homme blanc, vous méchants , dans un pays comme celui-ci ? » » dit Daley, alors qu'il se relevait. Cela exaspéra encore davantage les sentiments de Manuel. Voir l'insulte s'ajouter à l'injure, et se voir injurier par un ivrogne et un voleur sans valeur, était plus qu'il ne pouvait supporter. Il commença selon les règles scientifiques d'un marin et donna à Daley un battage systématique qui, bien que contraire aux règles de la prison, fut déclaré par plusieurs prisonniers comme n'étant pas plus que ce qu'il méritait depuis longtemps. Comme on pouvait s'y attendre, Daley appela vigoureusement à l'aide, ajoutant l'élément très commode du meurtre, pour rendre son cas plus alarmant. Plusieurs personnes s'étaient rassemblées autour de la porte, mais aucune n'a pu entrer. Le geôlier n'eut pas plus tôt atteint la porte que (malheureusement pour Manuel) il fut rappelé à la porte extérieure pour admettre M. Grimshaw, qui venait de sonner. Au moment où il entra, le bruit de Daley fut le plus fort et parvint à ses oreilles avant qu'il n'ait atteint la porte extérieure. Il monta précipitamment, suivi du geôlier, et demanda à entrer par la porte de la cellule, jurant à haute voix qu'il la briserait à coups de hache si l'ordre n'était pas immédiatement obéi.

La porte s'ouvrit et Manuel se tenait la main gauche tendue vers Daley. "Entrez, messieurs, je l'attrape, un coquin, qui vole ma provision tous les jours, et je le punis, ce dont il se souvient en partant."

Daley se tenait debout, tremblant, contre le mur, portant des marques de blessures graves sur son visage et ses yeux. « On recommence, Daley ? Ah ! Je pensais que tu avais laissé tomber ces trucs ! dit le geôlier.

Daley commença à raconter une histoire triangulaire et à donner autant d'excuses possibles, avec autant de taureaux caractéristiques. "Je ne veux pas entendre votre histoire, Daley", a déclaré M. Grimshaw. "Mais, M. Jailer, je vous ordonne d'enfermer cet homme au troisième étage", désignant Manuel. «Je me fiche des circonstances. Il nous a donné plus de problèmes qu'il n'en vaut la peine. Il a essayé de se faire passer pour un homme blanc, mais il n'y est pas parvenu, et maintenant il a eu l'impudence de frapper un homme blanc ; enfermez-le ! enfermez-le !! et je le garderai enfermé jusqu'à nouvel ordre de ma part. Je vais lui donner une leçon qu'il n'a jamais apprise avant de venir en Caroline du Sud ; puis laissez le consul Mathew transpirer sur lui et faire encore plus d'histoires s'il le peut.

«S'il est coupable d'avoir violé les règles de la prison, Daley est coupable de délit , et le vol s'est poursuivi de manière aggravante. Si nous en mettons un, nous devons mettre les deux en place », a déclaré le geôlier.

« Obéissez simplement à mes ordres, M. Jailer. Je réprimanderai Daley demain. J'irai jusqu'au bout de la loi avec cet homme, dit Grimshaw d'un ton péremptoire.

« Vous pouvez m'enfermer dans un cachot, faites de moi ce que vous voulez, si le pouvoir vous appartient ; mais mes sentiments sont les miens et vous ne pouvez pas les écraser. Je regarde mon consul et le pays qui m'a protégé dans le monde entier et qui peut encore me protéger », a déclaré Manuel, se résignant au geôlier, dont il savait que les intentions étaient bonnes.

Le pauvre petit Tommy se tenait debout, mendiant et pleurant pour son ami et compagnon, car il entendit M. Grimshaw donner l'ordre impératif au geôlier de ne pas permettre aux visiteurs d'entrer dans sa cellule. « Qu'à cela ne tienne, Tommy, nous nous reverrons bientôt et serons les compagnons de navigation des anciens propriétaires. Ne pleure pas ; le geôlier vous laissera me voir demain, dit Manuel.

« Non, je ne peux pas faire ça ; vous avez entendu mes ordres ; Je dois leur obéir. J'aimerais bien le faire, mais ce n'est pas en mon pouvoir, répondit le geôlier en attendant, un trousseau de clefs à la main.

Manuel se tourna vers le petit bonhomme, l'embrassa comme il embrasserait un enfant affectueux, lui dit adieu et monta les marches menant au troisième étage (Mont Rascal) avant le geôlier, pour être enfermé dans une cellule sombre et malsaine. , là pour attendre le caprice d'un homme. Décrire ce misérable trou serait une tâche trop pénible pour nos sentiments. Nous le transmettons à ceux qui viendront après nous. Il ne pensait pas, lorsqu'il serrait la main de son petit compagnon, que c'était la dernière fois qu'il le rencontrerait avant plusieurs mois, et seulement pour lui jeter un dernier regard d'adieu, dans les circonstances les plus douloureuses. Mais tel est le cours de la vie !

Copeland avait reçu un avis de se tenir prêt, car son navire serait prêt à prendre la mer le lendemain matin. Il ne tarda pas à mettre de l'ordre dans ses quelques affaires, et le matin venu , il était prêt à bondir hors des limites de fer de la prison de Charleston, comme un cerf d'un fourré. Alors qu'il faisait ses adieux à ses codétenus le matin, il a déclaré : « C'est mon dernier emprisonnement à Charleston. J'ai été emprisonné à Savannah, mais là j'avais beaucoup à manger, des appartements confortables et tout ce que je demandais, sauf ma liberté. Jamais, aussi longtemps que je naviguerai sur l'eau, je n'expédierai plus vers un port comme celui-ci. Il a demandé à voir Manuel, mais ayant été refusé, malgré les ordres, il a quitté la prison. C'était contraire à la loi ; et ainsi , en exerçant sa vocation dans les limites de la Caroline du Sud, ses propriétaires furent obligés de payer la somme suivante, pour laquelle ni eux ni l'homme qui souffrit l'emprisonnement ne reçurent aucune compensation. "Contrairement à la loi." Goélette « Oscar Jones », capitaine Kelly, pour William H. Copeland, matelot de couleur. Au shérif du district de Charleston. 1852,

Pour arrêter, 2 $; Registre, 2 $, 4,00 $ pour reconnaître . 1,31 $; Agent de police, 1 $, 2,31 jusqu'à l'engagement et la libération, 1,00 à 15 jours de prison, entretien de Wm. H. Copeland, à 80 cts . par jour, 4.50 paiement reçu, 11.81 $ J. D—, par Charles E. Kanapeaux , greffier.

Que Dieu sauve la souveraineté de la Caroline du Sud et que sa miséricorde et son hospitalité soient connues sur terre !

CHAPITRE XXIII.
EMPRISONNEMENT DE JEAN-PAUL ET JEAN-BAPTISTE PAMERLIE.

Afin de compléter les quatre personnages, comme nous l'avons conçu au début, il faut ici présenter les personnes dont les noms remplissent la légende. Le moment de leur emprisonnement était environ deux mois plus tard que la libération de Manuel ; mais nous les présentons ici dans le but de fournir une compréhension claire des scènes liées à la libération de Manuel.

John Paul était un beau nègre français, très brun, aux traits bien développés et très intelligent, — ce qu'on appellerait en Caroline du Sud « un homme de premier ordre ». Il était steward à bord de la barque française Sénégal, capitaine…. Il parlait très bien le français et l'espagnol, et lisait très bien le latin, était catholique et accordait un respect particulier aux exercices de dévotion, mais malheureusement il ne pouvait ni parler ni comprendre un mot d'anglais. Dans toutes nos observations des différents caractères des hommes de couleur, nous ne nous souvenons pas d'en avoir vu un dont les manières agréables, l'intelligence et la civilité attiraient une attention plus générale. Mais il ne comprenait pas le sens de la loi qui emprisonnait un homme paisible sans crime, ni pourquoi les autorités devraient le craindre, alors qu'il ne parlait pas leur langue. Il voulait voir la ville, quel genre de gens y habitaient, s'ils présentaient une quelconque analogie avec leurs bons vieux ancêtres en France ; et s'ils avaient hérité des mêmes sentiments capricieux que les descendants de la même génération de l'autre côté de l'eau. Il ne pouvait y avoir aucun mal à cela ; et bien qu'il connaisse quelque peu le socialisme français, il ignorait les institutions particulières de la Caroline, sa politique et ses craintes de l'abolition, comme un « cracker géorgien ».

Une sorte d'indigène semi-civilisé, vêtu d'une étrange robe tissée à la maison ; avec un dialecte indigène ressemblant fortement à de nombreuses expressions du Yorkshire. On les trouve généralement dans les paroisses et les districts les plus pauvres, où leurs cabanes d'aspect primitif se distinguent facilement de celles des agriculteurs les plus entreprenants. Mais peu d'entre eux savent lire ou écrire, et préférant le mode de vie le plus grossier, leurs habitudes sont extrêmement dissolues. De temps en temps, on peut en trouver un qui possède un ou deux nègres, mais un nègre préférerait être vendu aux tourments de l'enfer, ou à un planteur de sucre de Louisiane, plutôt qu'à un cracker de Géorgie. Vous les verrez s'approcher de la ville les jours de marché, avec leur charrette de voyage, ce qui est une curiosité en soi. Il s'agit d'un véhicule à deux roues de la description la plus primitive, avec de longs poteaux rugueux en guise de puits ou de collines. Tantôt il est recouvert d'une couverture, tantôt d'un chiffon blanc, sous lequel se trouvent quelques objets à vendre, et la bonne épouse, avec parfois un ou deux petits- yans ; car le seigneur suzerain ne manque jamais d'amener sa femme au marché, afin qu'elle puisse voir les choses de la ville. La charpente déprimée d'un cheval de race broussailleuse ou d'un mulet à moitié affamé est attachée (car nous ne pouvons pas l'appeler harnaché) entre les collines, avec quelques morceaux de corde et de corde ; et, muni d'un morceau de peau de mouton tannée en laine, le seigneur de la famille, avec un vêtement particulier, un chapeau terne et tombant sur les yeux et un gros fouet à la main, monte sur le dos du pauvre animal, et plaçant ses pieds sur les collines pour les maintenir au sol, il le torture à travers une route lourde et sablonneuse. Les chevaux sont tellement chargés au-delà de leurs forces qu'ils s'arrêtent pour souffler toutes les dix ou quinze minutes, tandis que l'homme reste assis sur leur dos avec une parfaite insouciance. Faites-leur des remarques sur le tirant d'eau suffisant ajouté au poids insupportable sur leur dos, et ils commenceront immédiatement à démontrer comment il peut tirer plus facilement lorsqu'il y a un poids immense sur son dos. Le mari échange généralement ses affaires contre du whisky, du riz et du tabac, tandis que la femme achète du calicot et des bibelots. Parfois, ils ont « une bonne occasion de faire des choses » ensemble et organisent une « fête à la maison », ce qui signifie une explosion entre eux. Parfois, ils organisent une écaillage, ce qui est une grande affaire, même parmi les petits fermiers de la Haute Géorgie, où, seulement, les écailles de maïs sont entretenues avec tout le piment de l'ancienne coutume, et des invitations sont adressées à ceux qui se trouvent à une distance de dix ou quinze milles, qui rendent le compliment par leur présence et se joignent aux réjouissances. Il existe, selon nos observations, deux classes de crackers en Géorgie, qui diffèrent quelque peu par leur dialecte, mais pas par leurs habitudes. L'un est le haut et l'autre le bas pays, ou plutôt ce que certains appellent le cracker « co-un-try-born ». Le cracker de l'intérieur du pays accorde plus d'attention à l'agriculture, habite ce qu'on appelle le pays Cherokee et ses environs, et est désigné par le sobriquet de « l'homme aux graminées ». serait du grec. Comme ses prédécesseurs en détention, il tomba entre les mains du véritable Dunn, sans l'aide de son ami Duse, comme il l'appelait ; mais sans l'apparition opportune d'un employé du bureau du consul français, qui expliqua la nature de l'arrestation, dans sa langue maternelle, M. Dunn aurait eu quelques difficultés à procéder à l'arrestation. Déjà les officiers et l'équipage de la barque s'étaient rassemblés autour de lui, faisant des grimaces et baragouinant comme une volée de merles entourant un faucon et prêts à bondir. " Je ne vais pas te dire ce que je veux Avec moi , et le diable un peu, vous me comprendrez . Pourquoi pas oui J'ai parlé pour qu'un corps puisse comprendre de quoi vous parlez . Bien sûr, voici le journal, et oui , je n'en lirai pas l'anglais. Le diable d'une telle situation dans laquelle j'ai jamais été auparavant avec ton John o' crapue est et ton bavardage. Vous dites nous-nous-nous ; bien sûr , c'est celui que je veux. Ah

! Maintenant, capitaine, et ne vous en faites pas . Bien sûr, n'avez-vous jamais entendu parler de la Caroline du Sud dans le monde entier ? Et vous, les abeilles , voyagez partout, et elle-même est un si grand État, avec tant de grands gentilshommes dedans, » dit Dunn, parlant son grec des îles vertes au Français.

« Nous, nous ! mon Dieu, ah ! dit le Français.

« Ah, bien sûr, vous y êtes de nouveau. Qu'est - ce que je ferais avec ce trou de oui ? C'est le méchant que je veux. Ne savez- vous pas que la Caroline du Sud ne permet pas à des gens comme lui de débarquer et de jouer au diable ? avec ses esclaves, continua Dunn en s'étirant sur sa jambe boiteuse.

Le greffier s'avança à ce moment. « C'est moi- même qui dirai oui à tout cela, car vous êtes comme un paquet d'oies qui fait des histoires à propos d'un oison . » M. Dunn avait le sang corkonien gonflé ; et bien que l'affaire ait été expliquée, il a vu les moyens disponibles et a fixé ses sentiments pour une forte compensation. Le commis, après avoir expliqué au capitaine, se tourna vers Jean-Paul et s'adressa à lui. Dès qu'il eut terminé, John commença à emballer son fardage et à obtenir de l'argent du capitaine, comme s'il partait pour une expédition dans l'Arctique. Les yeux de Dunn brillèrent lorsqu'il vit l'argent passer entre les mains de Paul ; mais il ne devait pas être dérangé par le fardage, et après l'avoir pressé plusieurs fois, il le fit partir. Il est passé par le système régulier d'épongage des magasins de grog ; mais sa suavité et sa volonté d'acquiescer à toutes les demandes de M. Dunn lui épargnèrent quelques abus. Il y avait cette différence entre John Paul et Manuel, que le premier, ne comprenant pas la langue anglaise, prenait la tromperie de Dunn pour de l'amitié, et était ému par cette extrême politesse française et cette chaleur de sentiment qui, à son avis, faisaient le gentleman par excellence ; tandis que ces derniers, avec une perception plus rapide du bien et du mal et comprenant notre langage, ont vu le motif et dédaigné son objet infâme. Car lorsque Paul arriva à la prison , il lui manquait une pièce d'or de cinq dollars, dont son très aimable compagnon officiel prenait particulièrement soin, de peur qu'il ne lui arrive quelque chose. Pauvre Jean-Paul ! Il était aussi inoffensif que la sécession et la chevalerie de la Caroline du Sud — deux des choses les plus inoffensives au monde, sans compter les duels au Congrès .

Dès qu'il est entré dans la prison et a constaté que le geôlier parlait français, il a éclaté dans une véritable tornade d'enthousiasme. «Je serai charme de lier connaissance avec un si aimable compagnon », dit-il, et il continua d'un ton si rapide et si constant qu'il aurait été impossible à un Anglais d'en retracer les inflexions.

Le geôlier a appelé Daley et lui a dit de prendre sa couverture, qui lui était attribuée par l'État, et lui a ordonné de le conduire à sa cellule. Daley prit la couverture sous son bras et les clés à la main, et Paul le suivit bientôt à l'étage pour être présenté à sa cellule. « Là, c'est l'endroit pour oui . Nous enlevons l'éclat de tous les dandys nègres quand nous vous arrivons ici. Voyez-vous la paire d'yeux dans ma tête ? » dit Daley en désignant ses yeux noircis ; « Et celui qui a fait la même chose est à la place du diable là-haut. Maintenant, si jamais vous avez un verre de whisky, ne soyez pas timide , et il vous rendra bien des services.

« Ah ! mon Dieu! Cela fait dresser les cheveux la tête, dit Paul en haussant les épaules.

"Pas de chance, rien que ça, je comprendrais du tout, du tout. Ne peux-tu pas parler pour que tout le monde comprenne ce que tu dis ?

« C'est ma grande consolation d'avoir . * * * Les Etats -Unis est une modèle de perfection républicaine , dit-il en prenant la couverture des mains de Daley et en la jetant par terre. Il n'était qu'un piètre compagnon pour ses codétenus, privé des moyens d'exercer ses qualités sociales. Il a vécu le même parcours de souffrance que Manuel ; mais, soit par inclination, soit par nécessité, il le supporta avec plus de courage chrétien, chantant les vêpres chaque matin et lisant l'office latin chaque soir. La leçon que Manuel a enseignée à Daley s'est avérée d'un grand service à Paul, qui a donné à Daley la ration de prison qu'il lui était impossible de manger et a été sauvé de ses penchants au vol. Ainsi, après que Jean-Paul eut subi trente-cinq jours d'emprisonnement, en détention muette, pour satisfaire la majesté de la Caroline du Sud, il fut libéré aux conditions suivantes et emmené à son navire au petit jour, de peur qu'il ne voie la ville ou laisser quelque chose pour contaminer les esclaves. "Contrairement à la loi." État contre « contraire à la loi ». Écorce française « Sénégal », Capitaine — Pour Jean-Paul, matelot de couleur. Au shérif Charleston Dist.

18 juillet 1852. Pour arrêter, 2 \$; Registre, 2 \$, 4,00 \$ » « Recog . 1,31 \$; Gendarme, 1 \$, 2,31 » « Engagement et libération, 1,00 » « 35 jours d' entretien de Jean-Paul, à 30 cents par jour, 10,50

Enregistré. paiement, 17,81 \$ J. D—, SCD par Chs . E. Kanapeaux , greffier.

Un très bel article de débours à présenter aux propriétaires - une prime versée pour la civilisation avancée de la Caroline du Sud !

Nous avons simplement constaté l'emprisonnement de Jean-Paul II, nos limites excluant les détails. Nous devons maintenant nous tourner vers un petit garçon français impertinent et impertinent, âgé de onze ans, qui ne parlait que du français créole, et qui était aussi pourri que nous ayons jamais entendu zézayer. La barque française Nouvelle Amélie, Gilliet , maître, de Rouen, arriva à Charleston le 29 juillet. Le capitaine était un bel exemple de gentleman français. Il se tenait sur le gaillard d'avant alors qu'elle se dirigeait vers le quai, donnant des ordres à ses hommes, tandis que le petit enfant se tenait à la cuisine, regardant les gens sur le quai, faisant des grimaces et désignant l'un des membres de l'équipage. à plusieurs choses qui ont attiré son attention. Bientôt, le navire accosta au quai, et Dusenberry , avec son compagnon Dunn, qui surveillait tous les mouvements du navire depuis une cachette sur le quai, sauta et monta à bord avant qu'il n'ait touché les pieux.

Le « nègre », voyant Dusenberry s'approcher de lui, attendit de voir sa main tendue, puis, comme pour se sauver d'un danger imminent, courut vers l'arrière et dans la cabine en criant à pleine voix. L'équipage a commencé à courir et à se rapprocher. Le problème était important et se résumait entre la Caroline du Sud et le petit « nègre ». Dusenberry a tenté de descendre dans la cabine. "Vat tu vant avec mon John, mon Baptiste ? Non, tu ne fais pas ça , dans ma cabine ; ne laissez jamais un étranger descendre par ici , dit le capitaine en se plaçant dans la descente, tandis que le petit nègre terrifié regardait par-dessus les peignes et roulait ses grands yeux, dont le blanc brillait en contraste, derrière les jambes du capitaine. Dans cette position alléchante, le petit noir, se sachant protégé par le capitaine et l'équipage, narguait le représentant de l'État avec son mauvais français. Dunn se tenait à quelque distance derrière Dusenberry , sur le pont, et la mission semblait être un tel mystère pour le capitaine et l'équipage que leur présence suscitait un sentiment de curiosité ainsi que d'anxiété. Plusieurs matelots se rassemblèrent autour de lui et lui firent des grimaces ironiques, le pointant du doigt et jurant, de sorte que Dunn commença à être alarmé par l'incompréhensible sérieux de leur charabia, pâlit et recula de plusieurs pas, au grand amusement de ceux-là. sur le quai.

« C'est ce que tu fais , ah, tu le veux ? Vat tu fais des vidéos même Zu l'a compris, ah ? Cette affaire est délicate , dit l'un des hommes , qui était honoré du titre de second, et qui, avec une moustache et une barbe noires épouvantables, avait le pouvoir de se tordre le visage dans les grimaces les plus répugnantes. Et, à ce moment-là, il dégaina son couteau et fit semblant de plonger dans la poitrine de Dunn, ce qui le fit pousser un cri pitoyable, et se retira vers le quai avec des mouvements plus rapides qu'il ne s'en serait jamais cru capable.

«Il n'y a pas grand mal cela », dit le Français en se moquant de Dunn alors qu'il se tenait sur le rebord du quai.

« Pas de chance pour vous, un joli gâchis et un Frinchmin meurtrier que vous êtes. Pensez - vous que vous joueriez ce tour en Caroline du Sud ? Vous aurez ce genre de chose retirée de votre plainte devant son honneur demain matin » , a déclaré Dunn.

Dusenberry était resté en pourparler avec le capitaine à la porte de service, s'efforçant de lui faire comprendre que ce n'était pas un cas qui exigeait la présence de l'aviron d'argent. Il existe une opinion dominante parmi les marins, selon laquelle aucun procès devant l'Amirauté ne peut être intenté, ni aucun marin arrêté à bord, sans la présence de l'aviron d'argent. Et agissant

ainsi sur cette impression, le capitaine et les officiers de la Nouvelle-Amélie
se disputèrent ce qu'ils considéraient comme un droit. Le second et l'équipage
se rapprochaient de plus en plus de Dusenberry , jusqu'à ce qu'il soit infecté
par l'alarme ambiante. « Capitaine, j'exige votre protection contre ces
hommes, au nom de l'État de Caroline du Sud », dit-il.

"Qui il? De l'État Souf Ca'lina , je sais pour lui, ah ? Apportez la rame
d'argent quand vous viendrez prendre mon homme. Il y a de la malhomme
tête dans sou proces », dit le capitaine Gilliet en se tournant vers son second.

« Avantage ! vantez-vous ! dit le grand homme aux grandes moustaches,
et ils se précipitèrent tous vers Dusenberry et le conduisirent par-dessus la
rampe et le ramenèrent au quai, où il demanda l'aide de ces spectateurs
anxieux, pour et au nom de l'État. C'était un bon vaudeville-comique, joué
en dialogue et en pantomime. Le sujet de la pièce, qui, avec un peu
d'arrangement, aurait pu faire une excellente production, consistait en un
malentendu entre un Irlandais et un Français au sujet de la Caroline du Sud
et d'une loi si particulière qu'aucun étranger ne pouvait en comprendre le sens
au premier abord et comme ni l'un ni l'autre ne pouvaient comprendre le
langage de l'autre, plus ils expliquaient, plus l'objet devenait confus, jusqu'à
ce que, de comique piquant, la scène prenne l'apparence d'une tragédie. L'un
représentait son navire, et pour lui, son navire était sa nation ; l'autre
représentait la Caroline du Sud, et pour lui la Caroline du Sud était les États-
Unis ; et la question était de savoir lequel avait le meilleur droit au petit noir.

Les spectateurs sur le quai n'étaient pas enclins à bouger, soit parce qu'ils
ne voulaient pas se mêler des affaires de la Caroline du Sud, désireux de plus
gros gibier pour montrer leur bravoure, soit parce qu'un officier plus
respectable assumait le commandement. Le petit nègre, voyant Dusenberry
conduit au quai, courut vers la passerelle et, passant la tête par-dessus la
rampe, transforma son phiz noir en une douzaine d'expressions coquines,
montrant son ivoire, roulant le blanc de ses yeux et courbant son doigt vers
le quai. son nez avec un mépris aggravant.

« Bien sûr, nous allons faire sortir la garde et vous emmener avec votre
navire de toute façon. Pourquoi n'abandonnez-vous pas ce méchant avec
désinvolture , et ne vous embêtez pas . Et n'est-ce pas la loi de Caroline du
Sud, sois papa ; et soyez le mortis, vous n'obtiendrez pas une petite somme
d' argent pour le même vous je fais ça », a déclaré Dunn.

Un gentleman, qui avait été un spectateur silencieux, estimant qu'il était
tout à fait approprié de proposer sa médiation, comprenant où se trouvait la
difficulté, monta à bord et se présenta au capitaine, s'adressa à lui en français
et lui expliqua la nature de l'incident. procéder. Le capitaine secoua la tête
pendant un moment et haussa les épaules. «La police y est bien administrée
», dit-il d'un air de politesse; et parlant à son compagnon, cet officier parla de
nouveau aux hommes, et le gentleman dit à Dusenberry qu'il pouvait monter

à bord. Sans autre cérémonie, il monta sur la rampe et fit une seconde tentative sur le jeune gamin, qui cria et courut dans la cuisine du cuisinier, sous les applaudissements des matelots, qui poussèrent toutes sortes de cris l'incitant à courir, en criant : « Courez ! , Baptiste! cours, Baptiste ! De cette manière, le petit noir tenait l'officier à distance pendant plus de quinze minutes, passant par une porte pendant que l'officier entrait par l'autre, pour le plus grand plaisir de l'équipage. Finalement, sa patience devint lasse, et comme il était sur le point d'appeler Dunn à son secours, le capitaine s'approcha et lui appelant l'enfant - car tel il était - le livra, le petit homme rugissant à haute voix. tandis que le grand officier le portait par-dessus le bastingage sous son bras. Ainsi se termina le vaudeville comique à bord de la barque française Nouvelle Amélie, Capitaine Gilliet .

La dignité de l'État triomphait, et le petit nègre fut emporté sous le bras de son représentant. Quel beau thème pour l' imagination du peintre ! Et combien le tableau aurait été sublime si le crayon d'un Hogarth avait pu le toucher. La majesté de la Caroline du Sud transportant un enfant en captivité !

Après avoir porté Jean-Baptiste à mi-hauteur du quai, ils le déposèrent et le firent « trotter » jusqu'à atteindre le magasin de grog hollandais que nous avons décrit dans la scène avec Manuel. Ici, ils s'arrêtèrent pour prendre un « raideur », tandis que Baptiste reçut l'ordre de s'asseoir sur un banc, Dunn le prenant par le col et le secouant chaleureusement, ce qui fit hurler le garçon avec vivacité. « Tais-toi, espèce de petit nègre, ou tu en auras une douzaine pour tes tours à bord du navire », dit Dunn ; et après être resté près d'une heure à discuter de politique et à boire des grogs, M. Dunn s'est embrouillé très aimablement et était prêt à se quereller de bonne humeur avec chaque client qui venait ; dans la boutique. Il travaillait selon l'opinion inspirée par l'esprit qu'ils devaient traiter ou se battre ; et par conséquent tenterait de réduire ses opinions à des démonstrations pratiques. Enfin, le Hollandais fit une remontrance courtoise, mais à peine l'eut-il fait, que Dunn passa son bâton de noyer sur la tête du Hollandais et le plaça sur le sol. Le Hollandais était un homme à deux poings, et se levant presque instantanément, il rendit le compliment. Dusenberry était plus sobre et est intervenu pour se réconcilier ; mais avant qu'il ait eu le temps de s'exercer, le Hollandais courait derrière le comptoir, Dunn lui adressa un autre coup, qui jaillit de son bras et balaya une cuvette de fer-blanc, avec un certain nombre de gobelets dessus, en un fracas sur le sol. Ce fut le signal d'une mêlée générale, et elle commença sérieusement entre les Hollandais et les Irlandais, car le Hollandais appela l'aide de plusieurs parents qui se trouvaient dans le magasin, et Dunn, avec l'aide de Dusenberry , rassembla des recrues. parmi un certain nombre de ses amis, qui se tenaient au coin de la rue, de l'autre côté de la rue. Tous deux vinrent à leur secours, mais les O'Nales et les Finnegan, plus nombreux que les Hollandais, firent irruption dans Donnybrook, désarmant et mettant en déroute leurs adversaires, et faisant chavirer des tonneaux, des caisses, des fûts, des carafes et des paniers d'oignons, dans un chaos général, prenant possession de la calebasse du Hollandais, et proclamant leur victoire par des cris de triomphe.

Ils avaient menotté le garçon Baptiste dès leur entrée dans le magasin, et au milieu du conflit il s'est échappé sans être remarqué et a couru vers son bateau, menotté et criant à pleine voix. Il arriva à la Nouvelle Amélie, à la grande surprise des officiers et de l'équipage, et à l'inquiétude des piétons alors qu'il passait dans la rue. «Mon Dieu!» » dit le second, et en prenant le petit garçon aux mors du guindeau, il réussit à couper les menottes avec un ciseau à froid, et l'envoya dans le gaillard d'avant pour se cacher.

Lorsque l'irlandais sauvage de Dunn se fut calmé, Dusenberry commença à raisonner avec lui sur la nature de l'affaire, et l'affaire fut réconciliée sur les obligations qui existaient auparavant et sur la promesse de ne signaler aucune violation des ordonnances pendant une période déterminée. En regardant autour de lui, Dunn s'est exclamé : « Mauvaises manières jusqu'à ce que vous, Swizer , qu'avez-vous fait du petit méchant ? Où l' as-tu mis ? — Sois papa, Duse, il est devenu beyant ! Une recherche inefficace fut faite parmi les tonneaux et les caisses, ainsi que dans la vieille cheminée. « L'avez-vous vu ? » demanda Dunn, à un homme jaune qui avait observé la bagarre à la porte, tandis que Dusenberry continuait de fouiller avec son bâton parmi les caisses et les tonneaux.

"Eh bien, Massa , je le vois quand il est parti, mais je ne le surveille pas jusqu'à ce qu'il soit parti", a déclaré l'homme.

Dunn fut envoyé au navire à la recherche, mais tout ce qui s'y passait était un émerveillement sérieux, et exécuté avec une telle navigation française , que ses soupçons furent désarmés, et il revint avec une parfaite confiance qu'il n'était pas là. Une perquisition fut alors faite dans toutes les maisons de nègres du quartier ; mais les coups de pied, les coupures et autres abus n'ont permis d'obtenir aucune information sur l'endroit où il se trouvait. Enfin, Dunn commença à ressentir les effets mortels de l'alcool, et il fut si confus qu'il ne put se lever ; puis, s'emparant d'un lit dans une des maisons, il s'y étendit avec un mépris absolu pour tout ce qui était officiel, et tomba presque simultanément dans un profond sommeil. Il attirait ainsi l'attention de la pauvre femme de couleur dont il occupait le lit et qu'il avait maltraitée en recherchant l'enfant. Dans cette situation difficile, Dusenberry a continué à chercher seul et a continué jusqu'au coucher du soleil, lorsqu'il a été contraint de signaler l'affaire au shérif, qui a suspendu M. Dunn pour quelques jours. L'affaire resta en suspens jusqu'au lendemain matin, lorsque l'affaire du petit nègre impertinent contre la Caroline du Sud reprit avec une nouvelle vigueur. Alors M. Grimshaw, accompagné de Dusenberry , se dirigea vers la barque et y vit le garçon occupé à cuisiner. M. Grimshaw monta à bord, suivi de

Duse, et, s'approchant de la porte de la cabine, rencontra le capitaine qui montait les escaliers. "Capitaine, je veux votre petit nègre , et vous pouvez tout aussi bien l'abandonner paisiblement", dit-il.

— Oui, monsieur, mais vous ne le traitez pas comme un enfant quand vous l' attrapez , dit le capitaine. Se retirant dans la cabane et rapportant les menottes brisées dans sa main, il les tendit à M. Grimshaw : « Vous avez mis une telle chose sur un enfant comme moi , en Caroline du Sud, ah ? Qu'est - ce que tu penses que je suis, jeune nègre, bœuf, cheval, taureau, ah ! quoi ? Maintenant, prends- le ! traitez-le comme un homme, alors nous n'avons pas de lois que la Caroline du Sud a adoptées », a-t-il poursuivi.

M. Grimshaw remercia le capitaine, mais ne fit aucune réponse au sujet des menottes ; les prenant dans sa main et remettant le garçon à la charge de Dusenberry . En quelques minutes, il fut introduit dans le bureau du shérif et les points importants de ses dimensions et de ses traits furent notés conformément à la loi. On ne nous dit pas si les caractéristiques de sa nature étaient blasonnées ; si c'était le cas, le dossier décrirait un spécimen singulier d'un noir français effrayé, plus amusant que judiciaire. Mais Jean-Baptiste Pamerlie a survécu à l'épreuve en marmonnant un créole pourri qu'aucun des fonctionnaires ne pouvait comprendre, et a été conduit à la prison, où le geôlier lui a servi d'interprète. Étant si petit, il avait plus de latitude pour ranger et transporter que les autres, tandis que son bon point particulier et son bavardage impertinent constituaient un fonds d'amusement pour les prisonniers, qui faisaient de lui un cul particulier et entretenaient des taquineries incessantes pour l'entendre. jacasser. Le deuxième jour de son emprisonnement, il reçut le matin une miche de pain et une pinte d'eau grasse, mal nommée soupe. C'était l'allocation lorsqu'ils ne prenaient pas de viande. Il descendit l'escalier en courant, la poêle à la main, faisant un bruit amusant, la montrant du doigt et crachant son créole au geôlier. Il contestait la question de savoir s'il s'agissait d'une soupe, et son attitude indépendante avait attiré un certain nombre de prisonniers. Juste à ce moment, le chien de la prison arriva en lui caressant les jambes, et pour trancher la question, aussi vite que la pensée, il posa la casserole devant lui ; et comme s'il agissait par une connaissance instinctive du sujet en question, le chien y mit le nez, donna une odeur significative, secoua la tête et s'éloigna, au grand plaisir des prisonniers, qui poussèrent un cri d'acclamation. Baptiste laissa sa soupe et demanda à un prisonnier qui parlait créole de faire venir son capitaine, qui vint le lendemain matin et prit des dispositions pour soulager son état dans les provisions du navire. Le lendemain, il fouetta un des garçons du geôlier dans un combat loyal ; et le lendemain il tua un canard, et le quatrième il coupa un prisonnier blanc. Transgresser les règles de la prison en refusant sa soupe, violer les lois de la Caroline du Sud qui considèrent comme un délit odieux le fait pour un nègre de frapper ou d'insulter une personne blanche, de commettre le meurtre d'un canard, de s'efforcer de susciter un fandango parmi les nègres de la cour, et essayant les qualités de l'acier froid, entre les mains d'un prisonnier, démontrant ainsi toute la polyvalence du génie d'un Français avec un sang-froid juvénile, il fut considéré comme décidément dangereux et enfermé pour une réforme formelle. Il y resta jusqu'au 17 août, lorsqu'on annonça que la bonne barque Nouvelle Amélie, capitaine Gilliet , était prête à prendre la mer, et il fut aussitôt conduit au quai entre deux officiers, et ordonné d'être transféré au-delà des limites de la mer. L'État, le Capitaine payant la belle petite facture suivante, de frais. "Contrairement à la loi." « Barque française Nouvelle Amélie, Capitaine Gilliet , de Rouen, Pour Jean Baptiste Pamerlie , Matelot de couleur. 1852. Au shérif du district de Charleston. 26 août, pour arrêter, 2 $; Registre, 2 $, 4,00 $ »

« Reconnaissez . 1,31 ; Gendarme, 1 $, 2,31 »

«Engagement et décharge, 1h00»

« Entretien de prison de 20 jours de John Baptiste Pamerlie , à 30 cts . par jour, 6,00 $

"Paiement reçu, 13h31 JD, SCD Par Charles E. Kanapeaux , greffier."

Ainsi finit la scène. Le petit noir aurait pu dire quand il était en prison : « Je meurs de faim et l'on ne mapporte rien ; » et quand il est parti, "Il est faufite avec les chevaliers d'industrie .

CHAPITRE XXIV.
LE JANSON CONDAMNÉ.

Il faut maintenant revenir à Manuel. Il était en détention étroite, sur ordre de M. Grimshaw. Tommy continuait à lui apporter de la nourriture au jour le jour, mais n'était pas autorisé à le voir. Le second et plusieurs membres de l'équipage se sont également vu refuser l'accès à lui. Cela revenait à porter le pouvoir à une limite inutile et à infliger une punition gratuite sans motif valable, tout en faisant preuve d'un manque de respect flagrant pour les sentiments personnels. Tommy n'a pas signalé l'affaire au capitaine , de peur qu'elle ne soit mal interprétée et qu'une punition pire ne soit infligée ; mais lorsque les hommes furent refusés, ils se méfièrent naturellement de quelque chose et s'enquirent auprès du geôlier, qui leur donna volontiers tous les renseignements en son pouvoir sur l'affaire et ses ordres. Ils en rendirent compte au capitaine , qui se rendit immédiatement au bureau du consul, où il trouva M. Mathew lisant une note qu'il venait de recevoir de Manuel. Il exposait ses griefs d'une manière claire et distincte et implorait la protection du gouvernement sous le pavillon duquel il naviguait, mais ne disait rien de ses dispositions. Le consul, accompagné du capitaine , se rendit au bureau du shérif, mais ne put obtenir aucune satisfaction. « Je ne considère jamais les circonstances dans lesquelles les prisonniers violent les règles de la prison : il doit attendre mes ordres ! mais je le garderai étroitement confiné pendant au moins deux semaines », a déclaré M. Grimshaw.

Cela irrita encore plus le consul, car il voyait de quelle manière une clique de fonctionnaires était déterminée à montrer son pouvoir arbitraire. Il lui était impossible de rester indifférent à cette affaire, qui touchait à la vie et à la liberté de son compatriote. Il ne pouvait évoquer aucune sympathie pour cet homme, et l'ampleur du châtiment auquel il avait été soumis était évidemment motivée par des sentiments vindicatifs. Il a demandé une ordonnance d'habeas corpus, mais notez le résultat.

Le capitaine se rendit à la prison et demanda à voir son intendant ; le geôlier, hésitant d'abord, accorda enfin sa permission. Il trouva Manuel enfermé dans une petite cellule malsaine, où à peine une lueur marquait la distinction du jour et de la nuit ; et si pâle et si émacié, que s'il l'avait rencontré dans la rue, il l'aurait à peine reconnu . « Dieu miséricordieux ! Quel crime aurait pu vous attirer un tel excès de châtiment ? demanda le capitaine .

Manuel lui raconta toute l'histoire ; et, de plus, les choses qui lui avaient été envoyées pendant les sept jours où il avait été ainsi enfermé, lui étaient rarement parvenues. Il avait perdu sa bonne amie Jane et les nombreux actes de gentillesse qu'elle avait l'habitude de lui accorder, et avait été contraint de vivre de pain et d'eau presque tout le temps, souffrant d'une faim des plus intenses. Après enquête, il fut établi que le peu de choses envoyées pour le mettre à l'aise avaient été confiées à Daley, qui les utilisa presque toutes pour son propre usage, comme une sorte de mesure de représailles au châtiment qu'il avait reçu de Manuel. Il n'avait pas manqué de lui porter sa casserole de soupe tous les jours à midi, mais faisait en sorte que les « morceaux de choix » servent sa propre digestion. Le geôlier ressentit la douleur de cette négligence et promit d'organiser un processus d'acheminement plus sûr de ses affaires en s'en occupant lui-même, ce qu'il fit avec toute l'attention en son pouvoir, lorsque l'état de Manuel serait devenu plus tolérable. Le capitaine raconta à Manuel où en étaient ses affaires, qu'il devrait probablement lui confier la responsabilité du consul, mais pour garder le moral ; qu'il lui laisserait beaucoup de moyens, et dès sa libération effectuée, ferait le meilleur chemin possible vers l'Écosse et rejoindrait les anciens propriétaires. Et il le quitta ainsi , le cœur lourd, car Manuel lisait sur son visage ce qu'il ne disait pas.

Le Janson avait été déchargé, une expertise avait été effectuée sur la cargaison, une protestation avait été déposée et le tout avait été vendu au profit de qui de droit. Les inspections nécessaires furent également effectuées sur la coque, et la trouvant si vieille et si tendue qu'elle était indigne d'être réparée, elle fut condamnée et vendue au profit des assureurs. Ainsi le registre « de novo » fut remis au consul, les hommes démobilisés et payés conformément à l'acte de Guillaume IV, qui prévoit que chaque homme recevra une allocation pour le transporter jusqu'au port de Grande-Bretagne d'où il embarquait, ou le consul pour lui fournir un passage, selon son inclination, pour se rendre au point où le voyage serait terminé. Le consul adopta les meilleurs moyens en son pouvoir pour que tous soient à l'aise et satisfaits de leur renvoi. Leurs différents billets de registre leur furent remis et un à un partis vers son lieu de destination ; Tommy et le second préféraient seulement rester et chercher un nouveau voyage. Le vieux second semblait se féliciter de la condamnation du malchanceux Janson. Il embarqua à bord d'un navire anglais, chargé de coton et de provisions navales, et prêt à prendre la mer. Lorsqu'il monta à bord pour faire ses adieux au capitaine , il se leva sur le pont et, levant les yeux vers les espars démontés, dit : « Capitaine, une ombre peut sauver un corps après tout. J'ai toujours eu le pressentiment que ce vieux truc malchanceux nous servirait de piège. Je me suis dit cette nuit-là dans le Golfe, 'Eh bien, vieux vaisseau, ouais je vais enfin transformer vos vieilles côtes en cercueil, mais je louerai le pont qui me porte sain et sauf, parce que j'ai une affection pour cette vieille chose après tout, et je ne peux pas m'en séparer sans dire que Dieu vous bénisse. elle, car c'est une mort honnête que de mourir endetté envers les assureurs. J'espère que ses vieux os reposeront en paix sur la terre ferme . Au revoir, capitaine, souvenez-vous de moi auprès de Manuel ; et oublions nos ennuis à Charleston en nous en tenant à l'écart.

CHAPITRE XXV.
GEORGE LE SÉCESSIONNISTE ET LES NAVIRES DE SON PÈRE.

Comme nous l'avons dit, le second et le petit Tommy restèrent pour chercher de nouveaux voyages. Tel était le cas du second ; mais Tommy avait contracté un violent rhume la nuit où il avait été enfermé dans le poste de garde, et était un sujet de pharmacie depuis un certain temps ; et ceci, avec son ardent attachement pour Manuel et son espoir de le rejoindre à nouveau comme compagnon de navigation, fut la principale motivation pour qu'il reste. Le capitaine leur donna le logement dans la cabine aussi longtemps qu'il serait en possession du navire, ce qui leur offrait le moyen d'économiser leur argent, dont Tommy avait grand besoin ; car il reçut néanmoins un joli cadeau du consul et un autre du capitaine, qui, ajoutés aux quelques dollars qui lui venaient en guise de salaire, le rendirent fier de sa bourse, bien que celle-ci fût loin d'être suffisante pour lui permettre de subvenir à ses besoins. longue durée, ou pour le protéger contre toute adversité soudaine.

Le capitaine n'avait pas revu le petit George, le sécessionniste, depuis qu'il avait assuré qu'il arrangerait les choses avec M. Grimshaw et qu'il ferait sortir Manuel dans moins de vingt-quatre heures. Nous étions maintenant le 14 avril, et les signes de sa libération n'étaient pas aussi bons qu'ils l'étaient le premier jour de son incarcération, car le navire étant condamné, si la loi était appliquée à la construction littérale la plus stricte, Manuel serait ligoté parmi les choses humaines qui sont des marchandises en Caroline du Sud. Il passait du quai au bureau du consul, vers dix heures du matin, lorsqu'il fut soudain surpris dans la rue par le petit Georges, qui lui serra la main comme s'il eût été un vieil ami revenu d'une longue absence. Il présenta toutes les excuses du monde d'avoir été rappelé subitement et, par conséquent, incapable d'accorder à ses affaires l'attention que ses sentiments lui avaient incitée. Comme tous les sécessionnistes, George était très fougueux et éphémère dans ses sentiments. Il exprima une surprise incommensurable lorsque le capitaine lui révéla l'état de son homme dans l'ancienne prison. « Vous ne dites pas que les hommes sont soumis à de telles restrictions à Charleston ? Eh bien, je n'ai jamais été dans cette prison, mais elle n'est pas adaptée à l'hospitalité de notre société », a-t-il déclaré.

"Votre prison gémit d'injures, et pourtant votre peuple ne les entend jamais", répondit le capitaine .

George semblait impatient de changer de sujet et commença à donner au capitaine une description de son voyage jusqu'à la plantation, de sa chasse et de sa pêche, de ses plaisirs, et des nègres gras, coquins et lisses, du maïs et du bacon fins qu'ils avaient, et de ce qu'ils avaient. a parlé du massa , se terminant par un éloge sans fin du vieux whisky du « vieil homme » et de la façon dont il l'a fait mûrir pour lui donner douceur et saveur. Sa description de la plantation et des nègres était vraiment merveilleuse, stimulant l' imagination du capitaine avec les beautés d'une principauté en pleine croissance. « Nous venons d'ajouter un nouveau navire à nos navires, et il appareille pour le Pedee cet après-midi. Nous avons obtenu le bon grade de capitaine, mais nous lui avons fait adopter des conditions pour être fidèles au parti sécessionniste. Dès que j'aurai trouvé un autre homme, nous l' enverrons en grand style, et sans erreur.

Le capitaine pensa à son second et le proposa aussitôt. « Juste le type. Mon vieux l'aimerait, je sais," dit George, et ils retournèrent directement au Janson, où ils trouvèrent le second en train de fouetter son fardage. La proposition a été faite et facilement acceptée. Le capitaine se sépara de nouveau du petit George, le laissant emmener le second au bureau de son père, pendant qu'il vaquait à ses affaires chez le consul.

George conduisit le second dans le bureau. « Tiens, mon père, voici un homme qui doit monter dans notre vaisseau », dit-il. Le vieil homme le regardait avec une importance sereine, comme s'il était enchaîné par sa propre grandeur.

« Mes intérêts maritimes deviennent très étendus, mon homme ; Je possède la totalité de quatre goélettes et une part du plus grand bateau à vapeur à flot, je veux dire un bateau à hélice, le South Carolina. Vous en avez entendu parler, je suppose ? dit le vieil homme.

Jack se leva, son chapeau à la main, réfléchissant à ce qu'il entendait par grands intérêts, et « estimant qu'il n'avait pas vu l'établissement de ces armateurs autour de Prince's Dock, qui possédaient chacun plus de navires qu'il n'y avait de jours dans le mois. .»

« Maintenant, mon homme, » continua le vieil homme, « je suis très strict quant à ma discipline, car je veux que chacun fasse son devoir pour les intérêts des propriétaires. Mais combien de dollars veux-tu par mois, mon homme ?

« Rien de moins de quatre livres d'étourneau ; ça fait vingt dollars votre monnaie, si je pense bien, » dit Jack, faisant tourner son chapeau sur le sol.

« Ouf ! vous appartenez aux marins indépendants. Vous en serez sorti avant d'avoir un navire dans ce port. Eh bien, je peux me procurer un bon marin nègre de premier ordre pour huit dollars par mois et sa nourriture.

Jack décida de ne naviguer sur aucun des grands navires du vieil homme et dit : « Oui, je les ai rejoints il y a longtemps, et je ne l' ai pas regretté non plus ; je ne tirerais pas une ligne de proue pour un sou de moins. Je n'aime pas droguer , pas comment. Bonjour, monsieur, dit-il en mettant son chapeau et en reculant vers la porte.

« J'aurais aimé que tu tentes ta chance avec mon père, mon vieux ; il vous aurait nommé capitaine il y a un an, dit George en quittant la porte.

« Ce genre de choses ne signifient rien. J'ai été capitaine dans le commerce d'Ingie occidentale il y a des années. Il n'y a pas beaucoup de différence entre un nègre et le capitaine d'une goélette, dit Jack alors qu'il se dirigeait vers le Janson, se préparant à prendre son logement à terre.

Cet après-midi-là, vers cinq heures, un grand bruit se fit entendre à bord d'une petite goélette, d'une soixantaine de tonneaux, qui gisait dans un virage du quai, à quelques longueurs en avant du Janson. Le capitaine Thompson et son second étaient assis sur un casier dans la cabine, discutant des perspectives devant eux, lorsque le bruit est devenu si fort qu'ils ont couru sur le pont pour assister à la scène.

George se tenait sur le rebord du quai, avec une expression mortifiée sur son visage. « Eh bien, capitaine, vous n'avez pas besoin de faire autant de bruit à ce sujet ; votre conduite est décidément peu distinguée. Si vous ne souhaitez pas naviguer au service de votre père, partez en gentleman, dit George en remontant les coins du col de sa chemise.

C'était le grand bateau sur lequel George s'était distendu, et le véritable capitaine de la droite, qui promettait de se conformer aux principes de la sécession, mais ne faisait aucune stipulation concernant la nourriture des nègres qui était la cause de l'excitation. Le capitaine, un caboteur de Baltimore, habitué à manger de la bonne nourriture dans ses navires dans son pays, avait été incité par de grandes représentations à prendre en charge le bateau et à le diriger dans le commerce Pedee , apportant du riz à Charleston. Lorsqu'on lui dit que l'embarcation était prête à prendre la mer, il monta à bord et, à son grand regret, trouva deux hommes noirs pour équipage et une vieille fille des plus disgracieuses, sept nuances plus noires que l'obscurité égyptienne, pour cuisinier. C'était assez d'imposition pour éveiller ses sentiments, car seul un des hommes ne savait rien sur un navire ; mais en examinant les magasins, le lecteur peut juger de ses sentiments, s'il a quelque idée d'approvisionner un navire dans un port du Nord, lorsque nous lui disons que tous les magasins consistaient en une épaule de bacon occidental rouillé, une demi- un boisseau de riz et un pot de mélasse ; et cela devait parcourir une distance de cent milles. Mais pour ajouter à la farce ridicule de cette idée de Caroline du Sud, lorsqu'il leur fit des remontrances, on lui répondit très indifféremment que c'était ce qu'ils fournissaient toujours à leurs ouvriers.

« Prends ton petit bateau jebacca et va tonner avec lui », dit le capitaine en commençant à ramasser ses ratés.

« Eh bien, capitaine, je vous ai prêté mon fusil, et nous attendons toujours de nos capitaines qu'ils vous fournissent du gibier frais pendant que vous remontez la rivière, » dit George.

«Des provisions fraîches, diable!» dit le capitaine. « J'ai assez à faire pour accomplir mon devoir, sans chercher à gagner ma vie tandis que je poursuis mon voyage, comme un chien affamé. Nous ne faisons pas affaire avec votre système d'allocations aux nègres dans le Maryland. Et nous le laissons ici, demandant à un des nègres de rapporter ses affaires à sa pension.

Quelques jours après l'événement que nous avons raconté ci-dessus, le petit Tommy, quelque peu remis de son rhume, fut embarqué à bord d'une petite goélette à dérive , appelée les Trois Sœurs, à destination de la rivière Edisto pour une cargaison de riz. Le capitaine, un petit homme trapu, plutôt beau et bien habillé, effectuait son voyage inaugural en tant que capitaine d'un vaisseau de Caroline du Sud. Il était « né en Caroline du Sud », mais, comme beaucoup d'autres de son espèce, il avait été contraint de chercher son avancement dans un État lointain, sous l'influence de ces opinions redoutables qui exilent le génie des pauvres en Caroline du Sud. Pendant dix ans, il avait navigué depuis le port de Boston, avait occupé le poste de second lors de deux voyages en Inde sous la direction du célèbre capitaine Nott, et avait navigué avec le capitaine Albert Brown et avait reçu sa recommandation, mais cela n'était pas suffisant pour le qualifier pour les idées nautiques d'un pompeux Caroline du Sud.

Tommy a embarqué ses bagages et, avant de partir, a fait une nouvelle tentative à la prison pour voir son ami Manuel. Il se présenta au geôlier et lui dit combien il désirait voir son vieil ami avant de partir. Les ordres du geôlier étaient impératifs. On lui a dit que s'il venait la semaine prochaine , il le verrait ; qu'il serait ensuite libéré et autorisé à occuper la cellule du deuxième étage avec les autres stewards. Reconnaissant l'un des stewards qui s'étaient joints à eux lorsqu'ils appréciaient leurs émotions sociales autour du tonneau festif, il entra sur la place pour le rencontrer et lui dire au revoir. Pendant qu'il lui serrait la main, le pauvre nègre.

Le nom de ce pauvre garçon était George Fairchild. Après avoir été envoyé à l'atelier pour recevoir vingt coups de pagaie alors qu'il était à peine capable de se tenir debout, il fut retiré du cadre et porté en prison, où il resta plusieurs semaines, nourri au prix de dix-huit cents par jour. Son crime était « d'aller boire du whisky la nuit » et la troisième infraction ; mais il y eut diverses plaidoiries en sa faveur. Son maître travaillait ses nègres jusqu'à la dernière tension de leurs forces et exposait leurs appétits à toutes sortes de tentations, surtout ceux qui travaillaient dans la bande de nuit. Son maître l'a fouetté une fois, alors qu'il était en prison, lui-même, en lui donnant une quarantaine de coups avec une peau crue sur le dos nu : ne satisfaisant pas ses sentiments avec cela, il a décidé de l'envoyer à la Nouvelle-Orléans. Il avait une femme et un enfant affectueux, à qui il était interdit de le voir. Son maître ordonna qu'il soit envoyé au workhouse et qu'il reçoive trente-neuf pagaies avant de partir, et le matin où il devait être expédié, sa femme en détresse, apprenant la triste nouvelle, vint à la prison ; mais malgré les instances de plusieurs débiteurs, le geôlier ne put la laisser entrer, et lui accorda, comme faveur, qu'elle lui parlerait à travers la porte grillagée. Les cris et les lamentations de cette pauvre femme, alors qu'elle se tenait à l'extérieur, tenant sa progéniture dans ses bras, faisant un dernier adieu douloureux à celui qui était si chèrement chéri et aimé, auraient fait fondre un cœur de pierre. Elle ne pouvait pas l'embrasser, mais attendit qu'il soit conduit dehors pour le torturer, lorsqu'elle passa ses bras autour de lui et fut entraînée par la main d'un voyou.

Pauvre George Fairchild ! Nous l'entendîmes gémir sous la douleur aiguë de la pagaie, et le vîmes jeté dans une charrette comme un chien, pour être expédié comme un ballot de marchandises pour un port lointain, qui avait souffert avec lui au poste de garde s'approcha et salua. lui avec une reconnaissance amicale. Environ deux semaines s'étaient écoulées depuis l'événement, et pourtant sa tête présentait des effets de contusions et était bandée avec un tissu. "Bon jeune massa , donne-moi un ' pour ' pence, pour Is'e "Mose mourir de faim", dit-il d'un ton suppliant. Tommy mit la main dans sa poche, en tira une pièce de monnaie, la passa au pauvre garçon et reçut ses remerciements. Laissant un message à Manuel selon lequel il ne manquerait pas de l'appeler et de le voir à son retour, il quitta la maison de misère et se dirigea vers son navire.

Le capitaine de la goélette avait été engagé par des groupes à Charleston, qui servaient simplement d'agents pour les propriétaires. Il avait été poussé à retourner à Charleston par ces sentiments si inhérents à notre nature, inspirant le sentiment du lieu de sa naissance et rappelant les premières associations de l'enfance. Chaque envie ardente le renvoyait à nouveau, et il revenait, pour accroître sa fortune sur son sol natal. Son équipage, à l'exception de Tommy, était composé de trois bons nègres actifs, dont l'un servait de pilote sur la rivière Edisto. Habitué à l'approvisionnement des navires de Boston, il n'avait prêté aucune attention à ses approvisionnements ; car, en fait, il ne prenait en charge la petite embarcation que pour héberger les agents, et avec la promesse d'un grand navire dès son retour ; et naviguant avec une brise fine et forte, il était loin hors de la lumière lorsque le médecin annonça le dîner. « Qu'est-ce que tu as de bien, mon vieux ? dit-il au cuisinier.

« Première rayure, Massa Cap'en . Une vraie bonne chance d' homonymie et de bacon frit, répondit le nègre.

« L'homonie et quoi ? Rien d'autre que ça ?

« Eh bien, Massa ! gracieux, c'est ce que Massa Whaley a donné tout ce qu'il cap'en , et il les pense en premier, " dit le nègre.

Comme ils étaient les seuls blancs à bord, le capitaine emmena avec lui le petit Tommy dans la cabine pour s'asseoir à la même table ; mais il y avait trop de vérité dans la déclaration du nègre, et au lieu de s'asseoir à table pour un de ces bons dîners qu'on sert sur les navires de Boston, petits et grands, là, sur un petit morceau de planche de pin, balancé avec un obturateur, il se trouvait là. une assiette d' homonie noire recouverte de quelques morceaux de porc frit, si râpeux et si gras qu'ils répugnent vraiment à un estomac commun. A côté se trouvait une tasse en terre, contenant environ une pinte de mélasse, dont l'extérieur était enduit de peinture pour montrer sa qualité. Le capitaine l'examina une minute, puis, prenant la cuillère de fer qui s'y trouvait et en laissant retomber une ou deux cuillerées , il dit : « Vieux papa , où sont tous tes provisions ? Allez les chercher ici.

« Gih , massa ! les voici ; « C'est juste ce que Massa Stoney leur a donné » , dit le nègre en sortant un morceau de bacon rouillé et avarié, pesant environ quinze livres et, par endroits, parfaitement vivant de mouvement ; environ un demi-boisseau de gruau de maïs ; et un petit fût de mélasse, avec un morceau de cuir attaché à la bonde.

"Est-ce tout?" demanda péremptoirement le capitaine.

"Oui, Massa , il a tout ce qu'ils ont maintenant, mais en plus à la plantation Massa Whaley, gagne- les git da."

« Jetez-le par-dessus bord, cette chose puante ; cela va engendrer la peste à bord, dit le capitaine au nègre (qui tenait à la main le lard avarié, tandis que la macalia destructrice tombait sur le sol), en posant en même temps son pied sur la table et en faisant épave de porc, homonyme , mélasse et assiettes.

« Gih -e- wh - ew ! Massa, je le lance À bord , Massa Whaley gratte- les , sartin . Il les trouve au premier rang. Le nègre des plantations ne mange du bacon que deux fois par semaine, Massa Cap'en , dit-il en ramassant l'épave et en la transportant sur le pont, où elle fut dévorée avec grand enthousiasme par les nègres, qui apprécièrent pleinement l'heureux don de Dieu.

Le capitaine avait fourni une petite réserve privée de crackers, de fromage, de segars et d'une bouteille de cognac, et se tournant vers sa malle, il l'ouvrit et les sortit un par un, passant les crackers et le fromage à Tommy et s'imbibant un peu. du diacre lui-même, satisfaisant ainsi les envies de la nature. La nuit tomba ; ils traversaient le bar et s'approchaient de la sortie de l'Edisto, qui était large en vue ; mais il n'y avait ni café ni thé à bord, et aucune perspective de souper - il ne restait plus que le recours aux crackers et au fromage, dont le stock avait déjà diminué si vite que ce qui restait était précieux parmi les choses trop choisies pour être mangé sans limitation. Ils atteignirent l'entrée, et après avoir gravi quelques milles, vinrent mouiller sous une saillie de bois qui formait une courbe dans la rivière. Les aboiements des chiens pendant la nuit indiquaient le voisinage d'une colonie voisine, et le matin, le capitaine envoya un des nègres à terre chercher une bouteille de lait. "Massa, cet homme qui vit là-bas n'a pas grand-chose, mais il leur fait toujours payer sept pence", dit le nègre. Effectivement , c'était vrai ; bien qu'il fût planteur de quelque propriété, il faisait tourner les moindres choses en profit, et facturait aux bateaux remontant le fleuve douze cents et demi par bouteille de lait.

Le capitaine avait passé une nuit agitée et se trouvait couvert d'innombrables morsures de menton ; et en examinant les couchettes et les coffres, il les trouva grouillant en tas. Appelant un des hommes noirs, il entreprit de les réviser et en sortit un parfait entrepôt de détritus, qui devaient y avoir été déposés, sans être inquiétés, depuis le jour de la mise à l'eau du navire jusqu'à nos jours, aussi variés dans leurs espèces que le stock d'un magasin juif et pourri avec le temps. Vers neuf heures, ils furent de nouveau sous pression , et parcourant environ vingt milles avec un vent et une marée favorables, ils arrivèrent à un autre point de la rivière, sur lequel un rassemblement d'hommes s'était rassemblé, armés jusqu'aux dents de fusils, de fusils, et des couteaux. Au moment où il passait, ils parlaient avec un homme et un garçon dans un canot à quelques cannes du rivage. Toutes les quelques minutes, ils pointaient leurs fusils sur lui et, avec des gestes menaçants, juraient de se venger de lui s'il tentait d'atterrir. Le capitaine, excité par la situation précaire de l'homme et de son garçon, et désireux d'en connaître les détails, lâcha son ancre et « revint » quelques longueurs plus haut.

A peine son ancre fut-elle levée qu'il fut hélé sur le rivage par un homme à l'air rude, qui paraissait être le chef de la manouvre , et qui se révéla n'être rien de moins qu'un M. Sk, un riche planteur.

« N'embarquez pas cet homme à bord de votre navire, au péril de votre vie, capitaine. C'est un abolitionniste », dit-il, accompagnant son commandement impératif d'une rotation de serments très sudistes.

L'homme a pagayé sur son canot à l'extérieur du navire et a supplié le capitaine « pour l'amour de Dieu de le prendre à bord et de le protéger ; qu'une excitation très injuste s'était élevée contre lui, et qu'il expliquerait les circonstances s'il lui permettait de monter à bord.

« Montez à bord », dit le capitaine. « Que vous soyez abolitionniste ou ce que vous voudrez, l'humanité ne me permettra pas de vous voir jeté à la mer de cette manière ; vous seriez submergé avant de franchir la barre.

Il monta à bord, tremblant et mouillé, le petit garçon tendant deux sacs à tapis et le suivant. A peine l'avait-il fait, que trois ou quatre balles passèrent devant la tête du capitaine, le forçant à se retirer dans la cabine. Quelques minutes s'écoulèrent et il retourna sur le pont.

« Abaissez votre bateau et revenez immédiatement à terre », criaient-ils.

Le capitaine, pas du tout intimidé, abaissa son bateau et descendit à terre. "Maintenant, messieurs, que me voulez-vous?" dit-il lorsque S...k s'avança, et le dialogue suivant s'ensuivit :

« À qui appartient ce navire, et de quel droit avez-vous le droit d'héberger un abolitionniste ?

« Je ne sais pas à qui appartient le navire ; Je sais que je le navigue, et les lois de Dieu et des hommes exigent que je ne croise pas un homme en détresse, surtout sur l'eau. Il proteste qu'il n'est pas et n'a jamais été abolitionniste ; vous propose de le prouver si vous l'entendez, et vous demande seulement de lui permettre de lui enlever ses biens, reprit le capitaine.

"Quoi! alors vous êtes vous-même abolitionniste ?

"Non monsieur. Je suis un homme né dans le Sud, j'ai grandi à Charleston, où mon père a grandi avant moi.

« Tellement, tout va bien ; mais ramenez ce foutu canaille à terre en moins de soixante-dix ans, ou nous amarrons votre navire et vous dénoncerons au Comité Exécutif, et nous vous empêcherons de transporter davantage de fret sur l'Edisto.

« Cela, je ne le ferai pas. Vous devriez avoir de la patience pour enquêter sur ces choses et ne pas laisser vos sentiments devenir si excités. Si je l'envoie à la dérive, lui et son fils, je suis responsable de leur vie s'il leur arrivait un accident, répondit le capitaine.

« Êtes-vous sécessionniste, capitaine, ou quels sont vos principes politiques ? Vous semblez déterminé à protéger les abolitionnistes. Ce scélérat fréquente un nègre et mange chez lui depuis qu'il est ici.

« Oui, oui, et nous serons foutus s'il n'est pas abolitionniste », s'exclamèrent une douzaine de voix, « car il a dîné chez Bill Webster dimanche dernier sur un dindon sauvage. Personne d'autre qu'un infernal abolitionniste ne dînerait avec un nègre.

« Quant à la politique, je n'y ai jamais eu grand-chose, et je me soucie aussi peu de la sécession que de la théologie ; mais j'aime voir les hommes agir raisonnablement. Si vous désirez davantage de moi, vous me retrouverez demain à la plantation du colonel Whaley. En disant ces mots, il monta dans son bateau et revint à bord de son navire. Juste au moment où son poids était à nouveau insuffisant, whiz ! sifflement! sifflement! trois coups de feu se succédèrent rapidement, le dernier faisant effet et perçant le sommet de son chapeau, après quoi ils se retirèrent hors de vue. Craignant un retour, il fit avancer son navire environ deux milles plus haut et vint jeter l'ancre de l'autre côté du chenal, où il attendit le retour de la marée, et eut l'occasion de mettre ses passagers effrayés à bord d'une goélette qui passait. vers le bas, lié à Charleston.

Le secret d'un tel outrage est raconté en quelques mots. L'homme était un exploitant de bois des environs de New Bedford, Massachusetts, qui, avec son fils, un garçon d'environ seize ans, avait passé plusieurs hivers dans les environs de l'Edisto, à récolter du chêne vivant, ce qu'il considérait comme un entreprise louable. Il achetait le bois sur les souches des habitants, à un prix qui ne lui laissait que très peu de profit, et on lui demandait aussi un prix exorbitant pour tout ce qu'il obtenait, soit du travail, soit des provisions ; et ce sentiment d'autosuffisance de la Caroline du Sud s'était jusqu'à présent exercé contre lui dans toute sa froide répulsion, qu'il trouva beaucoup plus d'honnêteté et de véritable hospitalité sous le toit d'un pauvre homme de couleur . Cela a tellement enragé certains planteurs qu'ils ont proclamé contre lui, et ce cri de chien enragé d'abolitionniste a été lancé contre lui. Son cheval et son buggy, ses livres et ses papiers furent emballés et envoyés à Charleston, non sans toutefois que certains des plus importants de ces derniers soient perdus. Son entreprise a été détruite, et lui et son enfant ont été emmenés de force, mis dans un petit canot avec un ou deux sacs de tapis et envoyés à la dérive. De cette manière, ils l'avaient suivi sur deux milles en aval de la rivière, le suppliant d'avoir le privilège de régler ses affaires et de partir respectablement - ils menaçaient de lui tirer dessus s'il tentait de s'approcher du rivage ou s'il était attrapé dans les environs. C'était sa position lorsque le capitaine l'a trouvé. Il se rendit à Charleston et déposa son cas devant James L. Petigru , Esq., procureur de district des États-Unis, et, sur ses conseils, retourna sur les lieux de la « guerre sur les rives de l'Edisto » pour régler ses affaires ; mais à peine eut-il paru qu'il fut jeté en prison, et il y resta la dernière fois que nous entendîmes parler de lui.

C'est l'un des nombreux cas qui donnent lieu à des commentaires passionnants pour les rédacteurs du Charleston Mercury et du Courier, et qui ne reflètent aucun honneur pour un peuple qui a ainsi défié la loi et l'ordre.

CHAPITRE XXVI.
UNE RÉCEPTION SINGULIÈRE.

Il était environ dix heures dans la nuit du 15 avril lorsque la goélette « Three Sisters » était ancrée tout près d'une sombre jungle de freins groupés qui accrochaient leur feuillage luxuriant au sein du ruisseau. Le capitaine était assis sur une petite boîte près du quartier, contemplant apparemment la scène, car il y avait une beauté féerique dans ses sombres méandres, adoucie par le feuillage ombragé qui bordait ses bords dans une grandeur lugubre, tandis que les étoiles scintillaient sur la surface sombre .

La marée venait de tourner, et le petit Tommy, qui s'était enroulé dans une couverture et s'était couché près du capitaine, se leva tout à coup. « Capitaine, avez-vous entendu ça ? a-t-il dit.

« Écoutez ! le voilà encore, dit le capitaine. "Allez appeler les hommes, il faut nous mettre sous pression ."

C'était un bruissement parmi les freins ; et lorsque le petit Tommy s'avança pour appeler les hommes, deux balles sifflèrent au-dessus du quartier, puis un bruissement fort indiqua que des personnes reculaient. Le capitaine se retira dans la cabine et emmena Tommy avec lui, donnant l'ordre au pilote noir de se tenir sur le pont, de lever l'ancre et de la laisser dériver vers le haut avec la marée, déterminé que s'ils tiraient sur quelqu'un, ce serait les nègres, dont ils seraient tenus responsables de la valeur. Elle remonta ainsi le ruisseau et, le lendemain matin, se retrouva au bord du ruisseau de la plantation du colonel Whaley.

Un certain nombre de nègres en haillons descendirent à la rive, très heureux de cette arrivée et s'enquièrent diverses questions sur le maïs et le bacon. Un vieux sujet patriarcal a crié au pilote : « Ah, César, je vais maintenant vous faire jouir. Massa, un «jeune Massa Aleck, je promets du bacon toute la semaine, je suppose qu'il jouit maintenant.»

"J'ai du maïs, mais même si vous sortez du bacon de votre craf , vous kotch wesel , ça Je n'ai pas de cheveux , dit Cesar.

La scène environnante était tout sauf prometteuse, mais décevante par rapport aux idées exaltées du capitaine sur la magnifique plantation du colonel Whaley. La vieille ferme était un bâtiment semblable à une caserne, délabré et ne montrant aucun signe d'avoir récemment fourni un travail au peintre, et se dressant dans une arène entourée d'une enceinte de lattes grossières. Un examen attentif a révélé des fragments de jardinage dans l'arène, mais ils ont montré des preuves indubitables de négligence. A une courte distance de là se trouvait un groupe de huttes de nègres d'apparence sale, élevées à quelques pieds du sol sur des pilotis de palmiers, et accrochées le long d'elles jusqu'au bord de la rivière se trouvaient de nombreux bovins et porcs à moitié affamés, ces derniers enracinant le gazon.

L'eau était maintenant presque étale, en pleine crue, et la goélette se trouvait juste au-dessus du coude du ruisseau. Bientôt, un homme grand et corpulent, habillé comme un fermier du Yorkshire, arriva sur la rive et, d'une voix rauque , ordonna au capitaine de se hisser immédiatement dans la crique ! La manière dont l'ordre fut donné éprouva quelque peu les sentiments du capitaine, mais il mit immédiatement ses hommes au travail pour lever l'ancre et exécuter « une ligne » pour la tordre. Mais ce mouvement lent avec lequel les nègres exécutent tous les ordres, provoqua un certain retard, et à peine avait-il commencé à soulever la ligne que la marée fit un fort reflux et l'emporta sur la pointe inférieure, où un fort tourbillon, formé par le retrait de l'eau du ruisseau et le fort ressac de la rivière. , déroutait tous ses efforts. Là, elle resta coincée, et toutes les funes et câbles de remorquage d'un soixante-quatorze, hébergés par la force combinée de la plantation, ne l'auraient pas fait démarrer. Lorsque la marée s'est retirée, elle s'est dirigée vers la rivière, car il n'y avait aucun moyen de l'étayer.

L'un des chauffeurs s'approcha et rapporta : « Le capitaine Massa a fait débarquer le navire », et le colonel Whaley descendit, avec toute la pompe de sept lord-maires dans son visage. « Quel genre d'homme êtes-vous pour commander un navire ? Je fouetterais le pire nègre de la plantation, s'il ne pouvait pas faire mieux que ça. Agréez un radeau et laissez-moi monter à bord de ce navire ! » dit-il en accompagnant ses demandes d'une volée de viles imprécations qui auraient déshonoré Saint-Gilles.

« Savez-vous à qui vous parlez ? Il ne faut pas me prendre pour un nègre, monsieur ! Je connais mon devoir, si vous n'avez pas de bonnes manières, répondit le capitaine.

« Savez-vous à qui appartient ce navire ? espèce d'impudent, toi ! Enlevez les voiles, immédiatement, immédiatement ! ou je vous tire dessus, par le ciel ! » il a encore crié.

« Pourquoi n'as-tu pas dit chaland de boue ? Appeler une telle chose un navire ? Peu m'importe à qui appartient ce bateau, je sais seulement que c'est une honte de le faire naviguer ; mais j'ai les papiers, et vous pouvez vous aider. Lorsque vous me paierez mon temps et que vous me donnerez à manger pour moi et pour ces hommes, vous pourrez prendre votre vieux jebac , ce bateau -voiture , mais vous ne mettrez pas les pieds à bord avant de l'avoir fait !

Cela rendit le colonel encore plus en colère. « Je vais vous donner une leçon sur la façon dont vous désobéissez à mes ordres. Va chercher mon fusil, Zeke, dit le colonel en se tournant vers un vieux nègre qui se tenait à proximité. Puis, appelant les hommes à bord, il leur ordonna de prendre en charge le navire et d'enlever immédiatement les voiles.

« Ne bouge pas la main pour déplier une voile, César ! Je ne connais pas cet homme à terre. Ce navire est à moi jusqu'à nouvel ordre de ceux qui m'ont embarqué, répondit le capitaine avec une exigence impérative à ses hommes.

« Eh bien, la ! massa , il possède Ils sont là, et il leur tire dessus. sartin si nous l'avons fait, faites-le; tu sais déjà ça massa , comme moi, dit César.

« Ne touchez pas ces voiles, je vous l'ordonne à tous. Il y en a deux qui peuvent jouer au tir, et je vous tirerai dessus si vous désobéissez à mes ordres. Puis, se tournant vers ceux qui étaient à terre, il les avertit qu'il tuerait le premier nègre qui tenterait de monter à bord d'un radeau. Le lecteur remarquera que les pauvres nègres se trouvaient dans un pire dilemme que le capitaine ; poussé d'un côté par un maître impitoyable, qui revendique la propriété et exige l'exécution de ses ordres, tandis que de l'autre extrême le maître à gages proclame son droit et les met en garde contre le péril de modifier d'un iota ses ordres. Ici se réunissent les sentiments contradictoires des hommes arbitraires, qui ont placé beaucoup de bons nègres dans cette position complexe, qu'il serait puni par un maître pour avoir fait ce qu'il aurait été puni par l'autre s'il n'avait pas fait.

On peut dire que c'est tout à l'honneur du colonel qu'il n'est pas revenu le fusil à la main, et le capitaine ne l'a pas revu par la suite ; mais un jeune gentilhomme, un fils, qui représentait le père, vint à la rive environ une heure après l'événement, et s'excusant boiteusement du caractère de son père, demanda au capitaine de venir à terre. Ce dernier avait décidé d'attendre le retour de la marée, de ramener le navire à Charleston, de signaler sa réception et de remettre le navire aux agents ; mais après y avoir réfléchi, il n'y avait rien à manger à bord, et que pouvait-il faire ? Il descendit à terre et parlementa avec le jeune homme, qu'il trouva beaucoup plus enclin à respecter sa couleur. « Votre père me prenait pour un nègre et, en tant que tel, il présumait de la dignité de sa plantation. Maintenant, je connais mon devoir et j'ai navigué sur les meilleurs navires et avec les meilleurs capitaines du pays. Tout ce que je veux, c'est du respect, quelque chose à manger, ce qui m'arrive et mon voyage remboursé par voie terrestre jusqu'à Charleston. Non! Je n'en demanderai même pas autant ; donnez-moi quelque chose à manger et mon passage à Charleston, et vous pourrez faire ce que vous voudrez du navire, mais je ne remettrai les papiers qu'aux personnes qui m'ont expédié. Et je voudrais que vous veilliez à ce que ce petit garçon soit soigné, car il est très malade maintenant, » dit le capitaine en désignant Tommy et en l'appelant.

"Oh oui," répondit le jeune homme, "nous allons nous occuper du petit bonhomme et le faire rentrer sain et sauf", et il prit congé en promettant d'avoir une autre entrevue dans l'après-midi. Vers midi, un garçon nègre arriva au navire avec une poêle en fer blanc recouverte d'une serviette et la présenta à César pour « massa ». Cap'en et Buckra Boy. César l'amena vers l'arrière et le posa sur le compagnon. Il contenait du riz, un morceau de bacon, une galette de maïs et trois patates douces.

« Tarif grossier, mais je peux m'en sortir. Viens Tommy, je suppose que tu as faim, ainsi que moi, dit le capitaine, et ils s'assirent et démolirent bientôt le festin de l'hospitalité du Sud. Vers cinq heures du soir, le jeune homme ne se présentant pas, le capitaine envoya Tommy à terre le chercher à la maison, lui disant (afin de tester leurs sentiments) qu'il pouvait s'arrêter et souper. Tommy grimpa à terre et remonta la berge pour se diriger vers la maison. Le jeune homme s'est présenté en s'excusant de son retard et de son inattention, affirmant que la présence d'amis très particuliers de Beaufort en était la cause. « Mon père, vous le savez, est propriétaire de ce navire, capitaine !... Vous avez eu un bon dîner aujourd'hui, en passant, » dit-il.

"Oui, nous nous en sommes bien sortis, mais nous aurions pu manger davantage", a répondu le capitaine.

« Ah ! Dieu merci, c'était la faute du nègre. Ces nègres sont des créatures tellement incertaines qu'il faut les surveiller pour la moindre chose. Eh bien, capitaine, mon père vous a envoyé cinq dollars pour payer votre passage à Charleston ! »

"Eh bien, c'est une petite somme, mais je vais essayer de m'en sortir, plutôt que de m'arrêter là, en tout cas", dit le capitaine en prenant la note et en la mettant dans sa poche, et en donnant des accusations particulières concernant prendre soin du garçon. Cette nuit-là, peu après le coucher du soleil, il prit le passage dans un caboteur descendant, fit de longs adieux à la plantation d'Edisto et du colonel Whaley, et arriva à Charleston la nuit suivante. Le lendemain matin, il se présenta aux agents, qui lui payèrent généreusement toutes ses demandes et lui exprimèrent leurs regrets. Agissant sous l'impulsion de son intuition, le capitaine enferma le billet de cinq dollars et le rendit au souverain colonel Whaley.

Le Savannah Republican du 11 septembre dit : « Nous avons reçu aimablement les détails d'un duel qui a eu lieu hier matin dans la plantation du major Stark, en face de cette ville, entre le colonel EM Whaley et EE Jenkins, de Caroline du Sud. .» Un autre journal affirme qu'« après un seul échange de coups de feu, * * * * l'affaire s'est terminée, mais sans réconciliation ». Le même colonel Whaley ! L'un ou l'autre de ces journaux aurait pu donner des détails plus graves et tout aussi expressifs de la vie du Sud. Ils auraient pu décrire une belle épouse, une dame du Nord, fuyant avec ses deux enfants pour échapper aux abus d'un mari infidèle, se réfugiant à l'hôtel Charleston et se liant d'amitié avec M. Jenkins et un autre jeune homme, dont nous ne dirons pas le nom. mention - et ce fameux établissement encerclé par la police un soir de sabbat, pour garder ses entrées - et elle l'a traîné et ramené au foyer du malheur.

CHAPITRE XXVII.
L'HABEAS CORPUS.

Le capitaine du Janson avait réglé ses affaires et avait hâte de rentrer chez lui. Il avait fait tout ce qui était en son pouvoir pour Manuel, et malgré les efforts habiles du consul combinés aux siens, il n'avait rien fait pour le soulager. La loi était impérative, et si elle était appliquée, il n'y aurait pas d'alternative pour lui, sauf s'il prouvait qu'il avait droit aux privilèges d'un homme blanc. Pour ce faire, il lui faudrait une routine juridique sans fin, ce qui doublerait son anxiété et sa souffrance. On a entendu M. Grimshaw dire que si un habeas corpus était poursuivi, il devrait s'en tenir au caractère technique d'un acte législatif, refuser de répondre à l'assignation ou livrer l'homme. Non, il résisterait lui-même à l'épreuve du droit à l'habeas corpus, et s'il était condamné pour refus de livrer le prisonnier, il profiterait d'un autre acte du législateur, et après être resté un certain temps dans prison, exiger sa libération conformément aux statuts. M. Grimshaw fut tellement impressionné par sa propre position importante dans cette affaire et par la ligne de conduite qu'il devait suivre, qu'il dit à plusieurs reprises aux prisonniers qu'il serait prisonnier parmi eux dans quelques jours, pour participer au même sort. tarif.

Le juge Withers, cependant, lui épargna la nécessité de problèmes aussi importants. Pour ceux qui connaissent le juge Withers, il serait inutile de s'attarder sur les traits de son caractère. À ceux qui ne le sont pas, nous pouvons dire que ses sentiments étaient fondés sur l'intérêt - évoluant dans les principaux éléments de la sécession - arbitraires, volontaires et facilement influencés par les préjugés - un homme connu du public et du barreau pour sa frigidité, lié par ses propres opinions et cédant aux souhaits et aux principes de ceux qui ne craignent pas sa popularité en tant que juge, mais dépourvu de ces principes solides que les juristes profonds apportent à leur aide lorsqu'ils examinent des questions importantes, où la vie ou la liberté est en jeu. -un esprit qui préfère rétablir la monarchie plutôt que de répandre les bénédictions d'un gouvernement libre. Quelle raison avons-nous ici d'espérer une issue favorable ?

Ainsi, lorsque le consul demanda l'ordonnance d'habeas corpus, ce droit lui fut refusé, bien que le sujet fût héritier inhérent à tous les droits de citoyenneté et de protection dont les lois de sa propre nation pouvaient le conférer. Pour montrer comment cette affaire a été traitée par la presse - même si nous sommes heureux de dire que les sentiments de la communauté marchande n'y sont pas reflétés - nous copions le leader du "Southern Standard", un journal publié à Charleston, dont le rédacteur en chef prétend représenter les opinions conservatrices d'une petite minorité. C'est ici :-

« CHARLESTON, 23 AVRIL 1852. « Les marins de couleur et les droits de l'État.

« Nos lecteurs n'ont pas oublié la correspondance qui a eu lieu depuis quelque temps entre Son Excellence le gouverneur Means et le consul de Sa Majesté britannique, M. Mathew. Nous avons publié dans le Standard, du 5 décembre dernier, le rapport très sobre, digne et bien argumenté de M. Mazyck , président du comité spécial du Sénat, à qui avait été renvoyé le message du gouverneur, transmettant le correspondance. Dans notre numéro du 16 décembre, nous avons remis à nos lecteurs l'habile rapport de M. McCready, au nom du comité de l'autre chambre, sur le même sujet.

« Nous devons maintenant attirer l'attention du public sur le fait que la question pratique a été posée, par laquelle la validité des lois concernant les marins de couleur arrivant dans notre port doit être soumise aux tribunaux judiciaires du pays. . Pour notre part, nous n'avons aucune crainte pour le crédit de l'État dans une telle controverse. Le droit de l'État de contrôler, par sa propre législation, l'ensemble de la matière peut, comme nous le pensons, par une discussion approfondie, être établi sur une base qui, dans le Sud du moins, ne sera plus jamais remise en question. S'il y a des défauts dans les détails des règlements édictés, leur examen est désormais exclu, alors que la question posée est le droit de l'État d'agir à tout moment dans les locaux.

« L'ordonnance d'habeas corpus a été demandée devant le juge Withers, pendant la durée du procès qui vient de s'achever, par le consul britannique, par l'intermédiaire de son avocat, M. Petigru , au nom d'un certain Manuel Pereira, un marin de couleur, qui prétend être un sujet portugais, stagiaire pour servir à bord d'un brick anglais poussé dans ce port par la contrainte météorologique ; ledit Manuel Pereira étant alors en prison en vertu des dispositions de la loi de la législature de cet État, votée en 1835, modifiant les lois antérieures en la matière. Le juge Withers, conformément aux exigences de la loi de 1844, a refusé l'ordonnance d'habeas corpus et un avis d'appel a été donné. Voilà la question qui se pose à nous.

« Nous n'avons qu'un seul regret dans cette affaire, c'est que l'affaire présentée est celle où la personne qui demande sa liberté a été poussée involontairement dans notre port. La Grande-Bretagne, il est vrai, est la dernière puissance qui devrait se plaindre à ce sujet, avec son propre exemple dans le cas de l'Entreprise sous les yeux ; mais nous n'aimons pas, nous l'avouons, cet aspect de la loi. Nous ne doutons cependant pas que ce fait étant porté à la connaissance de l'exécutif, il interviendra promptement pour libérer l'individu dans le cas présent, à condition que le parti fasse une pétition à cet effet et s'engage immédiatement à quitter l'État. Mais nous ne verrons rien de tout cela. M. Manuel Pereira, comme un autre John Wilkes, doit avoir réglé en sa personne de grandes questions de liberté constitutionnelle. La postérité qui lira plus tard son martyre volontaire et son sacrifice héroïque pour la cause de l'humanité souffrante doit être un peu mieux informée que M. Pereira lui-même ; car nous observons que ses compétences de commis n'ont pas atteint le point de lui permettre de souscrire son nom à la requête en habeas corpus, qui doit figurer de manière si visible dans l'histoire future, comme en témoigne plus primitivement sa « marque ».

Un appel fut interjeté contre ce refus et porté devant la cour d'appel, siégeant à Columbia, la capitale de l'État. Comment cela a-t-il été traité ? Sans susciter le respect commun, elle a soutenu l'opinion du juge Withers, qui était l'un de ses membres constitués. Dans un tel état de choses, où toutes les voies menant au droit et à la justice étaient obstruées par une volonté populaire qui se plaçait au-dessus du droit et de la justice, où est l'esprit sans préjugés qui accusera de motifs inappropriés de demander justice au plus haut tribunal judiciaire du pays. .

En 1445, une pétition fut présentée ou inscrite sur les listes du Parlement britannique, émanant des communes de deux comtés voisins, demandant la réduction d'une nuisance qui promettait de terribles interruptions de la paix et de la tranquillité de leurs hameaux, en conséquence de le nombre des procureurs étant passé de huit à vingt-quatre, affirmant que les procureurs étaient dangereux pour la paix et le bonheur d'une communauté, et priant pour qu'il n'y ait pas plus de six procureurs pour chaque comté. Le roi accéda à la requête, ajoutant une clause qui la laissait sujette à l'approbation des juges. Le temps crée de puissants contrastes. Si ces vieux roturiers paisibles avaient pu voir une image du XIXe siècle, avec son système judiciaire parsemé à la surface, ils auraient certainement considéré le monde comme un endroit très malheureux. Les habitants de Charleston pourraient maintenant se demander pourquoi ils ont tant de lois et si peu de justice ?

CHAPITRE XXVIII.
LE DÉPART DU CAPITAINE ET LA LIBÉRATION DE MANUEL.

APRÈS être resté près de trois semaines en détention étroite dans une cellule du troisième étage, Manuel a été autorisé à descendre et à reprendre sa place parmi les stewards, dans la « cellule des stewards ». Il y a eu un triste changement de visage. Mais l'un de ceux qu'il avait laissés était là ; et lui, le pauvre garçon, était tellement changé qu'il n'était plus qu'une épave de ce qu'il était lorsque Manuel était enfermé dans la cellule.

Après le départ du petit Tommy, le capitaine a déposé une somme d'argent auprès du geôlier pour subvenir aux besoins de Manuel. Le geôlier accomplit fidèlement son devoir, mais le fonds fut bientôt épuisé et Manuel fut contraint de faire appel à son consul. Grâce au souci de ses citoyens qui marque le cours de ce gouvernement et à la gentillesse caractéristique de son représentant à Charleston, l'appel a été rapidement répondu. Le consul le servait en personne et prévoyait même de sa propre bourse les choses nécessaires à son confort. On ne pouvait qu'admirer la noblesse de bien des actes accordés à cet humble citoyen par l'intermédiaire du consul, démontrant l'attachement et la foi d'un gouvernement envers son plus humble sujet. La question était maintenant : l'Exécutif allait-il le libérer ? M. Grimshaw avait formulé de vives objections et fait des déclarations injustifiables concernant son abandon par son capitaine, les lourdes dépenses engagées pour entretenir l'homme et la mise en doute de la validité du droit du consul britannique de le protéger. Sous l'effet de ces représentations, la perspective commença à s'assombrir, et Manuel devint plus mécontent et attendait le résultat avec anxiété.

Dans cette position, une pétition fut envoyée à l'Exécutif, demandant que l'homme soit libéré, sur la foi du gouvernement britannique que toutes les dépenses seraient payées, et il l'envoya immédiatement au-delà des limites de l'État.

Mais nous devons revenir et prendre congé du capitaine Thompson avant de recevoir la réponse à la pétition. Le jour fixé pour son départ était arrivé. Il fit rassembler tous ses papiers et se leva de bonne heure pour faire sa promenade habituelle au marché. Il était un peu plus de sept heures, et alors qu'il approchait de la singulière pièce de bois que nous avons décrite dans un chapitre précédent sous le nom de Charleston Whipping-post, il aperçut une foule rassemblée autour d'elle et des nègres courant vers la scène. , criant : « Buckra gwine pour avoir un fouet ! Buckra, récupère-le ! etc. etc. Il accéléra le pas et, arrivant sur les lieux, se fraya un chemin à travers une foule immense jusqu'à ce qu'il parvienne à un endroit où il avait une belle vue. Ici, exposés à la vue, se trouvaient six hommes blancs convenablement habillés, qui devaient être fouettés conformément aux lois de la Caroline du Sud, qui fouettent les petits larcins sur le marché. Cinq d'entre eux étaient enchaînés ensemble, et l'autre scientifiquement attaché à la machine, le dos nu exposé, et M. Grimshaw (vêtu de son chapeau et de son épée de fonction pour rendre la dignité de la punition appropriée) allongé sur les rayures avec un grand fouet, et se levant sur la pointe des pieds à chaque coup pour ajouter de la force, faisant suivre la chair du fouet. Autour se trouvaient une douzaine d'énormes agents de police avec des bâtons à longue pointe à la main, tandis que deux autres aidaient à enchaîner et à détacher les prisonniers. Le spectacle était barbare, ouvrant un large champ de réflexion. On disait que ce mode de châtiment barbare était cité en exemple pour les nègres. C'est certainement une façon bien singulière d'inspirer le respect des lois.

Il avait beaucoup entendu parler de T. Norman Gadsden, dont la renommée semblait être le plus grand vendeur de nègres du pays, mais il ne l'avait pas vu, bien qu'il ait été témoin de plusieurs ventes de nègres ailleurs. En parcourant les journaux après le petit-déjeuner, son œil tomba sur une publicité enflammée avec « T. La vente de nègres par Norman Gadsden » en tête. Il y avait des nègres des plantations, des cochers, des domestiques, des mécaniciens, des enfants de tous âges, avec des descriptions aussi diverses que les espèces. Au-dessous du reste, et avec une délimitation éclatante, se trouvait la description d'une jeune ouvrière remarquablement fine, très brillante et très intelligente, vendue sans faute. L'avis aurait dû ajouter une exception, à savoir que le propriétaire allait se marier.

Il se rendit à l'endroit à l'heure indiquée et les trouva en train de vendre un vieux nègre de plantation, vêtu de vêtements gris en lambeaux, qui, après quelques enchères, fut adjugé trois cent cinquante dollars. « Nous donnerons des titres de premier ordre à tout ce que nous vendons ici aujourd'hui ; et, messieurs, nous allons maintenant vous proposer la plus jolie fille de la ville. Elle est trop connue pour que je puisse en dire plus », a déclaré le célèbre commissaire-priseur.

Un certain nombre des premiers citoyens étaient présents, et parmi eux le capitaine reconnut le colonel S... qui s'approcha et commença à déchanter sur la vente de la femme. « C'est vraiment honteux de vendre cette fille, et ce type-là devrait être pendu », dit-il en parlant du propriétaire ; et là-dessus il commença à raconter l'histoire de la pauvre fille.

"Où est-elle? Emmenez-la! Seigneur! messieurs, ses boucles suffisent pour lancer une enchère de mille cinq cents, dit le commissaire-priseur.

"Allez-y, Gadsden, vous êtes un atout", ont répondu plusieurs voix.

La pauvre fille s'avança vers la tribune, pâle et tremblante, comme si elle marchait sur l'échafaud, et vit ses bourreaux autour d'elle. Elle était très blonde et belle – il y avait même dans ses mouvements gracieux quelque chose qui suscitait l'admiration. Ici, elle resta presque immobile pendant quelques instants.

"Messieurs, je devrais vous faire payer sept pence la pièce pour la regarder", dit le commissaire-priseur. Elle sourit à cette remarque, mais c'était un sourire de douleur.

« Pourquoi ne vendez-vous pas la fille et ne la harcelez-vous pas de cette manière ? » dit le colonel S....

Les offres se sont succédées rapidement de onze cents à treize cent quarante. Un commerçant bien connu de la Nouvelle-Orléans se tenait derrière l'un des courtiers de la ville, lui faisant signe à chaque offre, et elle se retrouva face à lui. Nous avons appris son histoire et connaissons la suite.

Le capitaine la regardait avec des sentiments mêlés et aurait volontiers dit : « Bon Dieu ! et pourquoi es-tu esclave ?

L'histoire de cette malheureuse beauté peut être comprise en quelques mots, laissant au lecteur le soin de tirer les détails de son imagination. Sa mère était une excellente esclave mulâtre, avec environ un quart de sang indien. Elle était la maîtresse d'un gentilhomme célèbre de Charleston, qui comptait parmi les premières familles, auquel elle donna trois beaux enfants, dont le second est celui que nous avons devant nous. Son père, bien qu'il ne puisse pas la reconnaître, l'estimait beaucoup et n'a sans aucun doute jamais eu l'intention qu'elle soit considérée comme une esclave. Alice, car tel était son nom, ressentait la honte de sa position. Elle connaissait son père et était fière de mépriser son honneur et son rang, mais elle devait s'associer avec des nègres ou avec personne, car ce serait la mort de la caste pour une femme blanche, aussi méchante soit-elle, de s'associer avec elle. A l'âge de seize ans, elle s'attache à un jeune gentilhomme de haut rang mais de moyens modestes, et vit avec lui comme sa maîtresse. Son père, dont la mort est bien connue, est décédé subitement loin de chez lui. En administrant sa succession, il s'est avéré qu'au lieu d'être riche, comme on le supposait, il était insolvable et que les créanciers insistaient pour que les enfants soient vendus. Alice fut achetée par compromis avec l'administrateur, et conservée par son seigneur au titre d'une hypothèque, les intérêts et la prime sur lesquels il payait régulièrement depuis plus de quatre ans. Maintenant qu'il était sur le point de se marier, l'excuse de l'hypothèque était le meilleur prétexte au monde pour se débarrasser d'elle.

Le capitaine se détourna de la scène avec des sentiments qui laissèrent de profondes impressions dans son esprit, et cet après-midi-là, il partit pour sa maison écossaise.

Le temps passait à la prison et, jour après jour, Manuel attendait son sort avec anxiété. À chaque coup de cloche de la prison, il se précipitait vers la porte et écoutait, affirmant qu'il entendait la voix du consul dans chaque bruit qui passait. Jour après jour, le consul l'invitait et apaisait ses craintes, l'assurant qu'il était en sécurité et qu'il ne devait pas être vendu comme esclave. Enfin, le dix-sept mai, après près de deux mois d'emprisonnement, on reçut l'heureuse nouvelle que Manuel Pereira ne devait pas être vendu, selon les statuts, mais qu'il serait libéré après paiement de tous les frais, etc. &c., et immédiatement envoyés hors des limites de l'État. Laissons au lecteur le soin de se représenter la scène de joie à la réception de la nouvelle dans la « cellule des stewards ».

Le consul ne perdit pas de temps pour arranger ses affaires, et à cinq heures de l'après-midi du 17 mai 1852, Manuel Pereira, un pauvre marin naufragé, qui, par la dispensation d'une toute sage Providence, a été jeté sur les côtes de la Caroline du Sud et emprisonné parce que l'hospitalité à son égard était « contraire à la loi », a été emmené, pâle et émacié, par deux agents de police, jeté dans un véhicule étroitement couvert et conduit à toute vitesse vers le bateau à vapeur alors en attendant de partir pour New York. Ce n'est là qu'un faible aperçu des souffrances auxquelles les stewards de couleur sont soumis dans la prison de Charleston.

Au cours de l'année civile se terminant le 12 septembre 1852, il n'y eut pas moins de soixante-trois cas de marins de couleur emprisonnés pour « violation de la loi ». Et maintenant que les abus étaient devenus si flagrants, quelques messieurs firent une déclaration. représentation du misérable régime carcéral à Son Excellence le gouverneur Means, qui, comme s'il venait de se réveiller d'un rêve qui avait duré une génération, adressa une lettre au procureur général, en date du 7 septembre 1852, demandant une déclaration en en ce qui concerne la prison, combien de prisonniers y étaient incarcérés le 12 septembre, condamnés et en attente de jugement, la nature des délits, qui les avait commis et depuis combien de temps ils attendaient leur procès ; quel était le coût de la prison, combien était payé par les prisonniers, et combien par l'État, etc. etc. Dans cette déclaration, le nombre de marins de couleur était, pour des raisons mieux connues de M. Grimshaw, exclu de la déclaration ; il en était de même pour la différence entre trente et huit cents par jour, payée pour la ration de chaque homme. La véritable déclaration indiquait une prime au shérif de quatorze cent soixante-trois dollars sur les seules provisions – une triste prime à la misère. Ajoutez maintenant à cela une somme moyenne pour chacun de ces soixante-trois marins, et nous avons entre huit et neuf cents dollars de plus, ce qui, avec divers frais de prison et autres argents de cribbage, fait de la prison de Charleston un joli petit appendice à la prison de Charleston. bureau du shérif, et rendra pleinement compte de la ténacité avec laquelle ces fonctionnaires s'accrochent à « l'ancien système ».

Nous terminons les projets de loi en donnant celui de Manuel tel qu'il figure dans les livres : « Contraire à la loi ». Le brick britannique « Janson », le capitaine Thompson. Pour Manuel Pereira, matelot de couleur. 1852. Au shérif du district de Charleston.

15 mai. Pour arrêter, 2 $; Inscrivez-vous, 2 $, 4,00 $ » « Recog ., 1,31 $; Gendarme, 1 $, 2,31 » « Engagement et libération, 1,00 » « 52 jours d'entretien de Manuel Pereira, à 30 cents par jour, 15,60

22,81 $ Rec' paiement, J. D—, SCD par Chs . Kanapeaux , greffier.

Ce montant ne tient pas compte de toutes les charges juridiques à long terme et des honoraires d'avocat qui ont été engagés, et est entièrement à la charge du shérif.

Maintenant, malgré cette clameur retentissante sur les lois de la Caroline du Sud, que chaque Carolinien du Sud, dans la redondance de ses sentiments, s'efforce de vous impressionner par la souveraineté de sa justice, ses droits sacrés et sa réputation prééminente, nous jamais nous n'avons vécu dans un pays ou une communauté où les privilèges d'une certaine classe ont été autant abusés. Tout est fait pour conserver la faveur populaire, donnant à ceux qui ont de l'influence le pouvoir de faire ce qu'ils veulent avec une classe démunie, qu'elle soit blanche ou noire. Les départements officiels sont transformés en dépôts d'espionnage misérable, où les plans les plus injustes sont pratiqués sur ceux dont la voix ne peut être entendue pour leur propre défense . Un magistrat est revêtu ou assume un pouvoir presque absolu, les commettant sans audience et les laissant gaspiller en prison ; puis les relâcher avant que le tribunal ne siège et facturer les frais à l'État ; ou libérer le pauvre prisonnier après avoir reçu un « courrier noir » pour sa gentillesse ; donner à un homme un mandat de paix pour en opprimer un autre dont il sait qu'il ne peut pas obtenir de caution ; et lorsqu'un homme a purgé la peine du crime pour lequel il a été commis, donnez un mandat de paix à son adversaire afin qu'il puisse continuer à se déchaîner sur lui. De cette manière, nous avons connu un homme qui avait purgé sept mois de prison pour coups et blessures, par suite d'un accord entre le magistrat et le plaignant, maintenu en prison pendant plusieurs années sur la base d'un mandat de paix, délivré de temps à autre par le magistrat. temps, jusqu'à ce qu'il se suicide enfin en prison. L'homme était un homme paisible et d'un tempérament social. On lui avait proposé l'alternative de quitter l'État, mais il n'a pas voulu l'accepter. Pour montrer que nous avons raison dans ce que nous disons concernant certains fonctionnaires de Charleston, nous insérons un article paru dans le Charleston Courier du 1er septembre 1852 :— [Pour le Courrier.]

«Beaucoup de membres calmes et moraux de notre communauté ne peuvent pas se faire une idée adéquate de la mesure dans laquelle ceux qui vendent de l'alcool et font du commerce avec nos esclaves exercent désormais leur trafic illégal et démoralisant. À aucune époque, dans nos souvenirs, cette situation n'a pris une ampleur aussi alarmante ; à aucune époque son influence sur notre population esclave n'a été plus palpable ni plus dangereuse ; à aucune époque l'administration municipale n'a été aussi volontairement aveugle face à ces pratiques de corruption, ni aussi indulgente et indulgente lorsque de telles pratiques sont révélées.

* * * *

« Nous avons entendu dire que lorsque le général Schnierle est candidat à la mairie, on évalue régulièrement les moyens de faire face aux dépenses de la consultation. Les cas ne manquent pas où des sommes d'argent sont versées mensuellement à la police du général Schnierle en guise de récompense pour avoir fermé les yeux et les lèvres lors de procédures illégales. Nous avons en ce moment en notre possession un certificat d'un citoyen, juré devant M. Giles, le magistrat, déclarant que lui, le déposant, a entendu l'un des officiers de police de la ville (Sharlock) faire une demande d'argent à l'un des ces commerçants, et lui promit que s'il lui payait cinq dollars à intervalles réguliers, « aucun des policiers ne le dérangerait ». Cet affidavit peut être consulté, sur demande, à ce bureau. Ainsi, la corruption s'ajoute à la culpabilité, et ceux qui devraient faire respecter les lois deviennent des auxiliaires dans leur violation. Un de ces esclavagistes nous disait : « Le général Schnierle nous convient très bien. Je n'ai aucun problème avec le général Schnierle », remarques à la fois répugnantes et suggestives. * * * L'un d'eux nous dit que M. Hutchinson, lorsqu'il était au pouvoir, lui a infligé une lourde amende (et, à son avis, injustement) pour avoir vendu de l'alcool à un esclave ; il ne voterait donc pas pour lui. Une raison supplémentaire de cette animosité envers M. Hutchinson vient du fait que les noms des délinquants ont toujours été publiés sous l'administration de ce monsieur, tandis que sous celle du général Schnierle , ils sont cachés à la vue du public. Tous les dimanches soir, la lumière peut apparaître dans les magasins de ces marchands. Si le passant veut s'arrêter quelques instants, il verra l'entrée et la sortie des nègres ; s'il s'approche de la porte, il entendra un bruit semblable à celui d'un jeu de cartes et d'une fête à l'intérieur. Et cela se fait sans rougir ; ne se limite pas à un magasin ici et à un magasin là, mais peut être observé dans toute la ville. L'auteur de cet article a vu, quelques dimanches depuis, de sa fenêtre supérieure, dans un de ces débits de boissons, une scène de réjouissance et de jeu qui sera à peine créditée. On vit un groupe de nègres autour d'une table de jeu, avec de l'argent à côté d'eux, occupés à parier ; des verres d'alcool étaient sur la table, d'où ils se régalaient de temps en temps avec toute la nonchalance et le maniérisme affecté des lames les plus en vogue du beau monde.

« Il ne s'agit peut-être pas d'une 'profanation du sabbat' de la part des autorités municipales elles-mêmes, mais elles sont assurément responsables de sa profanation. Nommés pour veiller à la moralité publique, ils sont assurément censurables si l'on laisse le libertinage poursuivre sa folle carrière inaperçue et sans contrôle. Nous ne demandons pas à être cru. Nous préférerions avoir des lecteurs sceptiques plutôt que crédules. Nous préférerions que tous ressortent de la lecture de cet article dans le doute et se décident à examiner par eux-mêmes. Nous croyons en la force et la suffisance de la preuve oculaire et des enquêtes judiciaires.

* * *

« Nous serons largement récompensés si nous réussissons à attirer l'attention du public sur l'état alarmant et dangereux de notre ville. * * * Que l'enquête soit ouverte. Nous le contestons avec audace. Elle conduira à d'autres développements, plus étonnants que ceux que nous avons révélés. (Signé)

« UN CITOYEN RESPONSABLE. »

CHAPITRE XXIX.
L'ARRIVÉE DE MANUEL À NEW YORK.

Quand nous avons quitté Manuel, on l'a précipité à bord du bateau à vapeur, comme s'il s'agissait d'un ballot de marchandises infectées. Grâce à la bonté du commis du bureau du consul, il reçut une petite caisse de provisions pour subvenir à ses besoins pendant le voyage, car on savait qu'il lui faudrait « avancer ». Il se retrouva bientôt à survoler le bar de Charleston et jeta un dernier regard sur ce qui avait été pour lui la ville de l'injustice. L'après-midi du deuxième jour, il était assis sur le pont avant en train de manger une orange qui lui avait été donnée par le steward du navire, probablement en signe de sympathie pour son apparence maladive, quand un certain nombre de passagers, agissant sur les informations du commis du navire, rassemblées autour de lui. Un monsieur de Philadelphie, qui semblait s'intéresser plus à cet homme qu'à tout autre passager, exprima son indignation en termes sans mesure, qu'un tel homme soit emprisonné comme esclave. "Faites attention", dit un passant, "il y a pas mal de sudistes à bord."

« Je m'en fiche si tous les propriétaires d'esclaves du Sud étaient à bord, me tenant un couteau sous la gorge ; Je suis sur le vaste océan, où Dieu répand les brises de liberté que l'homme ne peut asservir », dit-il en s'asseyant à côté de Manuel et en lui faisant raconter les détails de son naufrage et de son emprisonnement. Le nombre augmentait autour de lui, et tous écoutaient avec attention jusqu'à ce qu'il ait fini. Un des spectateurs lui a demandé s'il aurait quelque chose de bon à manger ? mais il refusa, sortant la petite boîte que le consul lui avait envoyée et, l'ouvrant devant eux, leur montra qu'elle était bien remplie de petites friandises.

Le Philadelphien leur fit signe de souscrire un abonnement pour lui, ôta presque simultanément son chapeau et commença à le faire circuler ; mais Manuel, se trompant sur le motif, leur dit qu'il n'avait encore jamais demandé la charité, que le consul lui avait payé son salaire et qu'il avait assez d'argent pour rentrer chez lui. Mais s'il n'acceptait pas leurs contributions, il avait leurs sympathies et leurs bons vœux, qui lui étaient plus précieux, car ils contrastaient avec la froide hospitalité qu'il avait subie à Charleston.

Le 20 au matin, il arriva à New York. Ici, les choses prenaient un aspect différent. Il n'y avait aucun agent de police qui l'enchaînait avec des fers, aggravait ses sentiments et le traînait dans une cellule misérable envahie par la vermine. Il n'avait pas à subir l'épreuve scientifique des statuts, exigeant la mesure de sa forme et de ses traits ; et il était de nouveau un homme, avec la vie et la liberté, et la sombre crainte du pouvoir de l'oppresseur loin de lui. Il se rendit dans sa pension confortable et y reposa ses membres fatigués, remerciant Dieu de pouvoir maintenant dormir en paix et se réveiller dans la liberté. Son système était si réduit qu'il était incapable d'accomplir son devoir, même s'il était impatient de poursuivre son chemin vers les anciens propriétaires, mais il voulait se frayer un chemin en qualité d'intendant. Il resta ainsi à New York plus de quatre semaines, gagnant en vigueur et en force, et avec l'espoir persistant de rencontrer son petit compagnon.

Le 21 juin, étant bien recruté, il s'embarqua pour Liverpool et, après un voyage remarquablement calme de trente-quatre jours, arriva dans la Mersey, et quarante-huit heures plus tard, le navire était en sécurité dans le Princess' Dock. , et tout le monde est prêt à débarquer. Dans le même quai se trouvait un navire transportant des marchandises et des passagers à destination de Charleston, en Caroline du Sud. Manuel monta à bord et apprit, en causant avec le steward, qu'il était parti de ce port le 23 mai. Une courte conversation a révélé qu'ils étaient d'anciens camarades de bord de la Tamise, à bord de l'Indiaman, Lord William Bentick, et qu'ils se trouvaient à bord de ce navire lorsqu'une circonstance malheureuse lui est arrivée en entrant dans un port britannique d'Amérique du Nord, il y a de nombreuses années. Ici, ils étaient assis et racontaient les nombreuses aventures qu'ils avaient traversées depuis cette période, les navires sur lesquels ils avaient navigué, les souffrances qu'ils avaient endurées et les évasions étroites qu'ils avaient eues pour leur vie, jusqu'à minuit passé. Manuel termine en racontant en détail ses souffrances à Charleston.

"Quoi!" dit le steward du navire Charleston, alors vous devez avoir connu notre mousse, il appartenait au même navire !

"Quel était son nom?" demanda Manuel.

« Tommy Ward ! et un petit garçon aussi gentil que jamais au service de la cabane ; pauvre petit, nous parvenions à peine à le faire passer.

"Gracieux! c'est mon Tommy », dit Manuel. "Où est-il? Il m'aime comme sa vie et courrait vers moi comme un enfant courrait vers son père. Tout petit qu'il soit, il a été un ami dans mes épreuves les plus sévères et un compagnon dans mes plaisirs.

« Ah, pauvre enfant ! J'ai peur que tu ne le connaisses pas maintenant. Il a beaucoup souffert depuis que vous l'avez vu.

« Il n'est pas à bord ? Où puis-je le trouver ? demanda vivement Manuel.

« Non, il n'est pas à bord ; il est à l'hôpital de la rue Dennison . Allez-y demain et vous le trouverez.

CHAPITRE XXX.
LA SCÈNE DE L'ANGOISSE.

NOUS regrettons qu'après avoir retracé les détails de notre récit tels qu'ils se sont produits, sans y ajouter d'effet dramatique, nous soyons contraints de conclure avec un tableau à la fois douloureux et déchirant pour les sentiments. Nous faisons cela afin de pouvoir nous appuyer sur des récits dans ce que nous avons déclaré, plutôt que de donner une de ces conclusions les plus populaires qui redonnent le bonheur et soulagent les sentiments du lecteur.

Manuel se retira dans sa couchette, plein de méditation. Son petit compagnon était devant lui, représenté dans son innocence et son enjouement enfantins. Il le voyait dans le zèle juvénile et la fraîcheur de la nuit lorsqu'il apportait la musette bien chargée dans sa morne cellule, et quel acte aimable était récompensé par une nuit de souffrance au poste de garde. Il y avait trop de vie et d'entrain dans l'image que son imagination lui évoquait, pour concilier la croyance qu'il lui était arrivé quelque chose de grave ; et pourtant l'homme parlait d'une manière qui éveillait l'intensité de ses sentiments. C'était un murmure plein de pressentiments effrayants et remplissant son esprit d'une attente anxieuse. Il ne parvenait pas à dormir ; l'anxiété de ses sentiments avait éveillé une inquiétude nerveuse qui attendait avec impatience le retour du matin.

Le matin arriva. Il s'est rendu à l'hôpital et a sonné. Un vieux monsieur s'est présenté à la porte et, à ses questions sur la présence de Tommy, il a répondu par l'affirmative et a appelé un employé pour lui montrer la salle dans laquelle se trouvait le petit malade. Il suivit le domestique et, après avoir gravi plusieurs étages et suivi un passage sombre et étroit presque jusqu'au bout, il fut conduit dans une petite pièce unique sur la droite. Le résultat était suggestif dans l'atmosphère même, ce qui produisait un effet singulier sur les sens. La pièce, nouvellement blanchie à la chaux, était assombrie par un rideau vert punaise sur le cadre de la fenêtre. Près de la fenêtre se trouvaient deux tabourets de bois et une petite table sur lesquels brûlait la faible lumière d'un petit cierge disposé dans une tasse d'huile, et répandant ses faibles scintillements sur les traces d'une chambre de malade. Là, sur un petit lit étroit, gisait la forme mortelle de son autrefois joyeux compagnon, avec la vieille nourrice assise à côté de lui, surveillant ses dernières pulsations. Son bras entourait sa tête, tandis que ses mèches corbeau s'enroulaient sur son front et assombrissaient la beauté de l'innocence même dans la mort.

"Est-il là? est-il là?" demanda Manuel à voix basse. Au même moment, un faible gargouillis résonna dans ses oreilles. L'infirmière se leva comme pour

demander pourquoi il était venu. "C'est mon compagnon, mon compagnon",
dit Manuel.

C'était assez. La femme reconnut l'objet de l'inquiétude du petit malade. «
Ah ! c'est Manuel. Combien de fois a-t-il prononcé ce nom la semaine
dernière ! dit-elle.

Il courut au chevet et saisit sa petite main décharnée posée sur le drap
blanc, baignant son front froid de baisers de douleur. La vie avait disparu —
l'esprit s'était envolé vers le Dieu qui l'avait donné. Ainsi se termina la vie du
pauvre Tommy Ward. Il est mort comme quelqu'un se reposant dans un
sommeil calme, loin du bruit bruyant de la tempête de l'océan, avec l'amour
de Dieu pour protéger son esprit dans un monde autre et plus lumineux.

CONCLUSION.

Dans un chapitre précédent, nous avons laissé le pauvre garçon sur la plantation du colonel Whaley, atteint d'une maladie pulmonaire, dont les graines ont été semées la nuit où il a été enfermé dans le poste de garde, et les signes d'une décadence progressive ont manifesté leurs symptômes. . Après que le capitaine Williams (car tel était le nom du capitaine des Trois Sœurs) eut quitté la plantation, personne ne parut s'occuper de lui, et le deuxième jour il fut atteint de fièvre et envoyé dans l'une des cabanes des nègres. où une vieille mulâtresse prenait soin de lui et le soignait aussi bien que ses maigres moyens le permettaient. La fièvre a persisté pendant sept jours, lorsqu'il est devenu convalescent et capable de sortir ; mais se sentant un embarras pour ceux qui l'entouraient, il emballa ses vêtements dans un petit paquet et partit à pied pour Charleston. Il arriva dans cette ville après quatre jours de voyage sur une route lourde et sablonneuse, vivant de la charité de pauvres nègres, qu'il trouva beaucoup plus disposés à subvenir à ses besoins que les opulents planteurs. Une nuit, il fut obligé de faire un oreiller de son petit paquet et de se coucher dans un hangar à blé, où le planteur, réveillé par le bruit de ses chiens enfermés dans un chenil, vint avec une lanterne et deux nègres. et je l'ai découvert. Il lui ordonna d' abord de partir et menaça de lancer les chiens sur lui s'il n'obéissait pas immédiatement à l'ordre ; mais son aspect misérable affecta le planteur, et avant qu'il ait parcouru vingt verges, un des nègres le rattrapa et lui dit que son maître l'avait envoyé pour le ramener. Il revint, et le nègre lui fit un lit grossier dans sa cabane, et lui donna de l'homonie et du lait.

Son espoir de revoir Manuel l'avait soutenu malgré toutes les fatigues, mais lorsqu'il arriva et qu'il fut informé à la prison que Manuel était parti trois jours auparavant, sa déception fut extrême. Quelques jours après, il embarqua comme garçon de cabine à bord d'un navire prêt à prendre la mer et à destination de Liverpool. A peine à mi-chemin, il fut contraint de se résigner à l'arrêt de travail. La maladie avait frappé profondément son organisme et le dévastait rapidement. Les marins, tour à tour, veillaient sur lui avec tendresse et soin. Dès l'arrivée du navire, il fut envoyé à l'hôpital, et là il rendit son dernier soupir lorsque Manuel entra dans la chambre des malades. Nous laissons Manuel et quelques-uns de ses camarades suivre sa dépouille jusqu'au dernier lieu de repos de l'homme.

ANNEXE.

DEPUIS ce qui précède a été écrit, le gouverneur Means, dans son message à la législature de Caroline du Sud, fait référence aux lois en vertu desquelles les « marins de couleur » sont emprisonnés. Nous faisons l'extrait ci-joint, montrant qu'il insiste pour qu'il soit maintenu en vigueur, pour des raisons d'« auto-préservation » — un droit que les armateurs voudront bien considérer pour la protection de leurs propres intérêts : —

«Je crois qu'il est de mon devoir d'attirer votre attention sur certaines procédures résultant de l'application de cette loi de notre État qui oblige le shérif de Charleston à saisir et à emprisonner les marins de couleur amenés dans ce port. Vous vous souviendrez que le consul britannique adressa une communication au législateur en décembre 1850, au sujet d'une modification de cette loi. Un comité a été nommé par la Chambre et le Sénat pour en faire rapport à la prochaine session de la législature. Ces comités se sont déclarés défavorables à toute modification. Le 24 mars 1852, Manuel Pereira fut emprisonné conformément à la loi en question. Le navire sur lequel il naviguait a été conduit en détresse dans le port de Charleston. On considérait ce cas comme un cas favorable sur lequel s'exprimer, car il y avait là un fort élément de sympathie. En conséquence, une requête a été déposée devant le juge Withers pour obtenir une assignation en « habeas corpus », ce qui a été refusé par celui-ci. Ces procédures ont été engagées par le consul britannique, dit-on, sur instructions de son gouvernement, pour vérifier la constitutionnalité de la loi. Je crois qu'il convient de déclarer ici que Pereira était parfaitement libre de partir à tout moment pour pouvoir se procurer un navire pour le transporter au-delà des limites de l'État. En vérité, en considération du fait que son entrée dans l'État était involontaire, le shérif de Charleston, avec sa bonté caractéristique, lui procura une place sur un navire qui allait appareiller pour Liverpool. Au début d'avril, Pereira fut effectivement libéré et se dirigeait vers le navire, après avoir lui-même signé les articles d'expédition, lorsque, par interposition du consul britannique, il fut de nouveau confié à la garde du shérif. Quelques jours après, le consul britannique n'insista plus pour sa détention, mais paya volontairement son passage pour New York. Cela a été considéré comme un abandon de cette affaire. La déclaration de M. Yates, ainsi que la lettre du consul britannique, sont transmises ci-jointes.

« Pendant que cette procédure était en cours, le shérif de Charleston a reçu mes instructions de ne pas livrer les prisonniers même si une ordonnance d'habeas corpus avait été accordée. J'ai considéré que la « Loi de 1844 », intitulée « Loi visant plus efficacement à empêcher les nègres et autres personnes de couleur d'entrer dans cet État et à d'autres fins », me faisait un devoir de le faire.

« Le 19 mai, Reuben Roberts, un marin de couleur, originaire de Nassau, arriva sur le vapeur Clyde, en provenance de Baracoa. Le shérif de Charleston, conformément à la loi de l'État en vigueur depuis 1823, l'arrêta et l'incarcéra dans la prison du district, où il fut détenu jusqu'au 26 mai, date à laquelle, le Clyde étant prêt à appareiller, Roberts a été mis à bord et a navigué le même jour.

« Le 9 juin, une assignation pour intrusion, pour voies de fait et séquestration, de la Cour fédérale, a été signifiée au shérif Yates, fixant les dommages à 4 000 $.

« La loi de 1844, je suppose, avait pour but d'empêcher toute ingérence de la part d'un pouvoir quelconque sur la face de la terre, dans l'exécution de ce règlement de police, si essentiel à la paix et à la sécurité de notre communauté. Si la législature qui l'a adopté avait jamais rêvé que le shérif devait subir l'ennui d'être traîné devant la Cour fédérale pour avoir accompli son devoir en vertu d'une loi de l'État, je suis sûr qu'elle aurait assuré sa protection. Comme aucune disposition de ce genre n'a été prise pour une éventualité aussi inattendue, je vous recommande de modifier ainsi cette loi de 1844, afin qu'elle puisse parer à tout cas qui pourrait survenir.

« Il est certainement erroné de tolérer cette ingérence dans les lois adoptées pour protéger notre institution. Dans la répartition générale des pouvoirs entre le gouvernement fédéral et celui des États, le droit d'établir leurs propres règlements de police était clairement réservé aux États. En fait, il s'agit ni plus ni moins du droit à la conservation, droit qui est au-dessus de toutes les constitutions et de toutes les lois, et qui n'a jamais été et ne sera jamais abandonné par un peuple digne d'être gratuit. C'est un droit qu'on n'a jamais encore tenté de refuser à qui que ce soit, sauf à nous.

« La plainte contre cette loi est très étrange, et la tentative de nous mettre en conflit avec le Gouvernement général à cause d'elle est encore plus remarquable ; alors que, loin d'être en contradiction avec les lois des États-Unis, il exige seulement des autorités de l'État qu'elles mettent en vigueur une loi du Congrès, approuvée le 28 février 1803, intitulée « Acte pour empêcher l'importation de certaines personnes dans certains pays ». États où, en vertu de leurs lois, leur importation est interdite. En vous référant à cette loi, vous verrez que celle-ci a interdit au demandeur dans l'action en question d'entrer dans cet État. Il me semble toutefois inutile d'entrer pleinement dans le débat. Si vous avez le moindre doute quant à sa constitutionnalité, je demande la permission de me référer à l'opinion compétente de l'hon. J. McPherson Berrien, prononcé à l'époque où il était procureur général des États-Unis, que je vous envoie ci-joint.

« Au sujet de la modification de cette loi, je suis libre de dire que lorsque le gouvernement de son BM, par l'intermédiaire de son consul, a fait une demande respectueuse à notre législature à cet effet, j'avais hâte qu'elle soit faite. C'est avec plaisir que j'ai transmis sa première communication à la dernière législature. J'aurais fait une recommandation de sa modification sur un point spécial dans mon premier message, mais je pensais qu'il était indélicat de le faire, car la question était déjà devant la législature et des comités avaient été nommés pour en faire rapport. Une autre raison pour laquelle cette recommandation a été négligée était l'état d'excitation de la politique des partis à l'époque, qui aurait pu exclure la possibilité d'un examen serein du sujet. Sans les poursuites intentées dans les locaux, je recommanderais même maintenant une modification de la loi, de manière à obliger les capitaines à confiner leurs marins de couleur à leurs navires, et à empêcher leur débarquement sous de lourdes peines. Car, même si je pense que l'État a parfaitement le droit d'adopter toutes les lois sur ce sujet qu'il juge nécessaires à sa sécurité, l'esprit du temps exige que, même si elles doivent être formées de manière à être adéquates pour notre protection, elles doivent être en même temps, le moins offensant possible envers les autres nations avec lesquelles nous entretenons des relations amicales. Mais depuis qu'on a tenté de défier nos lois et de nous mettre en conflit avec le gouvernement fédéral, sur un sujet auquel nous sommes si justement sensibles, notre propre respect exige que nous ne fassions pas diminuer un seul iota ou un seul titre de cette tentative. loi, qui a été promulguée pour nous protéger de l'influence d'incendiaires ignorants.

Nous avons de nombreuses obligations envers le gouverneur Means pour ses remarques à ce sujet. Nous estimons trop son caractère pour avoir l'idée qu'il ferait sciemment une déclaration incorrecte ; mais, connaissant les faits, nous pouvons l'assurer qu'il a été induit en erreur par ceux sur lesquels il comptait pour ses informations. Et aussi, bien que son nom mérite d'être prééminent parmi les bons hommes de Caroline, pour avoir évoqué l'état de choses effrayant qui existe dans la prison de Charleston, qu'il n'a pas reçu de déclaration correcte à ce sujet. Dans ce besoin, ses propos perdent beaucoup de leur valeur. Il existe là des sujets et des griefs qu'il devrait connaître le plus, et pourtant il les connaît le moins, parce qu'il les confie aux gardiens, qui font des abus leur moyen de profit.

Sous l'influence de cette caractéristique extrêmement méfiante et pourtant extrêmement crédule d'un peuple, peu de gens connaissent le pouvoir qui agit sous le soleil de la Caroline du Sud, et ceux qui le savent s'appuient sur cette ostentation esclave qui le considère comme insignifiant.

Nous n'avons aucun intérêt ni sentiment au-delà de celui de l'humanité et nous avons le droit de dénoncer les mensonges de ceux qui ont le pouvoir de l'exercer sur les prisonniers de Charleston. Ce mensonge existe depuis trop longtemps pour l'honneur de cette communauté et pour les sentiments de ceux qui en ont souffert.

Il est peut-être vrai que ce cas a été considéré comme favorable pour juger la question, mais aucun élément de sympathie n'a été recherché par le consul. Ce fonctionnaire à qui le gouverneur a attribué une « gentillesse caractéristique », a déclaré en notre présence, et nous avons les témoignages d'autres personnes pour confirmer ce que nous disons, que si le juge Withers avait accordé l'habeas corpus, il n'aurait pas livré le prisonnier. , mais il est plutôt allé en prison et a subi le même régime que les prisonniers. S'il avait essayé ces aménagements, il aurait trouvé les « bénéfices » plus que nécessaires pour apaiser la faim commune.

Le gouverneur déclare : « Pereira était libre de partir à tout moment pour pouvoir obtenir un navire pour le transporter au-delà des limites de l'État. » Comment concilier cela avec la phrase suivante, qui apparaît dans le paragraphe suivant : « Pendant que ces procédures étaient pendantes » (c'est-à-dire l'action intentée par le consul pour libérer le prisonnier), « le shérif de Charleston n'a pas reçu mes instructions livrer le prisonnier, même si une ordonnance d'habeas corpus avait été accordée ? Selon cela, le shérif assumait un pouvoir indépendant et supérieur à la prérogative du gouverneur. Nous avons tenté d'en représenter la force dans notre travail et de montrer qu'il existe des abus officiels masqués par une malhonnêteté honorable, qui honore les affaires du facteur local et du vendeur de biens humains, et qui devrait être stoppée par le pouvoir de l'État. l'exécutif.

Le fait singulier se présente : pendant que le juge Withers délibérait sur la question de l'octroi de « l'habeas corpus », la procédure en cours et les instructions contraires du gouverneur devant lui, le shérif prend sur lui de faire sortir le prisonnier du port. . Or quel était l'objet de ce mouvement secret et concerté ? Était-ce de la « gentillesse » de la part de ce fonctionnaire, qui a saisi tous les prétextes pour faire respecter cette loi ? Nous ne le pensons pas. Le lecteur n'aura pas besoin de commentaires approfondis de notre part pour expliquer le motif ; pourtant nous en avons été témoins et nous ne pouvons le quitter sans quelques remarques.

On sait que ce fonctionnaire, dont la « bonté caractéristique » n'a pas manqué d'échapper à l'attention du gouverneur, a eu pour objectif de contrarier le consul dans toutes ses démarches. Dans ce cas-ci, il a retenu les services d'un « capitaine de navire » comme prétexte et, avec lui, il était sur le point de renvoyer l'homme alors que sa présence était indispensable pour vérifier son droit à l'habeas corpus, et à ce moment-là, plus de deux mois de salaire, dus par les propriétaires, étaient entre les mains du consul, prêts à être payés à sa libération.

Le design néfaste parle de lui-même.

Le consul fut informé de la procédure, et refusa très justement de se soumettre à une telle violation d'autorité, destinée à annuler sa procédure. Il a préféré attendre le « test », exigeant la libération du prisonnier par l'intermédiaire des autorités compétentes. Cette libération, au lieu d'avoir lieu « quelques jours après cela », comme l'indique le message, n'a eu lieu que le 15 mai.

Que le gouverneur ouvre une enquête sur le traitement réservé à ces hommes par les fonctionnaires et sur le régime carcéral, et il découvrira la vérité de ce que nous avons dit. L'opinion publique n'attribuera pas sa « bonté caractéristique » à ceux qui invoquent un prétexte dérisoire pour excuser leurs actes répréhensibles.

Si des hommes doivent être emprisonnés sur cette singulière construction de la loi (qui ne fait rien de moins qu'armer les craintes de la Caroline du Sud), est-ce autre chose que de simplement lui demander de payer pour cela, au lieu de l'imposer à des innocents ? Ou, pour le moins, de leur fournir des provisions aussi confortables que celles du port de Savannah, et de leur donner ce qu'ils paient, au lieu de facturer trente cents par jour pour leur pension et de gagner vingt-deux de ce bénéfice. ?

Si le gouverneur avait fait référence à la « gentillesse caractéristique » du geôlier, ses remarques auraient été adressées à un homme digne, qui a été le père de ces malheureux tombés par hasard dans le tour de clé.

Dans une autre partie de son message, commentant l'existence de lois pénales honteuses, la gestion et l'état misérable des prisons, il déclare : « Le procureur général, à ma demande, a rédigé un rapport au sujet des prisons et de la discipline pénitentiaire. » Or, si tels étaient les faits, les rapports seraient bien imparfaits pour être rédigés par quelqu'un qui ne visite jamais les prisons.

Nous savons bien qu'il a réclamé ce rapport et, en outre, que le procureur général, dans une lettre au shérif (dont nous avons copie), a posé de nombreuses questions concernant la prison, demandant une déclaration en complet, notamment le montant des honoraires versés à certains fonctionnaires ; ceux chargés à l'État, et le nombre moyen des prisonniers par mois, de septembre 1851 à septembre 1852, etc. etc. Cette lettre a été transmise au geôlier - un homme dont le caractère et l'intégrité sont bien connus et irréprochables à Charleston - en lui demandant de rédiger son rapport. Il a rédigé son rapport conformément au calendrier et aux faits, mais ce rapport n'a pas été déposé. Pourquoi n'a-t-il pas été soumis ? Tout simplement parce qu'il montrait le profit qu'apportaient les hommes affamés dans les prisons de Caroline du Sud.

Nous avons les preuves en notre possession et pouvons montrer à l'exécutif qu'il a été induit en erreur. Nous lui demandons seulement de demander la déclaration originale, rédigée de la main du geôlier, et de la comparer avec le calendrier ; et quand il aura fait cela, demandons-nous : Pourquoi la moyenne des prisonniers par mois ne correspond-elle pas ? et pourquoi l'énorme somme d'honoraires provenant de plus de cinquante «

marins de couleur », emprisonnés au cours de l'année et inscrits au calendrier « contrairement à la loi », n'a-t-elle pas été incluse ?

C'est un état de choses pour le moins très malsain ; mais comme le shérif le considère comme le sien, peut-être n'avons-nous pas le droit de nous en mêler.

Toute cette clameur sur la mauvaise influence des « marins de couleur » est entretenue par un groupe de fonctionnaires mendiants qui récoltent sur les honoraires, et tombe en vain lorsque, à certaines heures de la journée, pendant leur emprisonnement, ils sont autorisés à s'associer avec « mauvais nègres », commis pour délits criminels et vente. Si leur présence est « dangereuse », elle le serait certainement encore plus en ce qui concerne les criminels de la classe redoutée.

Supprimez les taxes : la communauté marchande ne murmurera pas, et la noblesse officielle n'abusera pas et ne se souciera pas de faire respecter la loi pour emprisonner les hommes libres.